# HISTÓRA GLOBAL DA ASCENSÃO DO OCIDENTE. 1500-1850

TÍTULO ORIGINAL
*Why Europe? The Rise of the West in World History 1500-1850, 1/e*
Copyright © 2009, McGraw-Hill Companies, Inc.
Todos os direitos reservados.

TRADUÇÃO
Maria Manuela Parada Ramos

REVISÃO
Marcelino Amaral
Índice remissivo: Paula Gonçalves

DESIGN DE CAPA
FBA

DEPÓSITO LEGAL Nº 317525/10

---

Biblioteca Nacional de Portugal - Catalogação na Publicação

GOLDSTONE, Jack

História global da ascensão do ocidente - 1500-1850. – (História e sociedade)

ISBN 978-972-44-1626-7

CDU 316
930

---

PAGINAÇÃO, IMPRESSÃO E ACABAMENTO
PAPELMUNDE
para
EDIÇÕES 70, LDA.
Setembro de 2010

Esta edição contou com o apoio do Centro de Estudos de Sociologia da
Universidade Nova de Lisboa – CES/Nova

Direitos reservados para todos os países de Língua Portuguesa por
EDIÇÕES 70

EDIÇÕES 70, Lda.
Rua Luciano Cordeiro, 123 – 1º Esqº
1069-157 Lisboa / Portugal
Telefs.: 213190240 – Fax: 213190249
e-mail: geral@edicoes70.pt

**www.edicoes70.pt**

Esta obra está protegida pela lei. Não pode ser reproduzida,
no todo ou em parte, qualquer que seja o modo utilizado,
incluindo fotocópia e xerocópia, sem prévia autorização do Editor.
Qualquer transgressão à lei dos Direitos de Autor será passível
de procedimento judicial.

HISTÓRA GLOBAL DA ASCENSÃO DO OCIDENTE. 1500-1850

JACK GOLDSTONE

INTRODUÇÃO DE DIOGO RAMADA CURTO, MIGUEL BANDEIRA JERÓNIMO E NUNO DOMINGOS

70

*Aos meus filhos, Alexander e Simone, viajantes do mundo.*

# Índice

Jack Goldstone: da sociologia histórica das revoluções
à história global da Europa . . . . . . . . . . . . . . . . . XIII
   Para uma sociologia histórica das revoluções . . . . . . . . . XIV
   Dos movimentos sociais e políticos ao estudo da modernização. XVIII
   Porquê a Europa? . . . . . . . . . . . . . . . . . . . . . . XXI

Prefácio . . . . . . . . . . . . . . . . . . . . . . . . . . . . . 3

Introdução
Terra: uma Visão Global . . . . . . . . . . . . . . . . . . 7

1. O Mundo Cerca de 1500:
Quando as Riquezas se Encontravam no Oriente . . . . . . 11
   Clima, solo e zonas agrícolas na Eurásia: a produtividade
   agrícola, o primeiro passo para a prosperidade . . . . . . . 18
   Tecnologias para moldar o meio ambiente e criar produtos
   comercializáveis . . . . . . . . . . . . . . . . . . . . . . 23
   A enigmática ascensão da Europa . . . . . . . . . . . . . . 26
   Bibliografia complementar . . . . . . . . . . . . . . . . . 28

2. Padrões de Transformação na História Mundial . . . . . . 29
   A transformação foi diferente na Ásia e na Europa? . . . . . 32
   Alteração climática, doenças e ciclos históricos de longa duração 37
   Padrões dos preços, da população, da urbanização e
   dos rendimentos . . . . . . . . . . . . . . . . . . . . . . 40

Padrões mundiais e de longa duração de transformações
tecnológicas antes de 1800 . . . . . . . . . . . . . . . . .     45
Transformação ou revolução?
Transformação agrícola e industrial antes de 1800 . . . . . . .     49
Bibliografia complementar. . . . . . . . . . . . . . . . . . . .     56

## 3. As Grandes Religiões e Transformações Sociais . . . . . . .     57
A Idade Axial e as Religiões de Redenção . . . . . . . . . . .     58
Domínio sagrado e secular: o confronto da religião com
o império. . . . . . . . . . . . . . . . . . . . . . . . . . . .     61
Crescimento religioso e económico: teorias tradicionais . . . .     69
Crescimento religioso e económico: uma visão mais aproximada     72
Tolerância ou ortodoxia: trocando estabilidade por
desenvolvimento. . . . . . . . . . . . . . . . . . . . . . . .     78
Bibliografia complementar. . . . . . . . . . . . . . . . . . . .     84

## 4. Comércio e Conquista . . . . . . . . . . . . . . . . . . . .     85
A entrada dos Portugueses no comércio eurasiático,
por volta de 1500 . . . . . . . . . . . . . . . . . . . . . .     89
As potências europeias na Ásia e na África, 1500-1700 . . . . .     93
Relações europeias com a Ásia e a África, 1700-1800:
tentando inverter o fluxo . . . . . . . . . . . . . . . . . . .     96
As potências europeias no Novo Mundo, 1500-1600:
a conquista espanhola. . . . . . . . . . . . . . . . . . . . .     100
Duas mulheres que mudaram a história mundial: Isabel de
Espanha e Malinche do México. . . . . . . . . . . . . . . .     104
As potências europeias no Novo Mundo, 1600-1800:
Colonização e escravatura. . . . . . . . . . . . . . . . . . .     106
O imperialismo europeu após 1800 . . . . . . . . . . . . . .     110
Os custos do imperialismo e o enigma do crescimento
económico . . . . . . . . . . . . . . . . . . . . . . . . . . .     112
Bibliografia complementar. . . . . . . . . . . . . . . . . . . .     114

## 5. Vida Familiar e Padrões de Vida . . . . . . . . . . . . . . .     115
Casamento e vida familiar . . . . . . . . . . . . . . . . . . .     119
Esperança de vida e estatura . . . . . . . . . . . . . . . . . .     125
Salários, rendimento e consumo. . . . . . . . . . . . . . . . .     129
A vida urbana e a produtividade agrícola . . . . . . . . . . . .     134
Como é que a produtividade agrícola cresceu? . . . . . . . . .     140
A Revolução Industrial e os salários reais . . . . . . . . . . . .     147
Conclusão: o Ocidente era muito diverso, e por vezes mais
rico do que o Oriente . . . . . . . . . . . . . . . . . . . . .     152
Bibliografia complementar. . . . . . . . . . . . . . . . . . . .     154

6. Estados, Leis, Impostos e Revoluções . . . . . . . . . . . .   155
  Eram os Estados europeus militar e religiosamente mais
    competitivos do que os impérios asiáticos?. . . . . . . . .   158
  Ciclos de revolução e rebelião na Europa e na Ásia. . . . . .   163
  Rebelião na Europa. . . . . . . . . . . . . . . . . . . . . . .   167
  Rebelião na Ásia. . . . . . . . . . . . . . . . . . . . . . . .   169
  Leis, impostos e instituições comerciais . . . . . . . . . . . .   172
  Tolerância e pluralismo versus ortodoxia imposta pelo Estado. .   184
  Bibliografia complementar. . . . . . . . . . . . . . . . . . . .   189

7. Alterando o Ritmo da Transformação:
  Houve Uma Revolução Industrial?. . . . . . . . . . . . . .   191
  A inovação como fonte de crescimento industrial . . . . . . .   199
  Foram as fábricas uma inovação crucial? . . . . . . . . . . .   207
  Estava a Revolução Industrial relacionada com os
    progressos científicos?. . . . . . . . . . . . . . . . . . . .   211
  Uma cultura de inovação. . . . . . . . . . . . . . . . . . . .   213
  Bibliografia complementar. . . . . . . . . . . . . . . . . . . .   216

8. Trajectórias da Ciência na Ásia e na Europa . . . . . . . .   217
  A ciência mundial e a proeza islâmica antes de 1500 . . . . . .   218
  Percursos da ciência: do progresso à estagnação . . . . . . . .   224
  Variedades da ciência mundial e abordagens diferentes à
    compreensão da natureza. . . . . . . . . . . . . . . . . .   229
  O percurso invulgar da Europa: da adopção à fuga das suas
    tradições clássicas, 1500-1650 . . . . . . . . . . . . . . .   234
  Em busca de novos caminhos na ciência europeia: o raciocínio
    cartesiano e o empirismo britânico, 1650-1750 . . . . . . . .   239
  A era do engenho: da ciência experimental mecânica à
    indústria mecânica, 1700-1800 . . . . . . . . . . . . . . .   247
  Conclusão: percursos da ciência e o mistério da industrialização   254
  Bibliografia complementar. . . . . . . . . . . . . . . . . . . .   256

Conclusão
  A Ascensão Do Ocidente: uma Fase Temporária?. . . . . .   257
  Da era da energia a vapor à era espacial: a ascensão de
    uma sociedade industrial e militar moderna. . . . . . . . .   257
  Os alicerces do crescimento económico moderno . . . . . . .   270
  Obstáculos ao crescimento económico moderno. . . . . . . .   274
  A futura ascensão do resto do mundo . . . . . . . . . . . . .   278

Notas . . . . . . . . . . . . . . . . . . . . . . . . . . . . . . .   281
Índice Remissivo. . . . . . . . . . . . . . . . . . . . . . . . . .   297

# Jack Goldstone: da sociologia histórica das revoluções à história global da Europa

Para compreender a posição de Jack Goldstone num vasto campo situado entre a sociologia, a ciência política, a história, a economia e a demografia, será necessário reconhecer a falta de sentido que têm as barreiras disciplinares. É que o seu trabalho, desenvolvido ao longo das últimas três décadas, caracteriza-se pela ambição de ultrapassar supostas divisões entre saberes, porque estabelecidas ao sabor de processos de institucionalização equívocos. Tudo isto, na convicção profunda de que só assim será possível reconstituir o sentido das grandes mudanças registadas na longa duração, ao nível de uma história mundial; e simultaneamente compreender os principais problemas que desafiam todos os que têm uma atitude de responsabilidade cívica e crítica em relação ao presente. Assim, a sua capacidade para articular conhecimentos tão díspares quanto aprofundados – como são, no livro que agora se publica, os da história da Europa ou da China, da sociologia da ciência ou das teorias económicas do desenvolvimento, tal como noutras obras já demonstrara acerca da sociologia política, das revoluções, do Estado, dos movimentos sociais ou das teorias da modernização – deverá ser avaliada

XIV | HISTÓRIA GLOBAL DA ASCENSÃO DO OCIDENTE

em função das principais questões colocadas pelos seus trabalhos de investigação.

## Para uma sociologia histórica das revoluções

Um primeiro grande tema analisado por Goldstone, objecto do seu primeiro livro de fôlego, acompanhado por uma série de outras publicações, artigos e da edição de volumes colectivos, foi constituído por uma sociologia histórica e comparada das revoluções[1]. A partir do seu trabalho empírico, Goldstone definiu revolução como a queda forçada de um governo, seguida da subida ao poder de novos grupos, capazes de fazer reconhecer a sua autoridade e de impor novas instituições políticas e, nalguns casos, sociais. Se a mudança, determinada pela revolução, é sempre súbita, tanto as causas que a antecederam, como a reconstrução da estabilidade de governo podem levar décadas. A partir desta definição, o autor criou um modelo de explicação da ruptura revolucionária com base em três requisitos: necessidades fiscais; incapacidade governamental para integrar ou satisfazer as elites, conduzindo a situações em que as mesmas se sentem alienadas e entram em conflitos internos; e um grande potencial de mobilização popular.

O primeiro requisito ou condição traduz a incapacidade financeira do Estado para pagar ao exército e aos funcionários, distribuir favores e pensões aos seus apoiantes, ou pagar despesas públicas. Perante isto, a manutenção da ordem, da justiça e da administração local, fontes de autoridade do Estado, é posta em causa. O recurso ao endividamento, prática histórica consagrada, foi muitas vezes feito por intermédio de processos de legalidade duvidosa (venda dos ofícios, honras e dignidades, direitos de monopólio, tudo isto numa grande proximidade com as práticas ilícitas ou de corrupção). A falta de crédito conduz a uma quebra de lealdade por parte dos grupos ligados ao comércio e ao exército, muitas vezes assegurada apenas com o recurso à corrupção. A lealdade das elites, cada vez mais entregues a jogos de interesse e enriquecimento pessoais, passa a ser paga, quase sempre por empréstimos junto de financiadores e banqueiros. Em circunstâncias determinadas pelo envolvimento numa guerra, por uma bancarrota, ou pressão externa, o Estado, com a autoridade enfraquecida, transfere a sua iniciativa para as elites do país, como aconteceu com o parlamento inglês em 1640 e, em 1789, com os estados gerais em França. Só quando as elites, para as quais o Estado transferiu a responsabilidade de resolver as questões de insolvência ou de falta de recursos fiscais, se sentem excluídas dos processos de tomada de decisão, se pode passar da crise do Estado a uma revolução. Goldstone distingue, no entanto, os casos em que as elites estão unidas, e o resultado do conflito é um golpe de Estado, daqueles em que a sua divisão aliada a uma fragilidade do Estado conduz inevitavelmente a uma revolução. Um dos factores que explica a divisão das elites e a ocorrência de processos revolucionários é a existência de uma estrutura social com um elevado grau de mobilidade. A emergência de novos grupos, a criação de uma nova classe média, o reconhecimento do estatuto de novas profissões e a aspiração a uma participação política mais alargada conduzem ao aumento dos conflitos. Estes podem ocorrer entre novas e velhas elites, mas também entre diferentes grupos das novas elites, ou juntar diversas elites contra o Estado. É quando novas elites emergem, opondo-se ao Estado, que se criam condições favoráveis a rupturas revolucionárias. A unidade das novas elites é importante para evitar que o Estado manipule possíveis divisões: facções cortesãs, diferentes lealdades regionais, orientações do campo contra as da cidade, conflitos religiosos, étnicos, identitários, de classe. As alianças entre elites contra um Estado fragilizado podem conduzir tanto a revoluções não conservadoras, como a revoluções conservadoras, dependendo do tipo de projecto

XVI | HISTÓRIA GLOBAL DA ASCENSÃO DO OCIDENTE

e visão do mundo destas elites. Segundo Goldstone, as revoluções implicam um terceiro requisito: o apoio de grupos populares, tanto urbanos como rurais às elites revolucionárias. A mobilização popular, revelando o seu descontentamento a nível da comunidade ou do bairro, afigura-se um instrumento essencial para derrubar a autoridade do Estado. Apenas a associação destes três factores conduz a uma revolução. Caso contrário, encontramos movimentos de transformação de teor distinto: revoltas camponesas ou conflitos urbanos, rebeliões das elites, golpes de Estado, lutas pela sucessão, bancarrota do Estado, etc.

O modelo de Goldstone tem, inevitavelmente, implicações no debate sobre a interpretação dos momentos revolucionários. A principal das quais é a de que nem todas as revoluções se inscrevem necessariamente no interior de um processo de modernização ou de progresso económico e político, mais concretamente democrático([2]). Uma das mais relevantes características da sociologia histórica das revoluções proposta por Goldstone é o modo como interpreta o fenómeno na sua longa duração. Ao contrário de outros grandes teóricos das revoluções, como Barrington Moore Jr., Goldstone estende o seu modelo comparativo das revoluções na época moderna, ou seja, situadas num período pré-industrial, às que ocorreram no século XX, sobretudo desde a década de 70, nas sociedades pouco ou nada industrializadas do Terceiro Mundo ou nos países outrora colonizados. A criação de novos termos comparativos, para além de aumentar as possibilidades analíticas do método, introduzindo na equação comparativa novos processos históricos e nexos de causalidade, revela também a emergência destes países na cena geopolítica internacional, decorrendo daí um maior interesse no seu estudo. Incluem-se neste último caso, por exemplo, as revoluções que levaram à queda de Porfírio Diaz no México, Fulgencio Baptista em Cuba, Anastasio Somoza na Nicarágua, do Shah do Irão, e de Ferdinand Marcos nas Filipinas.

A análise das revoluções permite a Goldstone utilizá-las como padrão comparativo com outros comportamentos, situações e processos políticos situados muitas vezes a uma escala substancialmente diferente. Por exemplo, as revoluções enquanto rupturas com os procedimentos do governo e do Estado, situadas a uma escala macro, podem ser comparadas com as revoltas prisionais que ocorreram no período posterior à Segunda Grande Guerra, situadas a uma escala micro [3].

Tal exercício, centrado nas acções de condenados por penas criminais contra a autoridade legítima representada pela direcção e guardas prisionais, distinguia-se de outras propostas sobre as revoluções e protestos sociais, nomeadamente a de Charles Tilly, que recusou identificar os grupos de protesto social como "irracionais" ou criminosos. Ora, para Goldstone, parecia existir um comportamento colectivo semelhante contra as autoridades, quer estas fossem representadas pela revolução contra as monarquias e impérios, quer pelas revoltas contra as autoridades prisionais. Ao estabelecer um paralelo entre o tema das revoluções e o das prisões, Goldstone trilhou caminhos analíticos e teóricos consistentes. No estudo das revoluções, reformulou uma linha de pesquisa da qual faziam parte os trabalhos de Barrington Moore Jr. e, em especial, de Theda Skocpol. Quanto ao mundo das prisões, apoiou-se nas investigações de Gustave de Beaumont e Alexis de Tocqueville, Gresham Sykes, Erving Goffman, Michel Foucault e David Garland. Tomando estes últimos como inspiradores de um quadro teórico, devidamente testado no contacto com um vasto espectro de investigações empíricas e de descrições concretas de revoltas no interior das prisões, foi possível encontrar um estreito paralelo com o já referido modelo das condições que conduzem às revoluções. Nas prisões em revolta registava-se, antes de mais, uma pressão fiscal (ao lado da quebra de reconhecimento muitas vezes ditada por reformas legais), enquanto elemento revelador da desorganização da autoridade;

XVIII | HISTÓRIA GLOBAL DA ASCENSÃO DO OCIDENTE

imperava também a pressão de relações externas, com outras prisões e com outros sistemas de autoridade, que impunham orientações e estavam na raiz da propagação de momentos revoltosos; existiam relações de poder entre o director e os guardas; reformas que implicavam a alteração da condição dos prisioneiros, sucediam-se os cenários de mobilidade; finalmente, ocorriam mobilizações dos prisioneiros, contra os maus tratos, pela perda de privilégios previamente adquiridos, etc. Para além das prisões, outros exercícios de comparação com as revoluções poderiam ser extensivos a instituições investidas de uma autoridade reconhecida e organizadas de forma hierárquica, tais como as organizações militares, as escolas, ou as empresas.

## Dos movimentos sociais e políticos ao estudo da modernização

A par do estudo das revoluções, Jack Goldstone tem-se dedicado à investigação dos movimentos sociais e políticos[4]. Trata-se de um território onde a contribuição de Charles Tilly (*From Mobilization to Revolution*, Reading, Mass.: Madison-Wesley Pub. Co., 1978) foi decisiva para entender a relação entre movimentos sociais e o Estado, ou seja, os modos de participação política distintos de formas mais institucionalizadas, baseadas no voto, em grupos de pressão, nos partidos políticos, nos sistemas legais, nos tribunais e nas eleições. A separação entre movimentos sociais ou políticos e política institucionalizada sugeria que os indivíduos envolvidos nos primeiros procurariam ter acesso ao sistema político dito normal, e, conseguindo-o, as acções de protesto deixariam de ter sentido. Na mesma perspectiva, os movimentos sociais e políticos estariam nas mãos dos excluídos e opositores ao sistema, enquanto os cidadãos ditos normais expressariam as suas posições através dos parti-

JACK GOLDSTONE: DA SOCIOLOGIA HISTÓRICA... | XIX

dos, do sistema legal, das petições e de grupos de pressão. Esta separação correspondia ao estudo dos movimentos sociais ao longo das décadas de 50 e 60, os quais incidiam sobre os excluídos do voto: movimentos dos direitos civis dos afro-americanos e movimentos estudantis, para os quais só as associações, manifestações e outras formas de protesto eram possíveis.

Goldstone, nos seus trabalhos, embora reconheça a diferença entre as eleições, o voto, e as sentenças dos tribunais, relativamente às marchas de protesto, às manifestações e aos boicotes, considera que não é possível estudar cada um deles sem referência ao contexto político. Inversamente, as instituições do Estado, como os partidos políticos, mostram-se permeáveis aos movimentos políticos e sociais. Muitas destas instituições tiveram origem em movimentos, outras em reacção a eles, podendo ainda desenvolver-se em estreita ligação com os mesmos. O pressuposto da referida divisão – segundo o qual, os principais grupos de protesto nos anos 60, quando lhes foi dado o pleno direito de participação, passaram a fazer política convencional – não se concretizou. Os movimentos feministas, de estudantes (cada vez mais orientados para a defesa da paz e da diversidade cultural, causas como a luta contra o apartheid, etc.) e os de defesa dos direitos cívicos articularam as habituais formas de protesto com os canais da política convencional. Em suma, a agenda de acções reivindicativas ("contentious actions") de muitos movimentos sociais e políticos não se alterou radicalmente, mas expandiu-se, sem perder a sua vocação de movimento, para passar a ocupar também os terrenos da política institucionalizada[5].

Um inventário, mesmo que breve, das áreas de interesse de Jack Goldstone deverá também incluir os seus trabalhos – que muitos tenderiam a reduzir ao campo da ciência política, sem considerar que correspondem também a um modo profundo de fazer sociologia histórica – relativos aos processos de democratização, no âmbito das teorias da modernização[6]. Trata-se

XX | HISTÓRIA GLOBAL DA ASCENSÃO DO OCIDENTE

de uma linha de investigação com origens nas investigações de economistas como W. Rostow e Simon Kuznets, os quais acentuaram a importância das mudanças estruturais da economia e do aumento do rendimento *per capita* no declínio da economia agrária e na emergência de sociedades urbanas e industriais. Neste quadro, Seymor Lipset desenvolveu a hipótese de que, à medida que se dava o desenvolvimento económico, os cidadãos deixavam de tolerar regimes autoritários e era favorecida a transição para a democracia. Por sua vez, Barrington Moore Jr. relacionou o processo de democratização com a emergência de uma classe média e com a sua participação política. Ora, frente a esta tendência de associar o desenvolvimento económico à democratização, Adam Przeworski e os seus colaboradores contrapuseram que a transição para a democracia não era necessariamente causada pelo desenvolvimento económico; apesar de também considerarem que as democracias com elevado nível económico, para evitar o retorno à autocracia, tinham de o procurar manter. Ora, Goldstone e outros que com ele colaboram põem em causa a ideia do desenvolvimento económico não desempenhar um papel importante nos processos de democratização; argumento que, demonstrado de modo empírico e comparativo, representa um retorno às teorias da modernização dos anos 50 e 60.

Num inventário exaustivo dos temas e problemas tratados por Goldstone, será de reparar que as suas recorrentes preocupações teóricas e metodológicas – como geralmente acontece com a maioria dos autores que se têm interessado pela sociologia histórica – surgem envolvidas na própria prática analítica. Se tanto, adoptam a forma de reflexão sobre a historiografia associada a um tema específico, como acontece nas questões da democratização acabadas de referir. E, só em casos muito pontuais, Goldstone se deixou envolver numa reflexão que toma a teoria da análise social como um fim em si mesmo, mas, mesmo assim, com as investigações de carácter histórico e sociológico a servir de pano de fundo([7]). A este respeito um último tema que sempre ocupou o autor nas suas análises comparativas diz respeito às relações entre o Ocidente e o Oriente, muito em particular a Europa (ou as suas partes mais desenvolvidas, como a Inglaterra) e a China, a começar pelos seus diferentes níveis de desenvolvimento económico e social, bem como pelas suas estruturas demográficas, aspectos que desenvolveremos adiante([8]). Saber por que razão, quando e como a Europa divergiu e se modernizou, eis as questões que sempre preocuparam Goldstone, ao longo da sua profícua carreira de investigação.

**Porquê a Europa?**

No livro cuja tradução agora publicamos, uma constatação de natureza comparativa, verificada à escala planetária, está na base de uma série de interrogações formuladas por Goldstone: as sociedades muçulmanas e chinesa, bem como, em menor escala, as sociedades do sub-continente indiano, com as suas realizações em termos agrícolas, científicos, tecnológicos e matemáticos, não formaram apenas brilhantes civilizações do ponto de vista filosófico e artístico, que foram ultrapassadas pelo desenvolvimento científico criado na Europa, ao longo da Antiguidade clássica, do Renascimento e do Iluminismo; pois, a verdade é que elas também podem ser consideradas cientificamente avançadas. Paralelamente, uma análise dos níveis de vida fora e dentro da Europa revela que esta última não surgiu como uma civilização rica, na perspectiva comparada das outras sociedades, até muito recentemente, ou seja, até ao século XVIII.

À luz de tais constatações, Goldstone começou por inquirir por que razão as famosas revoluções europeias não conseguiram transformar subitamente a Europa, acabando por reco-

## XXII | HISTÓRIA GLOBAL DA ASCENSÃO DO OCIDENTE

nhecer que elas tinham sido muito similares às grandes rebeliões ocorridas no Médio-Oriente e na China durante o período pré-industrial. Se não foram as grandes revoluções sociais e políticas que permitiram modernizar a Europa, o que terá, então, contribuído para um tal processo? Ora, é também muito pouco provável que a Europa tenha sido a primeira região a uma escala global a tornar-se rica e tecnologicamente avançada. Por isso, Goldstone considera necessário rever a versão de uma história da Europa que com a sua dinâmica se tornou moderna desde a época medieval, ultrapassando o resto do mundo durante o Renascimento. É que uma tal versão não parece aceitável. Neste sentido, o livro cuja tradução agora publicamos conta a história de uma Europa atrasada até empreender as grandes viagens dos descobrimentos; e, precisamente pelo facto de a Europa se encontrar tão atrasada e rígida nas suas crenças, as grandes descobertas – do Novo Mundo das Américas à Ásia, às novas informações sobre plantas e animais ou sobre o clima e os astros – impulsionaram diferentes formas de pensamento e levaram a uma busca de novos conhecimentos. Portugal participou neste processo, do qual fazem parte, entre outros aspectos, as formas de contestação relativas à procura de novos conhecimentos, nomeadamente as que envolveram a autoridade da Igreja; os modos de aplicar as novas descobertas às rotinas tecnológicas em Inglaterra e na Escócia; e como é que a Europa conseguiu ultrapassar a resistência à mudança e fazer da descoberta e invenção um aspecto central das suas rotinas culturais e económicas.

Mas, para perceber o sentido do projecto de uma história global da ascensão da Europa, segundo Goldstone, será necessário situá-lo em relação a outros projectos. Ora, é bem sabido que um dos temas mais estudados no interior das ciências sociais e humanas é o da ascensão das grandes potências europeias ocidentais à hegemonia global no período moderno. A compreensão dos processos e das principais causas que presidiram à afirmação da Europa, ou de algumas das suas regiões, como pólo de estabelecimento da modernidade capitalista ancorada no desenvolvimento histórico de um assinalável conjunto de instrumentos e capacidades produtivos e coercivos, assim como numa série de configurações culturais e institucionais, foi caracterizada por um certo consenso no interior da academia, em muito promovido pelas obras clássicas de William H. McNeill, Joseph Needham, Eric L. Jones, Ernest Gellner ou David Landes para mencionar apenas alguns dos autores mais importantes[9]. Porém, este mesmo consenso foi sustentado por uma sucessão de variantes: da *História Mundial* de Oswald Spengler e Arnold Toynbee às *Teorias da Modernização* de Walter Rostow, Cyril E. Black, Daniel Lerner, ou Reinhard Bendix[10], e à escola das *Economias-Mundo* de Fernand Braudel e à dos *Sistemas-Mundo*, de Immanuel Wallerstein e Andre Gunder Frank[11], assim como às *novas História Mundial* e *História Global*[12]. Porém, o referido consenso, espécie de paradigma que sempre comportou variantes, tem vindo a ser sistematicamente questionado nas últimas duas décadas. Provenientes de inúmeras e distintas tradições disciplinares e especializações geográficas, académicos de nomeada como Marshall Hodgson, James Blaut, Gunder Frank, Jack Goody, Patrick O'Brien, Roy Bin Wong, Kenneth Pomeranz, Angus Maddison, Robert B. Marks, John M. Hobson e Peer Vries têm apontando as lacunas e as limitações dos modelos explicativos anteriores, denunciando o seu suposto *eurocentrismo* triunfalista e, nalguns casos, o seu *orientalismo*, e questionando a *exclusividade* e o *excepcionalismo* europeu ou ocidental, no que diz respeito às principais forças motrizes da modernidade capitalista[13]. Ora, é no interior desta tradição crítica que Jack A. Goldstone tem formulado o pensamento que esta obra, que agora publicamos em português, sintetiza[14].

Os principais processos políticos, sociais, económicos e culturais supostamente definidores da modernidade europeia

XXIV | HISTÓRIA GLOBAL DA ASCENSÃO DO OCIDENTE

foram analisados e a sua utilidade comparativa avaliada. A inovação constante na agricultura e no comércio; a emergência de estruturas políticas centralizadas, territorializadas e burocratizadas, governadas por mecanismos representativos e constitucionais que lhes asseguraram crescentes níveis de legitimidade, sustentadas pela criação e aperfeiçoamento de mecanismos fiscais e protegidas pela profissionalização de organizações militarizadas com um grau crescente de capacidade bélica; o estabelecimento de padrões específicos de urbanização; o desenvolvimento de uma cultura impressa e o alargamento de uma esfera e opinião públicas; a consolidação de instrumentos jurídicos e legais de consagração e protecção de direitos sociais e de direitos de propriedade; a articulação crescente entre a produção de conhecimento científico, a sua apropriação tecnológica e a correspondente disseminação institucional; a explosão demográfica associada a processos de expansão territorial e ao desenvolvimento de impérios coloniais, bem como à solidificação de mercados nacionais; a transformação das estruturas de estratificação social e da mobilidade, ascendente e descendente, de grupos e classes; o dinamismo expansionista, assente na competição sistemática, de circuitos comerciais, de modelos económicos, modos de produção e de troca; enfim, todos estes processos históricos, que incluem ainda o desenvolvimento do individualismo, a disseminação do racionalismo e a correspondente secularização das sociedades, foram tradicionalmente identificados como fundamentais para a compreensão da trajectória europeia e para a explicação da sua especificidade, o *milagre europeu* como defendeu Eric L. Jones ([15]). Para a maior parte dos investigadores que trabalham no Ocidente, foi na Europa que a modernização capitalista se manifestou e consolidou, não no Médio-Oriente ou no mundo islâmico, nem na China ou na Índia. Foi na Europa e no Ocidente que se deu a articulação entre um processo de transformação tecnológica dos meios de produção e de troca e o desenvolvimento de um mercantilismo de tipo imperial que conduziu a níveis de desenvolvimento económico e a formas de organização política, cultural e social sem paralelo no globo. Ora, é contra esta perspectiva que vários especialistas da sociologia e da história económica, da sociologia e da antropologia histórica e das relações internacionais de cunho histórico se têm insurgido, ao mesmo tempo que questionam o modo como as outras regiões do globo – a sua história, os seus padrões de desenvolvimento político, económico, social e cultural – têm sido avaliados e analisados pela historiografia, nomeadamente no que diz respeito aos factores que as teriam conduzido a uma posição de atraso, de privação relativa, de subordinação ou de dependência relativamente à Europa e ao Ocidente.

De acordo com o paradigma posto em causa, sem nunca esquecer, é importante repetir, a diversidade de abordagens e explicações que caracterizam a ortodoxia explicativa e comparativa sobre a ascensão do Ocidente e a afirmação da Europa enquanto espaço político, económico e sócio-cultural de liderança global desde o início da época moderna, o resto do mundo estava marcado por uma série de características que constituíram obstáculos ao desenvolvimento e à modernização capitalista, como já argumentara, aliás, Max Weber. A persistência de configurações políticas autocráticas de tipo imperial, pautadas pela dinâmica da sucessão dinástica e confinadas à corte imperial, cujo financiamento dependia em muito da extracção fiscal e do trabalho escravizado; a recorrente subordinação da esfera económica à coordenação centralizada do Estado, com a existência de grandes mercados oficiais ou de monopólios estatais; a debilidade da protecção jurídico-legal e a correspondente precariedade dos direitos sociais e dos direitos de propriedade, sempre vulneráveis à arbitrariedade do poder imperial e dos seus oficiais; o confinamento da produção manufacturada na órbita da esfera doméstica camponesa, o que impedia a comercialização da agricultura, a emergência

XXVI | HISTÓRIA GLOBAL DA ASCENSÃO DO OCIDENTE

de economias de escala e a formação de economias nacionais; a existência de processos de urbanização que não correspondiam a direitos cívicos ou de cidadania ou ao estabelecimento de um espaço público; a rigidez das estruturas sociais e da estratificação social, marcada pela reprodução de comunidades definidas segundo o seu estatuto ou pelas castas; a existência de formas institucionais de controlo cultural, educativo e religioso que impediam a inovação e se mostravam contrárias às manifestações heterodoxas; todos estes processos foram identificados como factores explicativos dos bloqueios desenvolvimentistas e modernizadores das sociedades orientais, numa simetria inversamente perfeita com as causas da ascensão europeia e ocidental, reproduzindo um outro tipo de binarismos e dicotomias, como os que opõem tradição e modernidade ou Ocidente e Oriente[16].

De acordo com o revisionismo historiográfico do qual Goldstone faz parte, nem as diferenças entre o Médio-Oriente, a Ásia e a Europa (ou melhor, as suas regiões mais desenvolvidas, como a região do delta do rio Yangzi, na China, ou o planalto de Kantō no Japão) foram significativas até ao dealbar do século XIX – tanto do ponto de vista dos índices das condições materiais de existência ou níveis de vida, da produtividade económica, do dinamismo comercial e da efervescência urbana –, nem a ascendência europeia à hegemonia global, propulsionada pela revolução industrial, resultou de um conjunto de condições e processos políticos, económicos, sociais e culturais determinados, só compreensíveis com recurso a uma perspectiva de longa duração[17]. O *florescimento* europeu (para recorrer a um termo caro a Goldstone) não resultou de nenhum processo evolutivo, cumulável e até expectável. Como Goldstone, afirmou com clareza, "quaisquer que fossem as diferenças institucionais e culturais, na verdade não havia nenhuma divergência importante no que diz respeito às condições materiais de existência na Europa e nas sociedades asiáticas avançadas até muito tarde, *circa* 1800" – posição que reitera ao longo da obra que agora publicamos. A modernização europeia e o papel do capitalismo nesse processo não seriam o resultado da existência de um dinamismo interno propiciado por factores institucionais e culturais específicos, mas uma consequência fortuita, uma coincidência com um potencial transformador a uma escala global, assente na abundância de carvão inglês ou nos recursos extraídos e nos lucros obtidos com as expansões imperiais e os empreendimentos coloniais nas Américas (sendo que este último aspecto nos parece ser negligenciado por Goldstone), segundo a tese de Kenneth Pomeranz em *The Great Divergence: China, Europe and the Making of the Modern World Economy*, obra cuja importância e impacto nas ciências sociais e humanas aconselha uma tradução para língua portuguesa. Se, antes de 1500, a Europa se encontrava atrasada do ponto de vista da riqueza, da tecnologia e da ciência, em 1700, continuava a revelar baixos níveis de produtividade agrícola e uma incapacidade evidente de manufacturar algodão, seda e porcelanas como sucedia na Índia ou na China. Para terminar esta súmula da argumentação de Goldstone, partilhada por Bin Wong e Pomeranz, por exemplo, importa referir que, até 1800, a Europa apresentava níveis persistentes de declínio das condições materiais de existência[18].

Como explicar, então, a imparável ascensão do Ocidente com a revolução industrial, sem valorizar os séculos de expansão europeia, de dominação imperial e colonial? Como dar sentido à industrialização, processo decisivo na ascensão da Europa, sem compreender as condições históricas que, na longa duração, a tornaram possível, tanto no plano cultural, como no tecnológico, organizacional e institucional? Será possível sustentar que a industrialização constituiu um "desfecho contingente", não um "produto originário de padrões culturais e institucionais gerais" predominantes na Europa[19]? Como pensar analiticamente o problema da *contingência* histó-

XXVIII| HISTÓRIA GLOBAL DA ASCENSÃO DO OCIDENTE

rica da industrialização ("assaz inesperada e extraordinária"), sobretudo sem cair na falácia da oposição perfeita e exclusiva entre esta e a *inevitabilidade*, estrutural, sem reconhecer a pré-existência de condições preparatórias, à falta de melhor expressão, como por exemplo a revolução científica do século XVII ou o "iluminismo industrial" do século XVIII apontado por Joel Mokyr (um fenómeno somente europeu, acrescente-se) ou ainda "a peculiar cultura científica baseada na máquina [*engine-based*]", que Goldstone reconhece mas não valoriza enquanto factor explicativo determinante[20]? Como pensar a "trajectória peculiar" ou a "conjuntura ímpar" que Goldstone propõe como explicação para o excepcionalismo inglês (aspecto que o afasta dos seus parceiros mais notáveis, Bin Wong e Pomeranz), ao mesmo tempo que recusa o excepcionalismo europeu[21]? São estas algumas das questões fundamentais que têm sido lançadas sobre as propostas da *Escola da Califórnia*, que se tem procurado aproximar da problemática das *múltiplas modernidades* patrocinada por Shmuel N. Eisenstadt. Goldstone procura responder a alguns destes problemas neste livro[22].

O que justifica então, para Goldstone, a *grande divergência?* São seis os processos fundamentais, ou "factores pouco usuais", que criaram "uma trajectória diferente para a Europa", ainda que apenas verificáveis, na totalidade, em Inglaterra. Primeiro, a existência de um conjunto de descobertas que implicaram a desestruturação da autoridade religiosa na explicação do mundo natural, passando esta, no essencial, a assumir-se como guia do comportamento moral e espiritual. Segundo, o desenvolvimento de um método científico que combinava pesquisa experimental com análise matemática do mundo natural, visível por exemplo nos trabalhos de Galileu, Kepler e Newton, entre outros. Terceiro, a difusão e generalização dos princípios e dos métodos científicos de Francis Bacon, marcados pela valorização da observação em detrimento da dedução lógica ou da autoridade tradicional, pela valorização dos dados empíricos e pela promoção dos princípios da demonstração e da explicitação das regras de investigação científica, incluindo no espaço público, o que teria conduzido a uma assinalável democratização do saber. Quarto, o desenvolvimento da experimentação e da observação com base na elaboração e na construção de instrumentos científicos (dos termómetros aos barómetros e aos cronógrafos e microscópios), o que passou a implicar que a lógica da prova não dependesse apenas da demonstração lógica ou matemática e aumentou consideravelmente o número e a difusão dos conhecimentos científicos, bem como a replicação das demonstrações. Quinto, a existência de um clima de tolerância e pluralismo, que atenuava a pressão para o conformismo e para a ortodoxia oficial (imposta pelo Estado), e criava uma atmosfera de apoio às novas ciências, por exemplo, por parte da Igreja Anglicana. Sexto, a existência de um contexto de proximidade entre os principais actores da inovação, os empreendedores e os empresários, os engenheiros e os cientistas, e os artesãos. A disseminação social do saber científico e a circulação do mesmo foi acompanhada pela partilha do saber pelos seus principais produtores e beneficiários. De qualquer modo, como Goldstone sublinha, se é verdade que a reunião destes factores conduziu ao "desenvolvimento do crescimento económico moderno" com origem em Inglaterra, é igualmente necessário classificar tal processo como "contingente"[23].

Várias questões poderão ser suscitadas por este importante livro, desde logo em relação à premissa inerente à pergunta de partida. "Porquê a Europa?", como focámos anteriormente, é uma questão que se tornou no motivo de inúmeras obras historiográficas que trabalham no tempo longo[24]. O ponto de partida de tal abordagem não deixa de conceber a história como um exercício de avaliação de quem ganha e de quem perde, apesar de cada obra medir as vitórias e as derrotas a partir de factores diferentes. Tais dissemelhanças resultam em distintas interpretações dos períodos de hegemonia nacional

XXX | HISTÓRIA GLOBAL DA ASCENSÃO DO OCIDENTE

sobre o mundo, dado ser quase sempre o Estado-nação que se impõe enquanto sujeito colectivo dos triunfos e dos desaires históricos. Esta avaliação das relações de poder – que se opõe, por exemplo, a perspectivas que conferem mais importância aos conflitos entre grupos que se confrontam pelas linhas de desigualdade materiais e simbólicas inerentes aos Estados, e que adquirem uma evidente dimensão internacional, como por exemplo na citada obra de Wallerstein – pode conduzir a uma leitura nacionalista da história. A ênfase no processo histórico nacional como explicação do desenvolvimento, considerado predominantemente por Goldstone como o desenvolvimento tecnológico, pode relativizar as relações de poder entre Estados, territórios e populações, não apenas as referidas relações de poder colonial, assentes no controlo sobre a soberania, mas todas aquelas decorrentes da coerção militar, no controlo sobre recursos, matérias-primas, mão-de-obra e, enfim, da manipulação dos próprios mecanismos económicos – o poder de impor taxas, tarifas, regular preços, monopolizar determinadas produções, impor monoculturas, etc. A explicação da história de sucesso britânica revela sobretudo o encontro feliz entre ciência e iniciativa económica, arbitrado pela tolerância religiosa. Talvez possamos compensar esta perspectiva pela leitura da modernização inglesa realizada por Barrington Moore Jr., claramente mais sensível aos custos humanos do processo histórico, ao lugar do conflito entre grupos e classes dentro das fronteiras nacionais.

Muitas questões podiam também ser colocadas ao peso concedido à tecnologia na análise dos processos de modernização e ao modo como outras "conquistas" da modernidade são mais timidamente consideradas. De facto, o desenvolvimento tecnológico, tanto do ponto de vista da aplicação prática e material de novos conhecimentos, como no que respeita à acumulação de novas formas de racionalidade organizativa, implicou um aumento do controlo tanto dos homens sobre a nature-

# JACK GOLDSTONE: DA SOCIOLOGIA HISTÓRICA... | XXXI

za, como dos homens sobre os outros homens (e mulheres). Mas, em que situações, terá esse mesmo aumento de controlo proporcionado o estabelecimento de relações de exploração e de autocracia ou, pelo contrário, contribuído para a criação de novas experiências de liberdade? E quais os custos a pagar por essa mesma modernização baseada no desenvolvimento das técnicas e da racionalidade? Será que um desses mesmos custos se encontra na inevitabilidade das práticas de violência, necessárias, mas condenáveis de um ponto de vista moral? Ou, numa perspectiva mais psicológica, não terá o progresso tecnológico, ao proceder à desestruturação de antigos valores, causado uma série de desajustes comportamentais, frustrações e comportamentos anómicos, com elevados custos para a saúde mental das suas vítimas[25]?

As críticas que podemos fazer às interpretações de Jack Goldstone só são possíveis, porém, porque a riqueza de perspectivas desenvolvidas ao longo de uma já longa carreira de investigação lhe permitiu formular uma proposta que suscita – pela sua riqueza historiográfica e empírica, pelo modo como relê a história a partir de uma evidente imaginação sociológica – o debate sobre as grandes questões do passado. Ora, só através da participação neste tipo de debates, podemos desenvolver o necessário espírito crítico, que nos ajuda a compreender melhor o presente e a pensar o futuro, enquanto historiadores, cientistas sociais e cidadãos.

*Diogo Ramada Curto*
*Nuno Domingos*
*Miguel Bandeira Jerónimo*

*História Global da Ascensão do Ocidente,*

*1500-1850*

# Prefácio

A única constante na história é a mudança. Há vinte anos, o tema central da política mundial era o conflito entre comunismo e capitalismo. Esse conflito terminou em grande parte em 1989-1991, com o colapso do comunismo na União Soviética e na Europa do Leste e, actualmente, parece ser uma memória longínqua para estudantes do ensino secundário e universitários.

As preocupações actuais centram-se na ascensão do Islão como força mobilizadora, na emergência da China e da Índia como novas potências económicas e nas possíveis alterações impressionantes do clima mundial e nos seus diversos meios-ambientes.

O estudo da história foi também sujeito a alterações. Durante grande parte dos séculos XIX e XX os estudantes aprenderam história mundial, tendo estudado a civilização ocidental, narrada como a história da «ascensão do Ocidente». Esta história começou com a emergência da democracia e da filosofia na Grécia e na Roma antigas; prosseguiu com o domínio dos reis da Europa e dos cavaleiros da Idade Média; evoluiu para as artes e explorações do Renascimento; e terminou com

# 4 | HISTÓRIA GLOBAL DA ASCENSÃO DO OCIDENTE

o domínio militar económico e político do mundo pelas nações da Europa Ocidental e da América do Norte. Os povos de África, da América Latina e da Ásia eram apenas mencionados quando se deparavam com exploradores ou colonizadores europeus – tendo a sua «história» começado com o contacto e a conquista europeus.

Porém, na última metade do século, o estudo da História Mundial centrou-se mais nas zonas fora da Europa e nos padrões seculares de intercâmbio e interacção entre todas as civilizações mundiais. É verdade que o mundo moderno deve muito às descobertas políticas e filosóficas dos Gregos. No entanto, também é verdade que o mundo moderno adquiriu as suas religiões, os seus sistemas numéricos, muitos dos seus princípios básicos de matemática e química e os seus bens de consumo mais comuns (roupa de algodão, porcelana, papel, livros impressos), da Ásia e do Norte de África. Enquanto os políticos se preocupam com o choque de civilizações, os historiadores tentam entender melhor como é que o mundo moderno se desenvolveu a partir do contributo de muitas civilizações. Hoje em dia, os historiadores estão também a tentar perceber como é que as respostas dos povos às variações climáticas e ambientais moldaram a história em épocas e locais diferentes. Por fim, a história das religiões, da lei e da ciência e tecnologia – em tempos, de certa forma tratadas à parte como estudos especializados –, é actualmente considerada essencial para a compreensão da vastíssima História Mundial.

Na última década, um grupo de jovens historiadores de economia e sociologia apresentou alguns argumentos inovadores e surpreendentes acerca da História Mundial. Em vez de interpretarem a ascensão do Ocidente como um longo processo de avanços graduais na Europa, enquanto o resto do mundo se mantinha parado, propuseram uma nova perspectiva. Defenderam que as sociedades na Ásia e no Médio Oriente eram líderes mundiais em economia, ciência e tecnologia e

PREFÁCIO | 5

em navegação, comércio e explorações até cerca de 1500 d.C. Na transição da Idade Média para o Renascimento, segundo estes historiadores, a Europa encontrava-se bastante atrasada relativamente a muitas das civilizações de outras partes do mundo e até cerca de 1800 não alcançou nem ultrapassou as sociedades asiáticas. A ascensão do Ocidente foi portanto relativamente recente e repentina, tendo-se apoiado em grande medida nos feitos de outras civilizações e não apenas no que aconteceu na Europa. Na verdade, alguns destes investigadores sugeriram que a ascensão do Ocidente terá sido um fenómeno relativamente breve e talvez temporário, tal como outras sociedades estão actualmente a alcançar ou, inclusivamente, a ultrapassar sociedades ocidentais, no que diz respeito ao seu crescimento económico ([1]).

Este pequeno livro apresenta uma introdução a estas novas abordagens à História Mundial. Revela algumas das últimas descobertas e os argumentos mais recentes sobre os feitos de civilizações fora do Ocidente, as suas relações com a Europa e a sua importância na criação do mundo moderno. Chama também a atenção para aquilo que poderá ter sido especial na Europa e quais os factores que contribuíram para a posição dominante da Europa e da América do Norte nos séculos XIX e XX.

Numa época em que os povos de todo o mundo procuram entender como é que as suas diferentes civilizações podem crescer e prosperar, talvez esta nova visão do passado possa fornecer algumas perspectivas úteis sobre o futuro.

# Introdução

## Terra: uma Visão Global

Vista do espaço, a Terra brilha como uma jóia verde reluzente e azul contra um fundo preto aveludado. Se nos aproximarmos, apercebemo-nos de que grande parte do globo está coberta com oceanos cintilantes e alguns continentes com uma forma irregular, onde floresce todo o tipo de vida.

Há milhões de anos que esta vista do espaço se mantém inalterada, inclusive nos últimos cinco mil anos de registo histórico. No entanto, nos últimos cem anos a vista alterou-se drasticamente. Se olhássemos para a Terra com um instrumento especial, que meça apenas a energia eléctrica produzida por determinadas regiões, os continentes pareceriam muito diferentes. Com efeito, se elaborarmos um mapa da energia total produzida nas diferentes regiões do globo, deparar-nos-emos com uma situação bastante surpreendente.

Algumas zonas da Terra produzem muito mais energia do que outras. Por exemplo, a zona da América do Norte abrangida pelo Canadá e pelos Estados Unidos produz quatro vezes mais energia eléctrica do que o resto da América do Norte e da América do Sul juntas. A península relativamente pequena da Europa produz aproximadamente sete vezes mais energia eléctrica do que toda a África, apesar desta ser muito maior (ver mapa, em baixo).

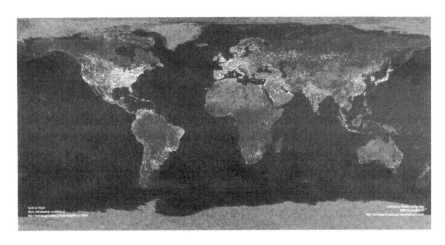

A TERRA À NOITE VISTA DO ESPAÇO
Repare na diferença de iluminação das várias regiões durante a noite. A América do Norte está muito mais iluminada do que a América do Sul, a Europa Ocidental está muito mais iluminada do que a África e o Japão está muito mais iluminado do que a China ou a Indonésia. Embora a Índia revele um grande número de luzes, nada levaria a crer que esta população é quase cinco vezes mais numerosa do que a metade oriental dos Estados Unidos.

Se fôssemos exploradores espaciais e olhássemos para a Terra do espaço, como explicaríamos esta singularidade? Podemos supor que nos sítios onde vivem pessoas é produzida e consumida mais energia. Poderíamos verificá-lo utilizando outros instrumentos para calcular quantas pessoas vivem nas diferentes regiões. Mas ficaríamos chocados quando soubéssemos que a maior parte da produção de energia ocorre nas zonas onde vivem relativamente *poucas* pessoas. Os 521 milhões de pessoas que vivem na Europa produzem 3 300 mil milhões de

TERRA: UMA VISÃO GLOBAL | 9

quilowatt-hora de energia eléctrica por ano, enquanto a África, com 869 milhões de pessoas, produz apenas 480 mil milhões de quilowatts-hora. Dois terços da população da América do Norte e do Sul estão situados a sul da fronteira entre os Estados Unidos e o México, mas a área a norte da fronteira produz 80% da energia eléctrica gerada nas Américas. Os 120 milhões de pessoas no Japão produzem 10 vezes mais electricidade por ano do que os 220 milhões de pessoas na Indonésia ([1]).

Talvez até os observadores do espaço reparassem na realidade mais impressionante acerca da Terra no início do século XXI: uma parte relativamente pequena da população produz e consome grande parte da energia eléctrica. Resumindo, há relativamente poucas pessoas a viverem em determinadas regiões, que são ricas, e muito mais pessoas a viverem noutras regiões – comparativamente com o primeiro grupo –, que são pobres.

Como é que um observador do nosso espaço consegue explicar este fenómeno? Tal como a maioria das pessoas actualmente, podemos ser levados a pensar que as pessoas ricas roubaram recursos aos pobres ou os impediram de lhes aceder da mesma maneira. Porém, esta não parece ser a explicação correcta – as regiões pobres têm com efeito mais recursos naturais e energia, que trocam voluntariamente por outros bens (carros, filmes, rádios, maquinaria), ou desperdiçam (muitos países queimam o seu gás natural, têm uma capacidade de energia hidroeléctrica que não é utilizada, ou não usam os recursos que produzem, extraem ou retiram do solo).

O observador poderá concluir que as pessoas das regiões mais ricas foram especialmente talentosas ou mais inteligentes e que, por esse motivo, alcançaram determinados conhecimentos para produzirem energia. Porém, esta observação também não está totalmente correcta – muitos dos povos das regiões mais pobres têm uma longa história de civilizações bem desenvolvidas, com artesanato fantástico, sistemas filosóficos complexos e literatura brilhante.

10 | HISTÓRIA GLOBAL DA ASCENSÃO DO OCIDENTE

Será que as regiões mais ricas apenas depararam com um grande conhecimento mágico que lhes permitiu produzir e utilizar essa energia, que foi ocultado de outras regiões? Esta conclusão pode também não estar totalmente correcta – os livros e o ensino e as comunicações electrónicas transmitem conhecimento por todo o mundo. No entanto, há regiões que parecem fazer uma melhor utilização desta informação do que outras.

A melhor maneia de resolver o problema é descer à Terra e estudar a história dos seus povos, das suas sociedades e das suas interacções ao longo dos tempos. É óbvio que o nosso pobre observador do espaço ficaria ainda mais surpreendido com as suas primeiras descobertas históricas, pois aperceber-se-ia de que durante milhares de anos as civilizações mais antigas e as sociedades mais avançadas eram precisamente as regiões que *não* eram as grandes produtoras de energia e consumidoras no início do século XXI. Ou seja, durante milhares de anos, as civilizações dinamizadoras, as sociedades mais ricas e avançadas da Terra, localizavam-se no Norte de África, na Ásia Oriental, no Sul da Ásia e nas regiões das Américas que ficam a sul dos Estados Unidos. Por outras palavras, aconteceu algo drástico relativamente recente que levou a uma desigualdade impressionante em diferentes regiões do mundo, e que alterou os antigos padrões.

Este livro analisa várias ideias que tentam explicar o que aconteceu – e quando, e como – que resultou nesta desigualdade surpreendente. Gostaríamos de saber como surgiu, o que a provocou, e se irá aumentar ou diminuir. Infelizmente, até os mais conceituados académicos de história económica e social da Terra têm discordado relativamente a este tema. Mas os estudiosos do mundo inteiro estão actualmente a revelar novas interpretações que nos ajudam a formular uma resposta para este enigma. Este livro apresenta os argumentos tal como são expostos nas investigações mais actuais, de forma a que o leitor possa julgar melhor por si próprio onde nos levam estes processos de transformações económicas de longo prazo.

# Capítulo 1

## O Mundo cerca de 1500:
## Quando as Riquezas se encontravam no Oriente

Em 1500, a Europa não era a zona mais rica do mundo. No entanto, os europeus dominaram algumas tecnologias e apropriaram-se de outras – incluindo relógios, armas de fogo e embarcações de grande porte –, e ficaram deslumbrados com a riqueza, o comércio e as capacidades de produção com que se depararam quando visitaram outros centros de civilização, tanto no Médio Oriente, no Sul e no Leste de Ásia, como no Novo Mundo. Nesta altura, a Ásia tinha de um modo geral uma maior produtividade agrícola e um artesanato mais requintado do que a Europa, e oferecia uma vasta variedade de produtos, tais como tecidos de seda e de algodão, porcelana, café, chá e especiarias, que os europeus tanto desejavam. As viagens de descobrimento realizadas por Colombo e por outros navegadores – embora em parte motivadas por um aumento de curiosidade e em parte por uma explosão de entusiasmo missionário – foram sobretudo tentativas para ajudar os europeus a poderem aceder melhor às riquezas da Índia e da China.

Quando Cristóvão Colombo partiu de Espanha e atravessou o Atlântico em 1492 e regressou no ano seguinte, a sua via-

12 | HISTÓRIA GLOBAL DA ASCENSÃO DO OCIDENTE

gem deu início a uma nova era na história mundial. Em 1497, Vasco da Gama empreendeu também uma viagem de longo curso e regressou, desta vez da Índia, que alcançou navegando primeiro para oeste, pelo Atlântico, e depois rumando para sul para contornar a extremidade de África. Estas viagens abriram o oceano Atlântico aos europeus, como uma porta através da qual eles puderam chegar à Ásia e às Américas. A partir deste ponto, uma teia incrivelmente densa de ligações comerciais marítimas, actividade missionária e colonização ligou a Europa ao resto do mundo.

Até então o alcance dos navegadores europeus anteriores fora relativamente limitado. Antes de 1400, as embarcações europeias normalmente não navegavam para lá do mar Negro para este, do mar Mediterrâneo para sul, do Canal da Mancha e do mar do Norte para oeste, e do mar Báltico para norte (ver figura 1.1). Confinadas pelos mares, as embarcações europeias não se afastavam para muito longe das suas costas ([1]). Até 1492, os barcos europeus mantinham-se confinados às longínquas orlas ocidentais das grandes rotas comerciais euro-asiáticas (ver figura 1.2).

Antes de 1488, altura em que Bartolomeu Dias foi o primeiro a contornar com o seu barco o Cabo da Boa Esperança na extremidade sul de África – demonstrando que era possível navegar do Atlântico até ao oceano Índico –, a maioria dos europeus acreditava não existir uma rota marítima para este. Os mapas europeus mostravam o oceano Índico totalmente delimitado pela costa leste de África e pelas costas da Arábia, Índia e Sudeste da Ásia; parecia ser uma bacia de comércio asiático fechada aos navegadores europeus.

Embora mercadores europeus, como Marco Polo, tenham viajado para a Índia e para a Ásia na Idade Média, em 1500 nem os governantes europeus nem os mercadores estavam em condições de projectar uma presença significativa fora da Europa. A sul do Mediterrâneo encontram-se os reinos mu-

O MUNDO CERCA DE 1500 | 13

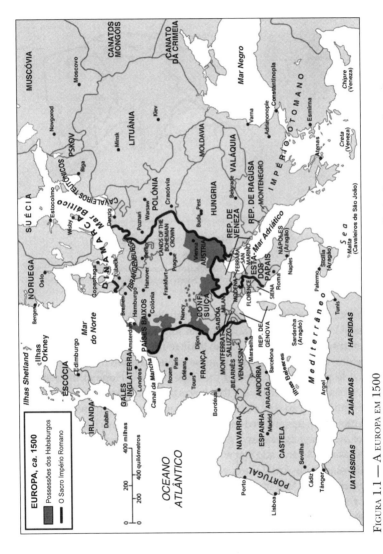

Figura 1.1 — A Europa em 1500
Antes de 1492, grande parte da navegação marítima estava limitada aos mares circundantes.

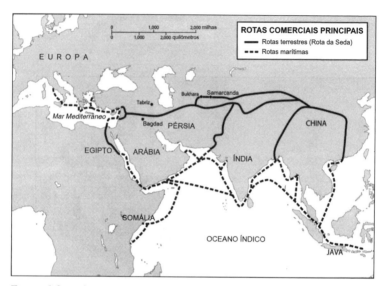

Figura 1.2 — A rota da seda e as rotas comerciais marítimas da Europa e da Ásia
Rotas comerciais importantes, incluindo a lendária Rota da Seda, ligavam a Ásia Oriental, do Sul e Central ao Médio Oriente. A Europa encontrava-se nas orlas ocidentais desta rede de comércio.

çulmanos e os sultanatos do Norte de África, cujos habitantes resistiram ferozmente às investidas europeias. No Mediterrâneo Oriental, os Turcos otomanos, que declararam a grande cidade bizantina de Constantinopla como sua capital e lhe chamaram Istambul, continuavam a avançar para a península Balcânica. Em 1500 tinham conquistado toda a Grécia e a maior parte dos Balcãs e, nos sessenta anos seguintes, alargaram o seu alcance, penetrando profundamente na Hungria e quase até Viena.

Os maiores navegadores da Europa antes dos Portugueses e dos Espanhóis foram os Viquingues no Norte e os Italianos no Mediterrâneo. Apesar de os Viquingues terem aberto caminho

O MUNDO CERCA DE 1500 | 15

desde as ilhas a norte da Escócia até à Islândia e Gronelândia e inclusivamente até à América do Norte, nunca atravessaram a faixa do Atlântico. Entretanto, os Venezianos e os Genoveses, partindo das suas cidades-Estado no Norte de Itália, navegaram, negociaram e estabeleceram-se ao longo da costa leste do Mediterrâneo, atravessando os estreitos próximos de Constantinopla até às costas orientais do mar Negro. Os seus barcos transportavam para a Europa as riquezas que traziam da Ásia – sedas e especiarias, jade e jóias. Mas os Italianos raramente se aventuravam para lá do mar Negro ou das costas do Mediterrâneo, controladas pelos Otomanos. A Europa Ocidental estava fechada, cercada por um oceano aberto a oeste e por um poderoso Império Otomano a leste.

No entanto, as civilizações do Médio Oriente e da Ásia não estavam tão limitadas. Os mercadores árabes não viajaram só por todo o Norte de África e por Espanha. Navegaram também pelo mar Vermelho, desceram a costa oriental de África até Zanzibar, contornaram a península Arábica, ao largo do Golfo Persa, e atravessaram o oceano Índico até chegarem a terras ricas em pimenta, pedras preciosas raras e outros tesouros. Os mercadores árabes, persas e arménios viajaram também por terra, em caravanas, até às fronteiras da China pelos caminhos conhecidos por Rota da Seda, parando em cidades prósperas como Bagdad, Tabriz, Bucara e Samarcanda. Os mercadores indianos viajaram para oeste pelo oceano Índico até à Arábia e África e para este, pelo Golfo de Bengala, até ao Sudeste da Ásia, estabelecendo inclusivamente comunidades comerciais na Rússia.

Quase um século antes das viagens de Colombo, os Chineses já tinham construído frotas de navegação tão grandes que ofuscavam as minúsculas caravelas de Colombo, e navegaram pelo Sudeste da Ásia, a Índia, alcançando no extremo do oceano Índico a África. Resumindo, enquanto os europeus

16 | HISTÓRIA GLOBAL DA ASCENSÃO DO OCIDENTE

permaneceram encurralados atrás de uma barreira de Estados islâmicos, outros comerciantes movimentavam-se livremente pelo mundo asiático (ver figura 1.2).

Eis a explicação para Colombo ter arriscado a sua viagem pelo Atlântico, e os Portugueses terem continuado a descer a costa de África, avançando para este e norte até ao coração do oceano Índico. Tanto uns como outros tentavam descobrir uma rota directa que os levasse até às riquezas do Oriente – uma forma de Espanhóis, Portugueses e outros europeus participarem num comércio próspero para lá das fronteiras otomanas.

Navegando através do oceano aberto para oeste, Colombo esperava dar a volta ao mundo e chegar à China ou à Índia, às terras fabulosamente ricas, conhecidas dos europeus por Oriente. Colombo esperava enriquecer, encontrar e reclamar as lendárias «ilhas das especiarias» do Oriente para o seu rei, a sua rainha e o seu Deus cristão. Porém, o objectivo mais importante da sua viagem e das de outros exploradores do Atlântico era pôr fim ao relativo isolamento dos europeus e ligá-los directamente ao comércio florescente das civilizações asiáticas, que ficavam para além dos territórios otomanos.

Embora não fosse aquilo de que Colombo estava à espera, foi apenas este o resultado da sua viagem. Pois entre a Europa e Ásia existe outro continente – a América do Norte e do Sul, unido pela faixa mais estreita da América Central. (Não tendo conhecimento daquilo que o esperava, e julgando ter desembarcado na Índia, Colombo designou por «índios» os nativos americanos da tribo das Caraíbas que encontrou; esta designação incorrecta ainda hoje se mantém).

A descoberta das Américas por Colombo levou os europeus a entrarem nos circuitos comerciais da Ásia. Antes do seu contacto com o Novo Mundo, os europeus tinham relativamente poucas mercadorias de valor para porem à disposi-

O MUNDO CERCA DE 1500 | 17

ção de um comércio mundial. Embora o ouro e o marfim de
África, e as peles e os objectos de vidro da Europa tivessem
valor na Ásia, os europeus tinham muito pouca mercadoria
valiosa para trocar por especiarias, sedas e outros bens asiáticos caros que desejavam ter. Mas, graças a Colombo, encontraram a sua fortuna.

As Américas tinham enormes minas e depósitos de prata
e ouro, suficientes para permitir que os europeus aumentas-
sem bastante o seu comércio com a Ásia. Estes bens tinham
de ser arrancados aos seus proprietários americanos nativos,
mas os europeus não tinham escrúpulos em fazê-lo. Por meio
de conquistas, escravatura e disseminação de doenças que di-
zimaram a população nativa, conseguiram controlar a riqueza
das Américas.

Por que motivo é que os europeus se deram a tanto trabalho? Por que motivo é que os europeus consideravam a Índia e
a China terras de riquezas, na época de Colombo?

A resposta é que estas regiões *eram* mais ricas em quase
todos os aspectos. Os campos da Índia e da China eram mais
férteis e produtivos, e a sua tecnologia de produção era superior. A China foi a primeira região do mundo a fabricar
uma série de produtos, incluindo papel, pólvora, embarcações de grande porte com lemes de cadaste e cascos multi-
compartimentados, a bússola, a chamada vela latina, instrumentos de ferro fundido e porcelana de grande qualidade.
A Índia foi líder mundial de produção de tecidos de algodão
de luxo, maravilhosamente coloridos, e a China e a Pérsia
foram líderes mundiais de produção de seda. Na Índia e na
China, as pessoas vestiam-se com tecidos delicados de algodão, enquanto os europeus se vestiam com roupa grosseira
de linho e lã.

Como é que isto sucedeu?

18 | HISTÓRIA GLOBAL DA ASCENSÃO DO OCIDENTE

## Clima, solo e zonas agrícolas na Eurásia: a produtividade agrícola, o primeiro passo para a prosperidade

Podemos ter algumas pistas se pensarmos no vasto continente eurasiático dividido em duas zonas – zonas com clima, solos e culturas diferentes. A primeira zona é a Europa. O ar atlântico sopra na direcção da Europa, transportando ventos frios e chuva no Inverno, e um vento mais ameno e seco no Verão. A região meridional ou mediterrânica tem tendência para ser mais quente, mais seca e mais dependente dos rios de montanha para irrigação, enquanto as região do Norte da Grã--Bretanha à Rússia têm chuvas mais intensas e são mais frias. Porém, toda a Europa tem um clima suficientemente húmido no Inverno e suficientemente seco e quente no Verão, suportando uma agricultura baseada na cultura seca de cereais (trigo, cevada, aveia ou centeio) e na cultura de fruta e vegetais.

A segunda zona é a enorme massa da Ásia Central e do Médio Oriente, aproximadamente dos Montes Urais às fronteiras da China. Nesta região, na maioria dos sítios não cai chuva suficiente para manter florestas ou uma agricultura permanente. Portanto, grande parte da Ásia Central são estepes, das quais depende o modo de vida dos nómadas que pastoreiam os seus cavalos, bois, camelos e as suas ovelhas e cabras. As principais excepções são as áreas sujeitas às cheias sazonais dos grandes rios, como o rio Nilo no Egipto e os rios Tigre e Eufrates na Mesopotâmia ou as zonas nos planaltos elevados ou perto de montanhas com neve suficiente para fornecer água para irrigação no Verão, como acontece no Norte da Pérsia. Nestes sítios, a concentração de água e uma irrigação extensiva permitiu uma agricultura rica e o sustento de grandes civilizações.

Mais para sul e leste, na Índia, China, Coreia e no Japão e Sudeste Asiático, prevalece uma terceira zona climática. É a zona das monções de ventos sazonais fortes, invernos secos e verões chuvosos. Os ventos de Inverno vêm da Ásia Central, transportando um ar seco e frio. Contudo, no Verão, os ventos mudam de direcção, atravessando as águas quentes do oceano Pacífico ocidental e do oceano Índico. Os ventos acumulam a humidade dos oceanos e deixam cair chuvas torrenciais sobre a zona das monções. O resultado é um Verão quente com chuvas fortes na Índia, China, Coreia, no Japão e Sudeste da Ásia e partes de África (ver figura 1.3).

Resumindo, o clima na Europa é influenciado principalmente pelos ventos atlânticos, que dão origem a invernos frios e húmidos e verões secos. A maior parte da Ásia Central e do Médio Oriente recebe muito pouca chuva dos oceanos, formando uma zona seca de desertos e estepes, excepto nas terras extremamente irrigadas ao longo dos rios maiores, e dos vales

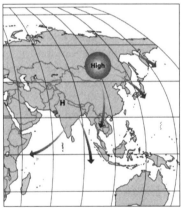
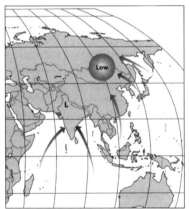

PADRÃO DO INVERNO
No Inverno, ventos secos vindos da Ásia Central sopram na direcção Sul e Este.

PADRÃO DO VERÃO
No Verão, os ventos vindos dos Oceanos Índico e Pacífico Ocidental, e que sopram na direcção norte e oeste, transportam humidade e chuvas torrenciais.

FIGURA 1.3 — OS PADRÕES DOS VENTOS DE MONÇÃO ASIÁTICOS
No Inverno, ventos secos vindos da Ásia Central sopram na direcção sul e este. No Verão, os ventos vindos dos Oceanos Índico e Pacífico ocidental, e que sopram na direcção norte e oeste, transportam humidade e chuvas torrenciais.

20 | HISTÓRIA GLOBAL DA ASCENSÃO DO OCIDENTE

de montanhas e planaltos que apanham mais chuva e neve. Em contrapartida, na Ásia Oriental e do Sul o clima é influenciado por ventos sazonais. A característica mais surpreendente desta última é a estação das monções, quando os ventos de Verão vindos dos oceanos Pacífico e Índico provocam uma precipitação de chuvas quentes e torrenciais em toda a região.

Esta diferença dos padrões sazonais de chuvas tem grandes implicações na agricultura, sobretudo quando combinada com as diferenças regionais dos solos. Na Europa, grande parte do solo é fino e calcário, ou arenoso, ou rochoso, ou coberto de enormes florestas de madeira dura. Para produzir alimentos, a terra tem de ser arduamente trabalhada para ser limpa e fertilizada, o que significa que é necessária uma grande quantidade de animais domésticos, tanto para a trabalharem como para a estrumarem. Os solos pesados das regiões florestais só puderam ser trabalhados a partir da Idade Média (desde aproximadamente o século X), quando a utilização de novos arados de ferro fundido e pesados permitiu aos agricultores revolver as raízes antigas das florestas e trazer uma camada de solo fresco para a superfície. Mas estes arados também eram bastante primitivos, pois o ferro era escasso e difícil de moldar; por isso os arados tinham lâminas afiadas de ferro fixas em ângulo recto ao instrumento de aragem de madeira lisa (ou por vezes de ferro). A lâmina do arado revolvia o solo, e o instrumento de aragem levantava uma camada de terra, formando um sulco. Este processo limpava o solo de ervas daninhas e arejava-o, permitindo a reentrada de azoto no solo. Mas puxar este arado através do solo pesado dava muito trabalho, requeria muitos animais e, frequentemente, alguém para os estimular, e um condutor para guiar o arado.

Como a maior parte da chuva na Europa cai no Inverno, os agricultores têm de produzir culturas resistentes. Os europeus cultivaram cereais como cevada e trigo, aveia e feijão e painço, como recurso alimentar principal. Mas como os solos eram

O MUNDO CERCA DE 1500 | 21

pobres e os animais precisavam de ser alimentados, quase dois terços da terra disponível tinham de ficar por plantar, de forma a fornecer pasto, ou mantidos em pousio, ou período de «descanso», durante um ano entre plantações, para melhorar a fertilidade do solo.

Em contrapartida, os agricultores na zona oriental de monções dispunham de solos melhores e chuvas no Verão, pelo que tiveram de organizar a sua agricultura de uma forma totalmente diferente. O planalto do Norte da China estava coberto com um tipo de solo muito leve e fértil que podia ser facilmente trabalhado e, durante o Verão, a maré cheia do rio Amarelo e seus afluentes fornecia água em abundância para irrigação.

Os agricultores chineses trabalhavam este solo utilizando um arado mais leve e com efeito a tecnologia chinesa produziu um, bastante mais eficaz. Os Chineses desenvolveram muito cedo uma tecnologia de ferro bastante mais sofisticada. No século IV d.C. já utilizavam fornos revestidos a cerâmica que geravam temperaturas suficientemente elevadas para a fundição de ferro, que moldavam de formas variadas – algo que os europeus só dominariam daí a séculos. Em vez de uma simples extremidade de ferro fixa a um instrumento de aragem, os Chineses moldaram a lâmina do arado e o instrumento de aragem como se fosse uma simples curva lisa de metal com um gume afiado e arestas recortadas. O resultado foi um arado que abria caminho num solo leve, como uma faca sobre manteiga, permitindo que a terra fosse arada por um único trabalhador ou por um ou dois animais.

Os agricultores chineses não precisavam de guardar muita terra para pasto, nem precisavam de ter muitas terras em pousio, pois a irrigação e o estrume leve (normalmente de porco) forneciam os nutrientes necessários aos solos leves mas profundos. Embora o planalto do Norte da China permitisse culturas semelhantes às da Europa – trigo, painço e feijão – os Chineses conseguiam produzir mais alimentos por hectare e por agricul-

22 | HISTÓRIA GLOBAL DA ASCENSÃO DO OCIDENTE

tor, alimentar mais artesãos e trabalhadores urbanos e sustentar mais e maiores cidades do que os europeus.

Na Índia, no Sul da China, no Sudeste Asiático e nas regiões a sul do Japão e da Coreia, as monções eram tão chuvosas que os agricultores podiam alagar os seus campos na estação de plantio e semear culturas de arroz mais produtivas e permeáveis à água. As plantas do arroz têm mais grãos ou sementes por planta do que o trigo; por isso, havia muito menos cereais que tinham de ser guardados para serem semeados na colheita seguinte e, por conseguinte, podiam ser colhidos mais alimentos comestíveis por hectare. Além disso, uma vez que alagar os campos ajudava a fertilizar o solo e a evitar as ervas daninhas, e era necessária menos força animal para arar, as culturas de arroz não precisavam do período de pousio nem de muito terreno para pasto. Os métodos de cultivo de arroz e as propriedades do arroz permitiam assim uma maior produtividade do que o cultivo europeu, dando origem a uma maior produção por pessoa e por hectare, na Ásia. Esta maior produção permitiu às sociedades asiáticas sustentarem uma classe mais alargada de elites ociosas e cultas, e contratar mais artesãos para produzirem produtos especializados para consumir e comercializar.

No entanto, havia um lado negativo na agricultura de monção. De vez em quando, as chuvas falhavam. Este efeito periódico é denominado El Niño-Oscilação Sul (ENOS), e ocorre quando as águas normalmente quentes que abastecem as chuvas de monção no oceano Pacífico ocidental e no oceano Índico se afastam para o Pacífico Oriental. Este desvio nas correntes oceânicas afecta as correntes aéreas, enfraquecendo bastante os ventos de monção do Sudeste, e resultando numa seca terrível no Sul ou no Sudeste da Ásia. As culturas falham e milhares de pessoas morrem à fome. Por outro lado, há anos em que as chuvas de monção caem mais cedo e com muito mais abundância do que o habitual. Campos e casas são var-

O MUNDO CERCA DE 1500 | 23

ridos quando os rios transbordam das suas margens. A grande produtividade agrícola e a riqueza da Ásia foram sempre marcadas por períodos ocasionais de seca ou de cheias, que levaram a extremos de pobreza e miséria. O clima e o solo faziam uma enorme diferença mas, como vimos com a comparação do lavrar da terra na Ásia e na Europa, os povos da Ásia também desenvolveram tecnologias superiores que lhes permitiam tirar melhor partido daquilo que a natureza oferecia. Como a natureza era muitas vezes cruel – com cheias e secas devastadoras quando as monções chegavam demasiado cedo, eram demasiado violentas, ou nem sequer chegavam – os povos chineses e outros povos asiáticos desenvolveram um conjunto de tecnologias com vista a diversificar as suas economias e a controlar as provisões de água de que tinham necessidade.

## Tecnologias para moldar o meio ambiente e criar produtos comercializáveis

As sociedades agrícolas desenvolveram redes complexas de canais, vales e barragens em toda a Ásia, para desviar as águas para as suas quintas. Embora em tempos se pensasse que estes projectos para controlar a água só podiam ter sido construídos por Estados com um regime ditatorial muito rígido, hoje em dia sabemos que a maioria dos projectos de irrigação produziu campos extremamente férteis do Irão a Bali, que foram utilizados por toda a Índia e China, e construídos e mantidos sob a supervisão das elites locais e das suas comunidades.

Quando o governo se envolvia, concentrava-se sobretudo na criação de projectos hidráulicos para melhorar as condições do comércio e das viagens, como, por exemplo, o Grande Canal da China, construído para transportar o grão tributado das zonas de culturas de arroz do delta do rio Yang-tzé até à

# 24 | HISTÓRIA GLOBAL DA ASCENSÃO DO OCIDENTE

capital de Pequim, no Norte. Estendendo-se por mais de 1600 quilómetros de norte a sul, ligando várias massas de água e atravessando rios e montanhas, continua a ser o canal mais comprido do mundo, cujas secções principais foram, em grande parte, completadas no século VII d.C. No século X, os Chineses construíram comportas de canais para os barcos navegarem em terrenos irregulares, eliminando assim a necessidade de retirar, transportar e voltar a carregar as mercadorias quando tinham de atravessar colinas. (Isto passou-se 400 anos antes de as comportas serem utilizadas na Europa). No entanto, este foi apenas um dos muitos projectos que os Chineses e outras nações asiáticas construíram para controlarem cheias, canais de irrigação e manterem instalações portuárias nos centros costeiros comerciais.

Além das suas competências na agricultura e no controlo das águas, os povos da Ásia produziram também uma grande variedade de materiais preciosos que não estavam disponíveis na Europa. Desde os tempos do Império Romano que os Chineses produziam seda: criando bichos-da-seda, fumigando os casulos para matar as lagartas e as impedir de saírem em forma de borboleta, e desenrolando cuidadosamente os fios do casulo. Os tecidos de seda foram um dos principais artigos de luxo comercializados na Ásia durante séculos, dando o nome à Rota da Seda. No início da Idade Média, a produção de seda expandiu-se à Pérsia e ao Médio Oriente, e os europeus aprenderam a produzir seda no século XIII. Mas havia tanta procura de sedas requintadas que a produção local na Europa e no Médio Oriente não conseguia acompanhar essa procura, e a seda chinesa (e de outros países asiáticos) continuou a ser exportada para o Ocidente ao longo dos tempos modernos.

Na época de Colombo, a China e a Índia começaram também a produzir outro tecido de luxo que não estava disponível no Ocidente: o algodão fino. Talvez seja difícil de acreditar actualmente, mas até ao século XVIII o algodão de que os euro-

O MUNDO CERCA DE 1500 | 25

peus dependiam para fazerem camisas, roupa interior e calças de ganga só estava disponível na Ásia. Os Ingleses importavam da Europa enormes quantidades de tecido de algodão. Em finais do século XVIII, quando os Ingleses estavam a desenvolver a sua própria indústria mecanizada de fiação de algodão, receavam nunca vir a ser capazes de produzir tecidos de algodão tão finos como os produzidos na Índia.

Além de uma produtividade agrícola maior e de uma indústria têxtil superior, a Ásia Oriental estava também em grande vantagem relativamente àquilo que hoje em dia chamamos engenharia de materiais. Os Chineses dominaram a técnica de fundição de bronze pesado quase na mesma altura em que desenvolveram a escrita e se tornaram peritos em moldar utensílios de ferro, mil anos antes dos europeus. Os Chineses (e os Coreanos e os Japoneses) aperfeiçoaram também a arte da cerâmica – com enfeites vidrados e quase transparentes – tão apreciada hoje em dia. A cerâmica chinesa tinha tanta procura na Ásia que no século XVII os Chineses já tinham fábricas a carvão com milhares de operários a produzirem peças com um *design* cuidadosamente concebido, com vista a atrair clientes do Médio Oriente ou da Europa.

Os Chineses inventaram também o papel barato e a impressão com blocos de madeira, e tinham enormes bibliotecas, séculos antes de terem surgido na Europa a impressão do livro em grande escala e as bibliotecas. Até o dinheiro em papel (também tornado possível devido ao papel barato e à impressão) foi utilizado na China muito antes de o ter sido na Europa. Na Idade Média, os europeus usavam pele cara de animais (velino ou pergaminho) na maioria dos textos. Intermediários árabes venderam papel asiático aos europeus durante cerca de 400 anos, de 800 d.C. a 1200, antes de os europeus terem aprendido a manufacturá-lo. Pigmentos dispendiosos (para tingir roupa e pintar quadros), pólvora e fósforos, tudo provinha de várias regiões da Ásia.

26 | HISTÓRIA GLOBAL DA ASCENSÃO DO OCIDENTE

Por fim, as terras asiáticas foram também as fontes de especiarias preciosas, pomadas e perfumes – sobretudo pimenta, mas também canela, cravo-da-índia, cardamomo, mirra e franco-incenso. Pouco tempo depois, a Arábia, a Índia e a China passaram a ser os fornecedores do chá e do café que os europeus bebiam diariamente, mas esse comércio só se desenvolveu mais de cem anos após a viagem de Colombo.

Tendo usufruído de uma agricultura mais produtiva e de uma tecnologia mais avançada durante muitos séculos antes de 1500, a maioria das sociedades asiáticas parecia aos olhos dos europeus como sendo fabulosamente rica. Diz-se que Marco Polo, ele próprio um comerciante veneziano que visitou a China no século XIII, ficou impressionado com a quantidade de barcos que navegavam nos rios chineses. No decurso de 1750, os europeus maravilharam-se com as riquezas, os conhecimentos tecnológicos e os produtos magnificamente fabricados pelo Oriente.

### A enigmática ascensão da Europa

Como foi então possível que em 1850 as percepções se tenham invertido, e os asiáticos começassem a parecer pobres e atrasados aos olhos dos europeus? Em 1911, com o colapso do Império Chinês, os europeus consideravam a China um país miserável de costumes entorpecidos, e não uma civilização avançada. A Europa expandiu o seu domínio político e económico pelo mundo, colonizando algumas regiões, impondo condições comerciais a terceiros, e aproveitando a superioridade tecnológica e a riqueza material que parecia estar fora do alcance dos não-europeus. Considerando o estado do mundo em 1492, o que terá levado a esta situação?

Durante grande parte dos últimos 200 anos, os europeus justificaram a sua súbita ascensão ao domínio mundial em termos das suas próprias virtudes superiores. Destacando elementos da sua história adquiridos da Grécia e da Roma antigas e ao longo do Renascimento, os europeus orgulhavam-se de ter uma percepção especial da natureza. Congratulavam-se por terem desenvolvido as suas cidades e o seu comércio, esquecendo-se às vezes de que quando passaram a fazer parte dos circuitos do comércio mundial já existiam grandes cidades e um enorme comércio na Ásia.

Por vezes os europeus explicavam o seu êxito em termos da sua religião, argumentando que o Cristianismo proporcionava uma base superior para a produção económica. Outras vezes, os europeus referiam o seu sistema de governação – a competição entre vários Estados nos princípios da Europa moderna – como a razão do seu êxito.

Existem explicações mais modestas, que sugerem que os europeus não eram merecedores das suas riquezas, uma vez que as tinham roubado. Começando pela construção de fortalezas nas ilhas das Caraíbas, impulsionada por Colombo, os europeus tornaram-se invasores mundiais, pois para onde quer que fossem pilhavam bens e recursos aos povos nativos.

Por fim, algumas explicações sugerem que a Europa só teve sorte porque tinha determinados recursos – carvão e ferro para a indústria na Europa, ou terras despovoadas nas Américas – em sítios onde os europeus podiam usufruir deles, ficando em vantagem relativamente a outras regiões do mundo.

Todas estas ideias e outras merecem ser consideradas. Contudo, têm de ser também cuidadosamente analisadas e comprovadas. Não podemos partir simplesmente do princípio de que os factores que julgamos terem contribuído para uma Europa especial não estavam presentes na Ásia ou na África. Basta observarmos melhor. Nem devemos partir do princípio de que só porque a Europa foi de alguma forma diferente de outros sítios, essas diferenças produziram melhores resultados. Podiam ter surtido também resultados piores. Convém por isso

# 28 | HISTÓRIA GLOBAL DA ASCENSÃO DO OCIDENTE

analisar muito atentamente as causas e os efeitos, para termos a certeza de que um determinado factor teve na verdade um efeito específico.

Os capítulos seguintes referem-se a um estudo comparativo – quais foram realmente as diferenças significativas que levaram à grande e súbita ascensão da Europa a domínio mundial? E será que são duradouras?

## Bibliografia complementar

FAGAN, Brian. *The Long Summer: How Climate Changed Civilization.* New York: Basic Books, 2004. [*O Longo Verão. Como o Clima Mudou a Civilização*, Lisboa, Edições 70, 2006]

POMERANZ, Kenneth. *The Great Divergence.* Princeton, NJ: Princeton University Press, 2001.

# Capítulo 2

# Padrões de Transformação na História Mundial

Quando pensamos nas transformações que ocorreram na história, temos tendência para pensar numa transformação progressiva: pessoas a enriquecer e a aprender mais, e cidades e países a crescer. Mas nem sempre tem sido assim. As transformações na história mundial processam-se muitas vezes em ciclos ascendentes e descendentes. A explosões de progresso seguem-se regressões ou longos períodos de estagnação. Esta situação verificou-se tanto na Europa como noutras civilizações mais importantes ao longo de grande parte da história.

Alguns investigadores referiram episódios de progresso na Europa antes de 1700 no âmbito das transformações sociais, ou tecnológicas, ou de controlo demográfico, como sendo responsáveis pela ascensão do Ocidente. No entanto, inseridos num contexto mais vasto, estes episódios são frequentemente interpretados como parte de ciclos ascendentes e descendentes mais longos e muito semelhantes a episódios que ocorreram aproximadamente na mesma altura noutras civilizações.

Quando pensamos em transformações sociais de longo prazo, a nossa tendência natural é pensarmos nessas transfor-

## 30 | HISTÓRIA GLOBAL DA ASCENSÃO DO OCIDENTE

mações como algo que nos acompanha constantemente – os preços aumentam, a população cresce, as cidades expandem-se, a tecnologia é aperfeiçoada. Se pensarmos nos tempos modernos como algo diferente do que era antes, vemos sobretudo que o que difere é o ritmo de mudança, com as transformações a ocorrerem mais rapidamente no mundo moderno.

Porém, a realidade é bastante mais complexa. Muito antes dos tempos modernos, a história assistiu a episódios de progressos rápidos em termos de população, preços, urbanização e tecnologia. A maioria dos grandes impérios da história começou com um surto de rápida expansão e transformações sociais. No entanto, o efeito geral dessas transformações foi limitado, uma vez que estas não eram sustentadas. Pelo contrário, eram interrompidas por regressões súbitas, em que pragas, más colheitas, guerras, revoluções e outro tipo de calamidades baixaram drasticamente a população. A urbanização e o comércio entraram também em declínio, e os avanços tecnológicos anteriores por vezes perdiam-se. A estes declínios seguiam-se amiúde longos períodos de estabilidade relativa em que população, preços, cidades e tecnologia sofriam poucas alterações durante séculos.

Para referir apenas um exemplo, julga-se actualmente que a população de Inglaterra ultrapassou os quatro milhões em finais do Império Romano (cerca de 300 d.C.), ultrapassou novamente os quatro milhões cerca de 1300, e voltou de novo a ultrapassar os quatro milhões em 1600[1]. Mas isto não significa que a população de Inglaterra tenha estabilizado durante mais de mil anos. Sem dúvida que a população passou por vários períodos de crescimento, depois de declínio e estagnação, seguidos de uma recuperação lenta. A população de Inglaterra terá provavelmente diminuído para cerca de dois milhões no ano 500 d.C. e voltado a atingir esse patamar cerca de 1400. Mas esta situação não se verificou apenas em Inglaterra – existem registos que referem ter havido períodos na Itália, Alemanha, Turquia e China, desde tempos antigos até ao século XIX,

PADRÕES DE TRANSFORMAÇÃO NA HISTÓRIA MUNDIAL | 31

em que doenças, guerra e fome mataram um quarto a um terço da população no espaço de uma geração. Ou seja, aquilo que torna o mundo moderno diferente é muito mais do que o ritmo das transformações. Antes dos séculos XIX e XX, o padrão típico das transformações económicas era cíclico: havia períodos em que se verificava um aumento de população, dos preços, da urbanização e do desenvolvimento tecnológico, mas havia também longos períodos de tempo em que tudo baixava ou se mantinha inalterado. Em contrapartida, desde 1800 que na Europa (e desde 1900 na maior parte do resto do mundo) o padrão de alteração económica tem sido um padrão de crescimento acelerado, em que populações, cidades e invenções tecnológicas aumentaram de um modo geral mais depressa nas décadas seguintes do que alguma vez tinham aumentado. A população e a tecnologia avançam cada vez mais rapidamente, interrompidas apenas por crises ligeiras ou breves períodos de estabilidade.

Dois séculos de mudanças rápidas significaram que, desde 1880, o aumento de preços, população, urbanização e tecnologia ofuscou os acontecimentos anteriores. Em 1880, a população mundial aumentou para um total de cerca de mil milhões de pessoas. A população mundial levou dezenas de milhares de anos a atingir esse número. Bastou o século seguinte para o mundo voltar a ter praticamente o mesmo número de pessoas, com a população global quase a duplicar até atingir os 1,7 mil milhões de pessoas em 1900. No século seguinte, a população mundial cresceu a um ritmo tão rápido que o número de pessoas mais do que triplicou, atingindo os 6 mil milhões no ano 2000. Com efeito, no final do século XX, o número de pessoas que nascia em cada vinte anos era superior ao número da população mundial duzentos anos antes.

Outros factores sociais também se alteraram rapidamente. No mundo antes de 1800, na maioria das grandes sociedades havia menos de 10 a 15% da população a viver em grandes

32 | HISTÓRIA GLOBAL DA ASCENSÃO DO OCIDENTE

cidades. Os métodos de agricultura, a manufactura e os transportes sofreram transformações mais significativas apenas de século em século ou de dois em dois séculos. Em 1760, os agricultores na Europa e na América usavam basicamente o mesmo equipamento que era utilizado desde a introdução do arreio com coalheira e do arado pesado com lâmina de ferro, em 1300. Em 1800, no mundo inteiro, as pessoas que viajavam por terra ainda viajavam a pé, ou a cavalo, ou em carroças puxadas a cavalo, como faziam há milhares de anos.

Nos últimos 200 anos, a situação mudou drasticamente. Actualmente, na maioria das grandes sociedades mais de metade da população vive em grandes cidades. Todas as décadas surgem novos métodos de manufactura e transportes. Só nos últimos 50 anos houve mudanças bastante significativas. Antes de 1950 não havia viagens públicas de avião a jacto e nenhum objecto feito pelo homem, e muito menos nenhum ser humano, que tivesse saído da atmosfera terrestre para o espaço. Antes de 1975 não havia computadores pessoais, telemóveis, Internet, televisão por cabo ou por satélite.

Quando e onde é que se verificou a transição deste padrão de transformações cíclicas pré-modernas para transformações modernas mais rápidas? Esta é uma outra maneira de se questionar como começou a ascensão do mundo moderno. Para compreendermos como é que o mundo se tornou moderno, convém investigar os tipos de padrões de transformações sociais que ocorreram em diferentes partes do mundo.

### A transformação foi diferente na Ásia e na Europa?

Alguns académicos sugeriram que os padrões de transformação social na Europa há muito que divergiam dos de outras partes do mundo, talvez já desde a Idade Média, e finais do Renascimento, ou cerca de 1600.

PADRÕES DE TRANSFORMAÇÃO NA HISTÓRIA MUNDIAL | 33

Karl Marx, por exemplo, argumentou que a sociedade da Europa Ocidental passou por uma série de transformações sociais distintas nos últimos dois mil anos, a que ele chamava padrões de relações de classe ([2]). Marx observou que na Grécia e Roma antigas a sociedade era governada por uma pequena elite de cidadãos que dominava os escravos. Na Idade Média, a sociedade era governada por nobres e senhores feudais que mandavam nos camponeses. No Renascimento emergiu uma elite urbana de burocratas, financeiros e comerciantes que desafiou os senhores feudais. No século XIX, capitalistas abastados controlavam firmemente uma sociedade industrial em que a maioria eram trabalhadores assalariados. Em contrapartida, de acordo com Marx, no século XIX as principais sociedades asiáticas como a China e a Índia já eram impérios grandes mas estagnados, que não progrediam além do nível de desenvolvimento antigo ou feudal, mantendo-se as suas relações sociais inalteradas durante séculos.

Outros académicos apresentaram argumentos semelhantes baseados nas transformações tecnológicas e não nas relações de classe. David Levine, por exemplo, afirmou que as transformações tecnológicas começaram a intensificar-se na Europa a partir de cerca do ano 1000, quando os moinhos de água, os moinhos de vento e novos arados de ferro pesado começaram a difundir-se por todo o Norte da Europa. Alfred Crosby argumentou que a partir do século XII se verificou uma obsessão especificamente europeia em relação à contagem exacta, que levou ao aperfeiçoamento dos relógios, da música, das artes e, por fim, da navegação, da ciência e da manufactura. Jan de Vries e Ad van der Woude analisaram o século XVI, centrando-se nos Países Baixos (também conhecidos por «Holanda», segundo a sua maior província), e sugeriram que a sua agricultura altamente comercializada, as suas elevadas taxas de urbanização (com aproximadamente 25% da população a viver em cidades), e um grande número de manufacturas dominantes, transportes e

34 | HISTÓRIA GLOBAL DA ASCENSÃO DO OCIDENTE

actividades financeiras (incluindo a pesca, a navegação, o armazenamento, os seguros, o fabrico de cerveja, do vidro e a impressão) a tornaram a primeira nação moderna. Em contrapartida, estes autores presumiram que as transformações tecnológicas na Ásia foram relativamente pequenas e insignificantes ([3]).

Por fim, outro grupo de autores sugeriu que o padrão de crescimento das populações europeias era diferente dos padrões em qualquer outro sítio. John Hajnal, E. A. Wrigley e Roger Schofield sugeriram que as populações do Norte da Europa tinham mais capacidade para conservar e acumular recursos do que outras populações, pois eram mais eficientes a conter o crescimento da população ([4]). Os europeus conseguiram-no e em tempos de crise económica tornou-se hábito as mulheres casarem só a partir dos vinte e poucos anos, ou não se casarem mesmo. Por sua vez, estes académicos observaram que na maioria das sociedades asiáticas os casamentos se realizavam quando as mulheres eram muito mais novas (na adolescência), e que quase todas as mulheres se casavam. Partiram do princípio de que este padrão de casamento precoce universal resultaria naturalmente em famílias mais numerosas e num crescimento mais rápido em termos populacionais na Ásia, pelo que as populações que cresciam rapidamente impediam o crescimento económico. Por isso não podia haver acumulação de recursos e os padrões de vida permaneciam num nível baixo, enquanto a população não parava de crescer.

Todas estas sugestões são plausíveis. O problema é estarem todas erradas. Todas estas abordagens exageraram as diferenças entre as relações das classes europeias, ou a tecnologia, ou o crescimento da população e as sociedades asiáticas mais abastadas antes de 1800.

Alguns dos erros têm simplesmente origem na comparação relativamente pormenorizada do entendimento das transformações verificadas na Europa com uma percepção bastante vaga e demasiado simplificada das transformações verificadas na Ásia. Com efeito, a história da China nos últimos dois mil anos revela muitos períodos de crise e transformações nas relações sociais, na estrutura governamental e tecnológica, tal como se refere nos capítulos seguintes.

Outros erros têm origem no facto de se isolar e analisar uma única época de transformações significativas na Europa. Centrarmo-nos num período de tempo específico – como o início da Idade Média, ou o século XVI –, em que se verificou um aumento de um longo ciclo demográfico, de urbanização e progresso técnico, pode dar a entender que há muito que a Europa era uma sociedade dinâmica e avançada. Mas esta análise negligencia as crises que quase sempre se seguem. Uma visão a mais longo prazo revela que nenhum país da Europa – ou de qualquer outro sítio – conseguiu escapar à natureza cíclica de transformações sociais de longo prazo que prevaleceu em qualquer sítio do mundo antes de 1800. As mesmas sociedades europeias que floresceram nos séculos XI e XII esmoreceram no século XIII e entraram em colapso no século XIV. Até mesmo as sociedades admiravelmente prósperas da Holanda dos séculos XVI e XVII sofreram uma forte crise nos padrões de vida e de declínio económico no século XVIII.

De igual modo, apontar transformações específicas na tecnologia europeia pode levar a crer que a Europa era mais inventiva, quando de facto ocorreram simultaneamente transformações diferentes mas igualmente significativas relativamente à tecnologia asiática. Do século XVI ao século XVIII, por exemplo, a China aperfeiçoou novas técnicas agrícolas que resultaram numa maior produtividade de uma grande variedade de culturas, incluindo o painço e a soja, o arroz e o feijão, o trigo e o algodão. A China desenvolveu também novas tecnologias para a produção de cerâmica, algodão e tecidos de seda, e expandiu as suas minas de carvão e o seu comércio ultramarino. Estes novos desenvolvimentos elevaram os padrões de vida na China muito para lá dos níveis europeus.

36 | HISTÓRIA GLOBAL DA ASCENSÃO DO OCIDENTE

Por fim, embora seja verdade que no Norte da Europa as mulheres se casavam mais tarde, não significa que só as populações europeias é que controlavam o seu crescimento nos tempos de crise. As populações asiáticas utilizavam outros métodos: em tempos de crise, os homens deixavam as suas famílias durante anos para irem à procura de trabalho em cidades ou regiões distantes; as viúvas eram desencorajadas de voltar a casar; e os bebés morriam à fome ou eram mortos. O resultado foi que apesar de as mulheres asiáticas casarem mais cedo, acabavam por não ter mais filhos adultos sobreviventes do que as mulheres europeias. A dimensão das famílias na China era pouco diferente da da Europa nos séculos XVII e XVIII [5]·

Resumindo, muitas das supostas diferenças cruciais entre as sociedades europeias e não-europeias deixam de existir quando são consideradas tendências de longo prazo e se olha com a mesma atenção para as sociedades ocidentais e não-ocidentais. Até 1750, as transformações em termos de população, agricultura, tecnologia e padrões de vida não foram essencialmente diferentes na Ásia Oriental e na Europa Ocidental.

Apesar de tudo, esta situação não deveria ser surpreendente. Até muito recentemente, os ciclos de longo prazo de transformações sociais eram provocados sobretudo por factores aos quais nenhuma sociedade conseguia escapar e que actuavam de igual modo em todas as populações do mundo: o clima e as doenças. Todas as sociedades dependiam dos alimentos que produziam e dos mesmos materiais básicos (peles de animais, fibras de plantas, barro, madeira e pedras) para se vestirem e abrigarem. Isto significava que invernos rigorosos – com nevões, cheias ou granizo – ou verões duros com secas fulminantes podiam diminuir o rendimento de produtos animais e vegetais essenciais, dos quais as pessoas dependiam para se alimentarem e abrigarem.

Todas as sociedades tinham animais domésticos ou outros produtos para se alimentarem e apoiavam-se no comércio de longa distância para se abastecerem de materiais e produtos que não conseguiam produzir. Isto significava que quase todas as sociedades (excepto as que viviam em países relativamente isolados, como a Austrália ou as Américas antes de Colombo) estavam também sujeitas a contrair infecções causadas por doenças de origem animal ou humana.

Compreender os padrões do clima e das doenças e em que medida afectaram as sociedades humanas é o primeiro passo para a compreensão de padrões mais amplos de transformações sociais.

## Alteração climática, doenças e ciclos históricos de longa duração

É evidente que todos sabemos que as eras glaciares tornaram a vida muito mais dura para os nossos antepassados. Envolvidos em peles e à caça de animais de grande porte com lanças, enfrentaram invernos brutais que cobriram grandes áreas do mundo com gelo e neve. Foi só com o fim da era glaciar mais recente, há cerca de oito a dez mil anos, que se desenvolveu a agricultura e a lavoura.

Actualmente, temos conhecimento – através do estudo dos anéis dos troncos das árvores e do gelo retirado de glaciares – que o fim das eras glaciares não significou apenas uma melhoria em termos de clima mundial. Pelo contrário, parece que as eras de invernos rigorosos regressavam periodicamente, mesmo nos últimos milénios, tornando a vida mais dura para os nossos antepassados recentes. Não temos ainda bem a certeza por que motivo ocorriam alterações climáticas consideráveis periodicamente. No entanto, é cada vez mais evidente que de três ou de quatro em quatro séculos, durante os últimos milénios, o mundo passou por períodos de acentuado arrefecimento. Estes períodos de arrefecimento reduziram de um modo

38 | HISTÓRIA GLOBAL DA ASCENSÃO DO OCIDENTE

geral as épocas de plantio; provocavam mais cheias catastróficas, geadas e tempestades de granizo; e tornavam impossível cultivar terras marginais que anteriormente tinham sido cultivadas com êxito.

É muito provável que um clima mais hostil e provisões alimentares menos abundantes tornassem as sociedades mais vulneráveis a doenças. E, com efeito, todos os períodos de arrefecimento parecem estar associados a surtos epidémicos avassaladores. Nos séculos II e III d.C., pestes devastadoras provocaram o caos no início do Império Romano. Três séculos depois, a peste de Justiniano, no século VI, dizimou talvez um terço da população do Império Romano oriental. No século IX, onde o colapso do Império Romano deixou civilizações em caos na Europa, os registos são escassos. Contudo, registos da China e do Japão referem epidemias – provavelmente pestes – que ficaram na história por terem dizimado metade da população do litoral da China e do Japão.

Os quatro séculos entre 900 e 1300 foram um período de grande prosperidade e aumento da população em toda a Eurásia. Porém, no início de 1300, a peste espalhou-se da China à Ásia e à Europa, até Inglaterra, onde ficou conhecida como Peste Negra. Um quarto a um terço da população da Europa e da Ásia morreu. O Médio Oriente e o Norte de África, especialmente o Egipto, foram igualmente afectados, e só começaram a recuperar após 1450.

A partir de cerca de 1500 a inícios ou meados de 1600, a população cresceu rapidamente por toda a Europa, no Médio Oriente e na China. Depois, mais uma vez – aproximadamente três séculos depois de ter surgido pela primeira vez a Peste Negra, no início ou meados de 1600 –, a Europa voltou a sofrer novos surtos epidémicos. Desta vez, a varíola e o tifo acompanharam o ressurgimento da peste. Apesar disso, a taxa de mortes na Europa não foi tão elevada como anteriormente. Nalgumas zonas devastadas pelas guerras, como por exemplo, a Alemanha (que foi o principal campo de batalha na Guerra dos Trinta Anos [1618-1648]), as mortes na guerra e por doença terão atingido um terço da população. Mas na maior parte da Europa não morreu mais do que 10 a 15% da população, o que ainda assim é uma enormidade.

No entanto, uma menor mortalidade por doença na Europa foi mais do que compensada pelos efeitos devastadores das doenças europeias que chegaram às Américas. Antes da chegada de Colombo, as regiões temperadas da América do Norte e do Sul parecem ter sido bastante povoadas. Desde as inúmeras pontas de setas e anzóis de pesca espalhados pelas regiões costeiras dos Estados Unidos aos impressionantes aterros – com muitas centenas de metros – erguidos pelas civilizações do Vale do Mississipi, há indícios da existência de grandes populações nativas americanas que nunca foram vistas pelos exploradores posteriores. Também sabemos que, através das observações directas de Cortés e de Pizarro, as regiões montanhosas e os vales do México e do Peru estavam repletas de gente. Mas, um século após a chegada dos europeus ao continente das Américas, estas terras pareciam quase desertas aos colonizadores posteriores. Nos séculos XVI e XVII talvez 80 a 90% da população pré-colombiana pereceu por exposição a germes tóxicos – da peste, da varíola e outros – levados pelos europeus e africanos a uma população sem exposição prévia e, consequentemente, sem resistência a estes flagelos.

Fosse sobretudo devido ao clima ou apenas a ciclos independentes de evolução de doenças que se agravavam durante os períodos de clima severo, poucas regiões do mundo escaparam a surtos de despovoamento que ocorriam a cada três ou quatro séculos, normalmente seguidos por períodos de estagnação ou de recuperação lenta. O resultado foi um padrão de aumento e redução de populações por todo o globo.

Para concluir, aquilo que sabemos é que por toda a Eurásia, de Inglaterra ao Japão, os últimos milhares de anos assistiram a

40 | HISTÓRIA GLOBAL DA ASCENSÃO DO OCIDENTE

alterações climáticas e de padrões de doenças que se repetiram regularmente, e que por sua vez deram origem a alterações cíclicas de população. Estas alterações de população tiveram por sua vez efeitos visíveis noutros aspectos da sociedade. Os ciclos populacionais estavam associados a alterações de longo prazo dos preços, da urbanização e dos rendimentos.

## Padrões dos preços, da população, da urbanização e dos rendimentos

O gráfico 2.1, tirado de *The Great Wave*, de David Hackett Fischer, mostra a alteração de longo prazo do preço dos artigos consumidos nos lares ingleses, do século XIII ao início do século XX [6]. Existem longos períodos de tempo em que os preços subiram consideravelmente, e longos períodos em que estagnaram ou desceram. Podem encontrar-se padrões semelhantes nos preços de bens de consumo noutros países da Europa e inclusive no Império Otomano e na China.

De um modo geral, os períodos em que os preços aumentaram foram também períodos de explosões económicas e populacionais, em que a população aumentou de uma forma constante, o comércio cresceu e os centros urbanos se expandiram. Em Inglaterra, durante a Revolução dos Preços no século XVI (aproximadamente de 1550 a 1650), a população cresceu de 3 milhões para 5,2 milhões, aumentando cerca de 70%. Mas durante o equilíbrio do Iluminismo (aproximadamente de 1650 a 1730), a população desceu primeiro para menos de 5 milhões e a seguir estagnou; era apenas de 5,3 milhões no final desse período – basicamente não houve alterações. Retomado o crescimento, e durante a Revolução dos Preços do século XVIII (aproximadamente de 1730 a 1850), a população de Inglaterra triplicou para quase 17 milhões [7]. A taxa de crescimento das cidades principais tinha um padrão semelhante:

# PADRÕES DE TRANSFORMAÇÃO NA HISTÓRIA MUNDIAL | 41

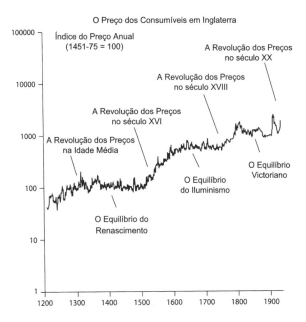

GRÁFICO 2.1 — AS LONGAS OSCILAÇÕES DE INFLACÇÃO E ESTAGNAÇÃO DE PREÇOS EM INGLATERRA, 1200-1900
Desde 1200, a Inglaterra teve períodos de 150 a 200 anos de crescimento demográfico e de inflação de preços, alternando com períodos igualmente longos de declínio demográfico ou de estabilidade e estagnação de preços.

a população das cinco maiores cidades de Inglaterra mais do que duplicou entre 1600 e 1675, mas aumentou apenas 50% nos 75 anos seguintes ([8]).

Toda a Eurásia tinha padrões semelhantes. Na Europa, no Império Otomano e na China, no século XVI, houve um período de crescimento do total da população, de rápida expansão das cidades, e de aumento dos preços da terra, dos cereais e de produtos animais. Porém, o final do século XVII foi um período de estagnação e declínio, devido a estes mesmos factores.

42 | HISTÓRIA GLOBAL DA ASCENSÃO DO OCIDENTE

Todos estes factores ocorreram em simultâneo, pois estavam estreitamente relacionados com as actividades da população. Se um clima melhor e menos doenças levassem a população de uma determinada região a crescer, o preço dos alimentos geralmente aumentava; as pessoas produziam mais alimentos ou mais bens para troca, e o comércio prosperava. Os centros urbanos – onde os mercadores se encontravam para concretizar esses negócios – cresciam em tamanho. E as pessoas que não arranjavam trabalho ou terras no campo mudavam-se também para as cidades, para tentar a sua sorte na manufactura ou no comércio. Juntar os seus produtos significava obterem mais mercadoria para comercializar, fazendo progredir o ciclo.

Estes ciclos foram invertidos durante os períodos de intempéries ou doenças, suprimindo o crescimento da população ao longo de décadas num determinado momento. Durante estas crises o comércio era frequentemente interrompido, os mercadores abriam falência, havia menos pessoas a deixar o campo e a ir para as cidades, e os preços dos alimentos estabilizavam ou desciam.

Estranhamente, a única vantagem destas crises era que os salários reais dos trabalhadores normalmente subiam – como o preço dos alimentos descia, as pessoas tinham acesso a mais comida (desde que conseguissem arranjar trabalho). Como indica o gráfico 2.2, no período final do longo equilíbrio de preços do Renascimento (de 1400 a 1500), a média dos salários reais aumentou até ao seu nível máximo anterior a 1900. De certa forma, foi a pior das épocas – a população foi devastada pela Peste Negra e pela sua terrível mortandade, e a Guerra dos Cem Anos (de 1337 a 1453) propagou-se intensamente por toda a Europa Ocidental. O resultado foi escassez de mão-de-obra e salários relativamente elevados para os que sobreviveram.

Resumindo, a história da vida material na maior parte dos últimos mil ou dois mil anos foi de longos períodos de altos e baixos mas com pouco progresso em geral. Em 1800, um traba-

PADRÕES DE TRANSFORMAÇÃO NA HISTÓRIA MUNDIAL | 43

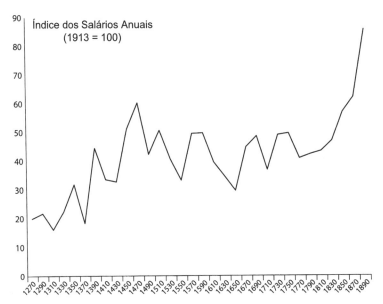

GRÁFICO 2.2 — MÉDIA DOS SALÁRIOS DE LONGO PRAZO EM INGLATERRA, 1270-
-1890 (REFERENTE À MÉDIA DE SALÁRIOS EM 1913 = 100)
Após o aumento que se seguiu à Peste Negra (1350-1410), os salários dos trabalhadores ingleses mantiveram-se praticamente inalterados durante séculos até 1830. Só então começaram a aumentar de repente e, em 1890, os salários dos trabalhadores cresceram para o dobro dos salários praticados no período de 1410 a 1830.

lhador comum em Inglaterra e na Holanda recebia aproximadamente em média o salário de um trabalhador nesses países 300 anos antes. Em 1880, uma pessoa comum teria acesso a uma maior variedade de produtos devido à expansão do comércio local e internacional, mas não conseguia adquirir mais alimentos ou abrigos melhores do que os seus antepassados mais remotos.

À medida que os séculos foram passando, houve períodos de prosperidade para os mercadores e proprietários (que com-

## 44 | HISTÓRIA GLOBAL DA ASCENSÃO DO OCIDENTE

pravam e vendiam alimentos e tinham lucros mais elevados quando os preços aumentavam), intercalados com períodos de prosperidade para o trabalhador comum (que dependia do salário ou de uma agricultura de subsistência, combinada com o trabalho manual, e funcionava melhor quando o preço dos alimentos estabilizava ou até descia). A história económica mundial antes de 1800 revela muitos altos e baixos, diferindo ligeiramente em diferentes regiões consoante os grupos de pessoas, mas com alterações relativamente pequenas por toda a parte.

Durante vários séculos, os níveis de vida andavam entre parâmetros relativamente fixos. No entanto podemos perguntar: não haveria grandes diferenças entre regiões diferentes? Apesar de os europeus e os Chineses terem tido os seus altos e baixos, o rumo das transformações não deixou a Europa mais rica e em melhores condições em 1800?

Até aqui, os factos não confirmam essa teoria. Se olharmos para as medidas básicas do bem-estar físico da população – como por exemplo a esperança de vida ou a ingestão calórica de uma família média – percebemos que os Chineses e os Ingleses estavam em pé de igualdade em 1800, e que ambas as sociedades estavam mais avançadas do que outras regiões da Europa, como a Itália e a Alemanha. (Trataremos mais pormenorizadamente deste tema no capítulo 5).

A esperança de vida das pessoas dependia em grande parte da qualidade daquilo que comiam, e relativamente a este aspecto temos também testemunhos de condições muito semelhantes na Eurásia. Robert Allen, Jack Goldstone e Ken Pomeranz, todos eles calcularam o rendimento das famílias chinesas e inglesas, em termos calóricos ou da quantidade de alimentos que conseguiam adquirir. Os seus dados revelam que por volta de 1750, a maioria das famílias chinesas talvez consumisse a mesma quantidade de comida, ou mais, do que a maioria das famílias inglesas. Estas famílias não cumpriam necessariamente as mesmas rotinas: em 1750, a maior parte das famílias chinesas era ainda constituída por camponeses que trabalhavam na agricultura ou em trabalhos caseiros, enquanto a maior parte das famílias inglesas tinha à cabeça um assalariado que trabalhava na agricultura ou na manufactura. Mas, mesmo assim, o seu consumo médio de calorias era quase o mesmo, ou ligeiramente mais elevado do que o das famílias chinesas ([9]).

Pode ser-se levado imediatamente a pensar que esse equilíbrio de rendimentos é surpreendente; não eram os europeus líderes em tecnologia? No século XVII, não houve uma revolução agrícola em Inglaterra que aumentou consideravelmente a produtividade? Os Holandeses (isto é, o povo dos Países Baixos, que falava holandês) não tinham navios de carga fantásticos, barcos de pesca e moinhos de vento que faziam tudo, desde serrar madeira e esmagar polpa de fruta a bombear água para drenar pântanos e irrigar canais? Não é verdade que foram os Portugueses e os Espanhóis (e mais tarde os Ingleses) os primeiros a dominar os oceanos e a navegar os mares?

## Padrões mundiais e de longa duração de transformações tecnológicas antes de 1800

Do mesmo modo que é errado ignorar a natureza cíclica de longos períodos de transformações ao longo da história e olhar apenas para progressos isolados ou a curto prazo, como as transições, também é errado considerar apenas alguns episódios de transformações tecnológicas. Se olharmos mais de perto para a história mundial da tecnologia, encontramos mais semelhanças do que divergências entre o Oriente e o Ocidente no período anterior a 1800.

Em primeiro lugar, convém perceber que ocorreu mesmo uma transformação tecnológica antes de 1800. Os aquedutos romanos, as catedrais góticas e as mesquitas abobadadas islâ-

46 | HISTÓRIA GLOBAL DA ASCENSÃO DO OCIDENTE

micas foram progressos arquitectónicos (salte umas páginas e observe a figura 7.1 e veja o que os construtores romanos eram capazes de fazer há quase dois mil anos). Em épocas diferentes, cavaleiros, arcos grandes, besteiros, fortalezas de pedra e terra, pólvora, a bússola magnética, lemes de cadaste e armas de fogo, todos estes elementos transformaram a exploração e a guerra. A tecnologia com vista a organizar a actividade humana também sofreu transformações. O comércio de caravanas foi substituído por corporações de mercadores. Na organização militar, os exércitos de cavaleiros e soldados apeados, que pouco mais podiam fazer do que avançar ou retroceder, obedecendo a ordens, foram substituídos por regimentos bem preparados que executavam centenas de movimentos discretos e manobras sob um grito de comando. Os Estados passaram de pouco mais de empreendimentos geridos por famílias a grandes e complexas burocracias.

Contudo, o segundo aspecto significativo que convém reconhecer acerca destas transformações tecnológicas e organizacionais é o facto de terem sido amplamente difundidas no espaço e no tempo e com tendência para serem isoladas, em vez de gerarem mais transformações prolongadas e cumulativas. Talvez tenha sido inventado um novo sistema tecnológico –, como por exemplo, as formações militares da legião romana ou as fortificações em terra do Renascimento – que terá transformado as guerras, mas que se manteve inalterado durante séculos. Um milénio separa a invenção do arco romano, usado nos coliseus e nos aquedutos do império, da invenção dos arcobotantes que suportavam as imponentes catedrais góticas. Foram necessárias centenas de anos para as tecnologias relativamente simples, como os carrinhos de mão ou os relógios, se difundirem na Eurásia. Quando as pessoas descobriam o que parecia ser uma forma superior de fazer coisas, atinham-se geralmente a ela em vez de tentarem alterá-la imediatamente ou continuarem a aperfeiçoá-la.

PADRÕES DE TRANSFORMAÇÃO NA HISTÓRIA MUNDIAL | 47

Além disso, é difícil falar de liderança tecnológica em geral nesta época, uma vez que foram aperfeiçoadas tantas tecnologias diferentes em diferentes lugares e em alturas diferentes. A China assumiu a liderança na invenção e no desenvolvimento do carrinho de mão, dos canais e das comportas, da bússola magnética, da cartografia exacta de grandes regiões, do barco com leme de cadaste, das embarcações de grande porte, da pólvora, do ferro fundido, da porcelana, da seda, da impressão e do papel.

Para ilustrar a liderança prematura da China na construção naval, uma tecnologia complexa que requeria conhecimentos profissionais para a produção de junções impermeáveis, cordame e velas resistentes e do design geral, a figura 2.3 compara os barcos de Colombo utilizados para navegar até a América com os veleiros chineses comandados pelo almirante Zheng He. A frota do almirante He navegou do Norte da China à costa de África e regressou – uma viagem muito mais longa do que a viagem de Colombo de Espanha à América do Norte – uns 80 anos antes de Colombo ([10]).

A Índia liderava a produção mundial de tecidos de algodão de grande variedade e excelente qualidade. O mundo muçulmano destacou-se na produção de especiarias e nas incrustações de latão e madeira e distinguiu-se (e ainda se distingue) na produção de magníficos tapetes e mantas. Na Europa, Veneza produziu os vidros mais requintados e puros do mundo; a Inglaterra produziu uma fantástica variedade e qualidade de tecidos de lã; e os Países Baixos distinguiram-se na pesca, na impressão e no fabrico de cerveja. A Espanha era famosa pela prata que importava das Américas, com a qual cunhava moedas – chamadas pesos – com um peso e uma espessura tão uniformes, que durante grande parte dos séculos XVI e XVII se tornou a primeira moeda de circulação mundial.

O Japão e o Sudeste Asiático, a Rússia e a África tinham os seus produtos únicos e as suas indústrias artesanais, com

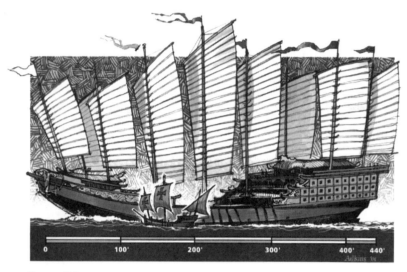

Figura 2.3

as quais se distinguiram – as peles russas e as espadas japonesas, por exemplo, tinham a melhor qualidade do mundo, enquanto a África era a fonte principal de ouro e marfim e de produtos exóticos animais. Foi precisamente esta dispersão de talentos tecnológicos que alimentou o comércio mundial que ligava a Europa, a Ásia e a África, levada a cabo por mercadores desde os tempos romanos.

A melhor maneira de descrever as inovações e as mudanças tecnológicas antes de 1800 é dizer que foram esporádicas – foram desenvolvidas tecnologias diferentes em épocas e em sítios diferentes que, posteriormente, pouco ou nada foram aperfeiçoadas. É verdade que todas essas invenções tecnológicas tinham vantagens substanciais em termos de comércio, produtividade agrícola, transportes ou guerra. Mas como essas inovações eram esporádicas e isoladas, as sociedades não avançavam todas a passo de gigante, como se verificou com as

PADRÕES DE TRANSFORMAÇÃO NA HISTÓRIA MUNDIAL | 49

transformações tecnológicas relacionadas entre si e aceleradas dos duzentos anos anteriores.

Observemos mais de perto duas mudanças tecnológicas importantes na Grã-Bretanha para percebermos como isto funcionava – a revolução agrícola e as primeiras fases da Revolução Industrial. Estes dois acontecimentos ocorreram em 1800 – como é possível não terem deixado marcas em termos de bem-estar material, comparativamente com outras sociedades e civilizações igualmente dominantes ([11])?

**Transformação ou revolução?**
**Transformação agrícola e industrial antes de 1800**

Durante muitos anos, nas escolas da Europa e das Américas as crianças aprenderam que a ascensão do Ocidente começou em Inglaterra nos séculos XVII e XVIII. Dizia-se que, durante este período, a Inglaterra gerou uma revolução agrícola que incentivou a produtividade agrícola a níveis sem precedentes. Posteriormente disse-se que este aumento da produção agrícola permitiu que se mantivesse um grande número de operários na manufactura, que trabalhavam em fábricas com energia gerada pela água a fiarem fardos atrás de fardos de fio de algodão barato, levando ao enfraquecimento da concorrência mundial, e dando início à Revolução Industrial.

Sabemos agora que esta história tem algo de mítico. Não há dúvida de que ocorreram transformações na agricultura inglesa que levaram a um aumento da produtividade. Mas dificilmente se poderá afirmar que essas transformações foram uma revolução, se por isso se entende que a produtividade atingiu novos níveis históricos. Já na Idade Média os agricultores do condado de Norfolk, próximo da próspera cidade comercial de Norwich, produziram 35,24 litros de trigo por 0,4 hectares, semeando trevo e outras culturas para forragem de animais,

50 | HISTÓRIA GLOBAL DA ASCENSÃO DO OCIDENTE

para alimentar ovelhas, e utilizando o estrume de ovelha como fertilizante intensivo para aumentar a produção de cevada e trigo. Este nível de produtividade, atingido em Norfolk em 1300, não foi ultrapassado nos quinhentos anos seguintes. A «rotação de Norfolk» foi assim um episódio antigo bem-sucedido. Há várias gerações que os agricultores flamengos da Flandres, no Norte de França, faziam algo semelhante.

Nos séculos XVI e XVII, primeiro os Holandeses e a seguir os Ingleses começaram a fazer experiências com mais variedades de sementes e forragem e mais raças de animais para expandir estes métodos agrícolas intensivos a cada vez mais regiões. Ao utilizarem mais estrume animal, diferentes combinações de sementes e de forragem, e aprendendo a fazer uma melhor utilização de determinados solos e zonas climáticas para tipos específicos de agricultura, os agricultores ingleses não só estavam preparados para alimentar uma população em 1750 com aproximadamente a mesma dimensão da população de 1650 (e inclusive a exportar excedente de cereal para o estrangeiro), como também o conseguiram com cerca de menos um terço de trabalhadores rurais do que os que eram necessários anteriormente ([12]).

Para onde foram esses trabalhadores? Uns viviam em condições de extrema pobreza rural. Outros eram arrebanhados em albergues pelas autoridades ou levados para bairros de lata. Alguns, depois de 1770, foram trabalhar para fábricas novas para produzirem fio de algodão e de lã. Mas essa fábricas, ao utilizarem máquinas novas inventadas na década de 1760, só empregavam uma pequena percentagem da população inglesa em 1800 – nada que se aproximasse do cerca de um terço da sua população que já não era necessária na exploração agrícola, para alimentar a população. Estes milhões de pessoas foram sobretudo utilizados em ofícios urbanos e rurais tradicionais ou em mão-de-obra não especializada. Muitos trabalhavam na produção de tecidos e roupas, tornando-se tecelões artesanais

PADRÕES DE TRANSFORMAÇÃO NA HISTÓRIA MUNDIAL | 51

que montavam pequenos teares nos seus casebres para tecerem roupa de algodão ou trabalharem em bordados, passamanaria, ou costura. Outros trabalhavam para famílias abastadas como empregados domésticos, na construção civil ou em fábricas de cerveja. Outros ainda dedicavam-se ao artesanato tradicional em madeira, couro e metal, ou trabalhavam em lojas, tabernas, ou bancas de mercados.

Esses trabalhadores tinham também outra característica – já não precisavam de esperar para herdar uma quinta e constituir família; precisavam apenas de arranjar um emprego ou montar um tear para porem a tecelagem a render. Estes trabalhadores começaram a casar muito cedo, originando uma explosão demográfica em Inglaterra, que gerou outro problema: os progressos na agricultura não incentivaram suficientemente a produção total, de forma a acompanhar mais uma explosão demográfica.

Cerca de 1600 a 1760, a população de Inglaterra era quase constante, por isso, os progressos na agricultura permitiram-lhe sustentar-se a si própria e inclusive exportar mais cereal com muito menos trabalhadores rurais. Mas, após 1760, quando o crescimento demográfico foi retomado, a situação alterou-se. A população aumentou, enquanto a actividade agrícola praticamente não cresceu. Em 1800, a produção alimentar diminuiu manifestamente em comparação com o crescimento demográfico, os salários reais desceram, e a Inglaterra teve de importar cereal da Irlanda, dos Países Baixos e da Alemanha, para alimentar o seu povo.

Resumindo, estamos perante outro ciclo e não perante uma revolução. Houve um aumento substancial da produtividade agrícola de 1600 a 1760, resultante do aperfeiçoamento e da difusão de melhores métodos de produção agrícola. Mas não houve inovação de métodos totalmente novos de lavoura ou de níveis inauditos de produtividade por hectare. Grande parte dos que deixaram de trabalhar na agricultura não foram

52 | HISTÓRIA GLOBAL DA ASCENSÃO DO OCIDENTE

trabalhar em novas indústrias, mas em artesanato e outros ofícios tradicionais. E de 1760 a 1800, a agricultura em Inglaterra mais uma vez foi incapaz de produzir alimentos suficientes para alimentar a sua população.

Nessa altura, a agricultura na China estava também a passar por grandes progressos. Os Chineses semeavam e comiam principalmente arroz, e não trigo e centeio como os europeus. Uma das vantagens do arroz é poder ser semeado em campo baixos, húmidos e pantanosos. Isto significava que o solo precisava de ser menos lavrado para se poder separar e arejar os torrões de terra, sendo necessária menos força animal para a lavoura. Isto por sua vez significou que se podia plantar mais terra para alimentos humanos. Outra vantagem residia no facto de as plantas do arroz produzirem mais grão comestível por planta do que o trigo ou o centeio. Para os agricultores de arroz o problema consistia em os campos baixos de arroz ficarem frequentemente inundados ou serem difíceis de lavrar quando o tempo era demasiado seco. As monções sazonais – que traziam as chuvas, mas por vezes demasiada ou de menos – tornaram possível a cultura de arroz, embora de uma forma precária.

Nos séculos XV e XVI, os agricultores chineses começaram a fazer experiências com uma maior variedade de sementes e animais. Descobriram que uma qualidade específica de arroz, a variedade champa, do Vietname, crescia muito depressa e amadurecia muito cedo. Estas características permitiam que o arroz crescesse e fosse colhido num período de tempo suficientemente curto, e a seguir os agricultores podiam fazer culturas de trigo ou feijão na mesma terra, no mesmo ano. Esta exploração dupla da mesma terra aumentou consideravelmente a sua produtividade. Além disso, desenvolveram-se novas variedades de arroz, mais tolerantes a secas, cheias ou água salgada, permitindo que o arroz crescesse em mais terras. O cultivo do algodão, do milho e da soja também se espalhou por zonas que não eram apropriadas para a plantação de arroz.

Nos séculos XVI e XVII, os Chineses desenvolveram um amplo leque de rotações de culturas duplas e múltiplas, adaptadas a diferentes campos e cultivos. No Norte, que era demasiado seco para a plantação de arroz, plantaram sorgo, soja e algodão, por meio de um sistema rotativo; no Sul, plantaram arroz e trigo ou arroz e feijão; em certos planaltos, plantaram milho e feijão; e noutras zonas plantaram chá. No século XVIII, os Chineses plantaram uma tal variedade de culturas e em quantidades tão grandes que abasteceram um enorme comércio – maior do que o da Europa e o da América do Norte – de algodão, bolos de feijão, arroz, trigo e outros produtos. O crescimento da produção de alimentos foi de tal ordem que, ao contrário da Inglaterra, a China não tinha de importar cereais. A população da China teve condições para mais do que duplicar de 1700 a 1800, tendo os seus padrões de vida sofrido muito poucas alterações. Com efeito, em 1800 a média dos agricultores chineses talvez comesse melhor do que a média dos trabalhadores rurais ou operários urbanos ingleses.

A produção chinesa e indiana de têxteis de algodão do século XVIII também excedeu a da Grã-Bretanha em qualidade e quantidade. A partir de finais do século XIV, os Chineses começaram a plantar algodão, a fiá-lo e a tecê-lo em grande escala. Um século antes, os Chineses tinham desenvolvido maquinaria de fiação alimentada por água para retirarem fios do linho, uma fibra vegetal grosseira (¹³). Mas, para fiar algodão, preferiam usar rocas pequenas em casa das famílias. No entanto, ao contrário da maioria dos fiandeiros europeus, os Chineses mais experientes utilizavam máquinas com várias rocas, movidas por meio de vários pedais, que permitiam trabalhar com duas, três ou mais rocas ao mesmo tempo. Os melhores fiadores caseiros chineses eram assim duas ou três vezes mais produtivos do que os seus equivalentes europeus e tinham menos a ganhar com as máquinas movidas a água introduzidas na Grã-Bretanha na década de 1760. Os Chineses distinguiram-se de tal maneira na

54 | HISTÓRIA GLOBAL DA ASCENSÃO DO OCIDENTE

produção de tecidos finos para a confecção de roupa leve que, no início de 1800, os mercadores europeus ainda compravam fardos de algodão chinês de grande qualidade para vender na Europa.

Na Índia, produzira-se algodão durante milhares de anos, que os Romanos e Persas importavam como artigos de luxo. Embora o cultivo de algodão se tenha difundido pela Ásia e pelo Médio Oriente, a Índia continuou a ser o maior produtor do mundo, e de maior qualidade, de tecidos leves de algodão, com cores luminosas. Nos séculos XVII e XVIII, a região indiana de Bengala era um centro mundial de exportação, enviando algodões de excelente qualidade para a Inglaterra, a Ásia Central e o Médio Oriente.

Com efeito, nos finais do século XVIII, apesar de os Britânicos produzirem bom fio de algodão em fábricas com máquinas movidas a água, este fio era demasiado áspero para o gosto de muitos asiáticos, que preferiam os seus fios mais finos. Entre os panos tecidos e tingidos, as chitas da Índia e os estampados da China continuavam a ser mais requintados do que qualquer outro artigo que os artesãos europeus produziam. A China e a Índia continuaram assim a dominar o comércio mundial dos têxteis de algodão até 1800.

O início da Revolução Industrial da Grã-Bretanha – até 1800 – consistiu sobretudo numa expansão considerável da produção do fio de algodão produzido em fábricas de fiação movidas a água, aumentou a produtividade e a utilização de carvão, desenvolveu uma indústria caseira de cerâmica com capacidade para fabricar porcelana de grande qualidade, e produziu uma grande variedade de artigos de ferro e aço trabalhados em forjas de média dimensão. Estes avanços foram bastante significativos para a Grã-Bretanha, mas também uma forma de alcançar as civilizações avançadas da Ásia, que já produziam tecidos de algodão de grande qualidade, porcelana e ferro fundido em enormes quantidades.

## PADRÕES DE TRANSFORMAÇÃO NA HISTÓRIA MUNDIAL | 55

Na maior parte da Ásia, durante os séculos XVII e XVIII, as indústrias da seda, do algodão e da porcelana passaram por uma enorme expansão de produção, que ultrapassava tudo o que se via na Europa. Durante estes séculos, Ingleses, Holandeses, Portugueses e Espanhóis enviaram centenas de barcos carregados de prata para a Ásia, cujo objectivo era voltarem carregados com tecidos de algodão chinês e indiano e sedas e porcelanas chinesas. No princípio do século XIX, os Britânicos estavam desesperados por descobrir artigos que pudessem comercializar com a China, pois os Chineses davam pouco valor àquilo que consideravam ser artigos europeus manufacturados de qualidade inferior. Foi este o motivo que levou os Britânicos a encorajar a produção do ópio na Índia, uma droga que causa dependência, e a forçarem os Chineses a aceitar o comércio de ópio como forma de financiar o comércio britânico. Longe de ter vivido uma revolução na produção, a Grã-Bretanha do século XVIII estava apenas a atingir um determinado nível de paridade com os processos de manufactura mais avançados da Ásia. Ainda vinha longe o tempo em que as exportações de artigos manufacturados britânicos e europeus dominariam o mundo.

Resumindo, em 1800, tanto a Grã-Bretanha como a China sofreram transformações consideráveis nas suas economias e assistiram a grandes aumentos da sua produção de bens alimentares e têxteis de algodão. No entanto, nenhum destes países progrediu para um nível de vida mais elevado. Ambas as sociedades funcionavam ainda dentro dos parâmetros dos ciclos de longo prazo dos séculos anteriores, de bem-estar da população. Os altos e baixos de longo prazo em termos de clima, população e salários geraram também altos e baixos nos padrões de vida. Ainda estavam para vir os verdadeiros progressos que originaram um mundo diferente. O padrão de crescimento económico acelerado só surge depois de 1800, começando na Grã-Bretanha e expandindo-se para a Europa Ocidental, Ásia Oriental e resto do mundo.

56 | HISTÓRIA GLOBAL DA ASCENSÃO DO OCIDENTE

Em 1800, as civilizações agrárias avançadas da Europa e da Ásia viviam mais ou menos ao mesmo nível. O que contribuiu então para a sua rápida divergência? Se não foi o modo como viviam, talvez tivesse sido a maneira como pensavam ou aquilo que acreditavam fazer a grande diferença. Passemos agora a um estudo comparativo sobre as religiões mundiais.

**Bibliografia complementar**

FISCHER, David Hackett. *The Great Wave: Price Revolutions and the Rhythm of History* (Oxford: Oxford University Press, 1996.)
HATCHER, John. *Plague, Population, and the English Economy 1348-1530* (London: Macmillan, 1977.)

# Capítulo 3

## As Grandes Religiões e Transformações Sociais

As origens e crenças básicas das grandes religiões mundiais têm muito em comum. As consequências da religião no crescimento económico não se prendem com o facto de as crenças de uma religião serem mais adequadas ao crescimento económico. Antes pelo contrário, as épocas e os sítios em que as diferentes religiões se misturaram livremente é que produziram uma maior inovação e crescimento. Este crescimento era de um modo geral reprimido nos sítios onde as autoridades religiosas impunham uma ortodoxia única e rígida.

Desde o tempo em que as pessoas se começaram a exprimir através da escultura e da pintura nas paredes das cavernas, homens e mulheres representaram seres sobrenaturais associados às forças da natureza, tais como chuva, vento e fogo; aos mistérios da vida e da morte; e aos objectos itinerantes dos céus nocturnos – o Sol, a Lua e os planetas. Estas religiões com muitos deuses (denominadas «politeístas», das palavras gregas «muitos», *poly*, e «deus», *theos*) eram comuns em toda a parte do mundo ao longo da história e ainda persistem em algumas culturas.

## 58 | HISTÓRIA GLOBAL DA ASCENSÃO DO OCIDENTE

Embora designemos por vezes essas religiões como primitivas, trata-se de um erro. As religiões politeístas eram praticadas por muitas civilizações avançadas, como as dos Gregos e Romanos clássicos, que eram famosos pelas suas filosofia e literatura complexas. A maior parte das religiões politeístas tem uma tradição oral ou literária bastante rica, de uma subtileza considerável e grande profundidade moral, revelando uma longa sabedoria acumulada relativamente aos assuntos humanos. A maioria das religiões politeístas desenvolveu também sacerdócios e cerimónias intricadas para registar, influenciar e interpretar os desejos dos deuses.

No entanto, cerca de 600 a.C. a 630 d.C. ([1]), começou a verificar-se no Velho Mundo um distanciamento do politeísmo, designado pelos cientistas sociais *idade axial*. Apesar de assistirmos ao nascimento de novas religiões e à desintegração de religiões antigas em seitas, dando origem a novos padrões de crença ao longo da história, este período foi excepcional, pois deu origem àquilo que é denominado actualmente grandes religiões ou religiões mundiais, como o judaísmo rabínico, o confucionismo, o budismo, o hinduísmo, o cristianismo e o islão.

### A Idade Axial e as Religiões de Redenção

Embora todas as grandes religiões tenham absorvido princípios de religiões politeístas e se tenham apropriado deles, deixaram de dar ênfase à interpretação das aspirações de um vasto panteão de diferentes deuses. As religiões mundiais tinham em comum três grandes características que as distinguiam das crenças politeístas anteriores. Em primeiro lugar, procuraram ver para além dos vários deuses, tentando descortinar uma fonte única e fundamental na ordem universal. Essa divindade única suprema pode revelar-se em várias formas (como por exemplo, o Pai, o Filho e o Espírito Santo da Trin-

AS GRANDES RELIGIÕES E TRANSFORMAÇÕES SOCIAIS | 59

dade cristã, da Trindade hindu de Brahma, Vixnu e Xiva), e os fiéis reconhecem outros seres que partilham aspectos ou características de divindades (anjos, santos, paradigmas), mas no centro dessas religiões há apenas um ser supremo ou uma origem de ordem universal. Em segundo lugar, insistiam que era necessário um código moral único e superior de comportamento para se viver de acordo com essa fonte fundamental de ordem. Em terceiro lugar, afirmavam que a sua fé era acessível a todos os seres humanos.

As religiões politeístas consideravam ser relativamente simples aceitar que povos diferentes tivessem deuses diferentes, uma vez que o princípio básico do politeísmo consistia no facto de poderem coexistir muitos deuses diferentes numa base de igualdade e competição. No entanto, as novas religiões monoteístas (das palavras gregas para «um deus») defendiam que havia uma única fonte verdadeira de ordem fundamental para todos os seres do planeta (ou do Universo, a existirem outros seres algures).

Muitas das principais religiões tiveram origem muito anterior. O judaísmo vai buscar as suas origens à asserção do monoteísmo e a um ataque à idolatria feito por Abraão de Ur, por volta de 1800 a.C. O *I Ching*, uma herança da tradição confuciana, teve origem muito antes de Confúcio, cerca do ano 1000 a.C. E as versões mais antigas de alguns textos hindus (como, por exemplo, o *Rigveda*) foram escritas por volta de 1500 a.C. Contudo, é só na idade axial que metade dos principais textos sagrados das grandes religiões se fixou em algo semelhante à sua forma actual.

A idade axial abrangeu os anos em que o Antigo Testamento foi enriquecido com os ensinamentos dos profetas hebreus e surgiu a escola de interpretação do Talmude, e em que a vida de Jesus e os seus ensinamentos eram revelados no Novo Testamento pelos seus apóstolos. Nesta época, foram também escritos os *Upanixadas* na Índia, um comentário de referência

60 | HISTÓRIA GLOBAL DA ASCENSÃO DO OCIDENTE

dos textos védicos hindus. As figuras principais da idade axial – Jesus na Palestina, Sidarta Gautama (Buda) na Índia, Confúcio e Lao Tsé (o fundador do taoísmo) na China, e Maomé na Arábia – viveram, ensinaram e conquistaram os seus principais discípulos ao longo destes séculos. Este período assistiu também às origens da filosofia ocidental nas obras de Sócrates, Parménides, Platão e Aristóteles.

A idade axial durou aproximadamente 1200 anos – um longo período – em nada comparável à extraordinária emergência das religiões mundiais que ocorreu noutras épocas. Por que motivo é que isto aconteceu?

Ninguém sabe ao certo. Mas a causa mais provável terá sido por, cerca do ano 700 a.C., o contacto entre as diferentes partes do Velho Mundo ter levado à partilha de ideias e questões acerca da vida e do Universo em culturas diferentes. Os Gregos aumentaram os seus contactos com a Pérsia e com o Egipto; os Chineses com a Índia e o Sudeste Asiático, e o Médio Oriente tornou-se uma encruzilhada de civilizações. Os filósofos e os profetas foram obrigados a pensar em sistemas de moral e ética que transcendessem as circunstâncias específicas do seu grupo local, procurando encontrar princípios universais de comportamento e valores éticos.

A inovação da idade axial consistiu na substituição do sacrifício de animais e de rituais por um código de comportamento moral e ético. As regras para um comportamento correcto, geralmente apresentadas através de histórias que mostravam as consequências de um comportamento correcto e de um comportamento errado, foram compiladas em livros sagrados como o Antigo e o Novo Testamentos, os Analectos, os Vedas e o Alcorão. Estas religiões ofereciam aos seus seguidores uma promessa de redenção e o alívio do sofrimento terreno, caso seguissem os códigos morais.

Ao fundamentarem e desenvolverem códigos morais, as grandes tradições religiosas e filosóficas inspiraram-se e foram

AS GRANDES RELIGIÕES E TRANSFORMAÇÕES SOCIAIS | 61

mutuamente influenciadas. Tanto o cristianismo como o islamismo foram bastante influenciados pelo Antigo Testamento hebraico e pela filosofia grega. O budismo desenvolveu-se a partir do hinduísmo e mais tarde influenciou em grande medida o confucionismo. Ainda hoje, há novas religiões que evoluem a partir de religiões mais antigas – o mormonismo como um desdobramento do cristianismo e o baha'i como um desdobramento do islamismo. No entanto, e talvez consideravelmente, a maioria da população mundial ainda segue uma das maiores religiões que evoluíram durante a idade axial, tal como o fizeram há muitos séculos.

**Domínio sagrado e secular:**
**o confronto da religião com o império**

O crescimento das grandes religiões disseminou uma preocupação sobre o comportamento ético e moral por todo o Velho Mundo, mas suscitou também um novo problema: como é que a necessidade de se seguir a palavra de Deus podia ser compatível com a necessidade de se seguir as ordens dos governantes terrenos – os reis e imperadores que governavam vários territórios?

Os problemas implícitos na conciliação das exigências das novas religiões, mais exigentes em termos de energia e comportamento das pessoas, e as exigências dos governadores seculares, que queriam também lealdade e obediência, tornaram-se um dos grandes motores de transformação social ao longo dos últimos dois mil anos. Sociedades diferentes tentavam encontrar soluções diferentes para este problema, tendo sido encontradas diferentes soluções em diferentes alturas.

Uma das abordagens consistia apenas em ter as mesmas pessoas a liderarem a religião e a sociedade. Embora pareça uma solução simples, quase nunca resultou na prática. Tornar-

62 | HISTÓRIA GLOBAL DA ASCENSÃO DO OCIDENTE

-se especialista ou líder em questões religiosas implicava adoptar um determinado estilo de vida – dedicação ao estudo dos textos sagrados e um comportamento exemplar relativamente aos códigos morais – considerado demasiado exigente para a maioria dos reis, nobres e mercadores abastados, cujos prazeres consistiam principalmente na caça, na guerra e na luxúria. É provável que estas elites mais tardias se sentissem satisfeitas por terem um sacerdote que as conduzia no ritual das suas orações ou, quando atingiam uma determinada idade, retirarem-se para um mosteiro e dedicar-se à vida religiosa. Mas a maioria dos que tinham bens terrenos e autoridade recusava-se a abdicar do seu poder ou dos seus prazeres. Por isso, os governantes procuravam encontrar uma forma de organização social que lhes permitisse partilhar o poder e o estatuto com os reis ou imperadores que comandavam os exércitos e os sacerdotes ou profetas que comandavam as suas almas.

Só na China é que a solução mais simples – com as mesmas elites a liderarem tanto a religião como o Estado – funcionou bastante bem. Do tempo de Confúcio (551-479 a.C.) ([2]), no século VI, até à dinastia Song no século XII d.C., expandiu-se uma série de crenças religiosas pela China, que incluíam o taoísmo, o budismo e outras. Por vezes, havia grandes conflitos entre a corte imperial chinesa e os teólogos, sobretudo entre monges budistas – cujos mosteiros se espalharam pela China e se tornaram consideravelmente abastados e influentes. Hoje em dia, alguns líderes religiosos budistas e o governo secular da China continuam ainda a disputar a liderança do território do Tibete. No entanto, durante a dinastia Song, o académico Zhu Xi (1130-1200) desenvolveu uma síntese baseada sobretudo nas obras de Confúcio e do seu grande seguidor Mêncio que se tornou a base dominante moral e filosófica da China. Na interpretação de Zhu Xi dos textos confucianos, o cerne dos princípios morais são a justiça, a dedicação filial aos pais, a lealdade a um governante, e o respeito pelos rituais.

AS GRANDES RELIGIÕES E TRANSFORMAÇÕES SOCIAIS | 63

Zhu Xi distanciou-se do budismo, que defendia que as nossas percepções da realidade eram ilusões que devíamos superar e evitar; também se afastou de um contexto legalista que colocava todas as decisões relativas ao que era correcto e errado sob o poder absoluto do imperador. Defendia um código de valores morais à margem das decisões políticas, que regulavam as relações entre os governantes e os povos; defendia também que o comportamento é real, cheio de significado e que, portanto, deveria ser correcto.

O programa de Zhu Xi, ou neo-confuciano, tornou-se a base de toda a educação oficial na China desde princípios do século XIV até à queda da dinastia Qing, no início do século XX. Durante este período, as elites da China – os altos funcionários que dirigiam o império para o imperador, desde os grandes secretários imperiais aos magistrados municipais – eram seleccionados com base em testes que punham à prova o seu conhecimento dos clássicos confucianos e os seus princípios morais. O supervisionamento de exames, a publicação de textos oficiais dos clássicos e a direcção do Ministério dos Direitos para controlar a prática correcta dos rituais (para colheitas, estações, nascimentos, casamentos e funerais) tornaram-se elementos cruciais do regime imperial da China.

Em todos os reinos havia funcionários que, quando seguiam o que a sua consciência lhes ditava, se arriscavam a ser espancados, exilados, ou inclusive mortos por censurarem o imperador ou os altos funcionários, por não agirem de acordo com os valores confucianos. Contudo, para a maioria, o confucionismo proporcionava uma base estável considerável com vista à unidade, estatuto e poder das elites da China, desde o imperador e a sua corte aos professores locais e anciãos das aldeias, a quem era confiado o ensino dos textos clássicos e a administração dos rituais confucianos. Dominar os textos confucianos e agir de acordo com os seus princípios tornou-se o símbolo das pessoas instruídas e influentes em todo o império.

64 | HISTÓRIA GLOBAL DA ASCENSÃO DO OCIDENTE

Deste modo, os funcionários chineses funcionavam como uma elite religiosa e política.

Uma segunda mas diferente abordagem consistiu em os líderes ou teólogos se terem distanciado das rotinas normais da vida política e económica e confinado a sítios específicos (como, por exemplo, mosteiros), onde podiam praticar e ensinar a sua religião sem ter de se comprometer ou confrontar com as autoridades seculares. A vida monástica tem sido praticada em muitas das principais religiões, incluindo o cristianismo, o hinduísmo, o islão (nas ordens sufis) e especialmente o budismo.

Na maior parte dos países budistas, como a Tailândia, os governantes políticos são totalmente responsáveis pela vida do quotidiano, enquanto a prática religiosa se centra nas instituições monásticas. A determinada altura das suas vidas, há muitas pessoas que entram para um mosteiro para terem uma preparação religiosa. Apesar de haver excepções (como no budismo tibetano, em que o Dalai Lama era o líder espiritual e político do povo tibetano antes de o Tibete ter sido agregado à China), a maioria dos teólogos budistas suporta a autoridade secular retirando-se do seu campo.

Uma terceira abordagem consiste em os líderes religiosos se centrarem nas necessidades espirituais e nos rituais das suas comunidades locais, agindo como mestres e orientadores morais e deixando a liderança política nas mãos dos governantes seculares. Esta é a abordagem seguida geralmente no hinduísmo, em que os teólogos das comunidades locais (os brâmanes) se concentram na direcção espiritual e na instrução, enquanto os especialistas em política ou economia (as castas militares ou de mercadores) se concentram na guerra, na política e na criação de riqueza. Tem também sido uma abordagem típica do judaísmo desde a destruição do Estado judeu sob o Império Romano, com os rabis a funcionarem como especialistas da lei, dos rituais e da autoridade espiritual judaicos, mas sem exigirem qualquer papel político ou económico.

AS GRANDES RELIGIÕES E TRANSFORMAÇÕES SOCIAIS | 65

Por fim, uma quarta abordagem consiste em os líderes religiosos se constituírem como um poder por direito próprio, separados dos governantes seculares, com propriedades e autoridade política sobre uma população, para além da sua autoridade espiritual. Esta abordagem confere um grande poder às elites religiosas, mas também pode levar a confrontos entre líderes religiosos e seculares, cada um a tentar aumentar ou proteger o seu poder político.

Tanto o cristianismo como o islamismo usaram algumas destas abordagens, em sítios e épocas diferentes. Na maioria dos países muçulmanos que seguem o ramo sunita do Islão, os especialistas religiosos adoptaram a terceira abordagem. Isto é, adoptaram o papel de professores e juízes e trabalham em comunidades locais mas não procuram exercer autoridade política. Não se constituem como um sacerdócio coerente ou uma hierarquia eclesiástica, trabalhando em pequenos grupos de estudiosos ou sábios.

No entanto, na Pérsia e noutras regiões onde o ramo xiita do islão prevaleceu, os especialistas religiosos constituíram-se como uma hierarquia integrada e assumiram um papel mais activo na política. Os xiitas acreditam que a autoridade política e espiritual deve seguir a linha de sucessão da família do profeta Maomé. Porém, como a linha directa de descendentes se perdeu ou foi interrompida, muitos clérigos xiitas defendem que o melhor caminho a seguir é os líderes religiosos assumirem um papel mais importante, ou mesmo dominante, nos assuntos políticos e religiosos. Actualmente, a República Islâmica do Irão (a antiga Pérsia) é governada por um Líder Supremo e pelo Conselho dos Guardiães, todos eles altos líderes religiosos, que aprovam as leis e todos os candidatos para a presidência e para o parlamento eleitos. É o maior país do mundo governado por elites religiosas.

O cristianismo talvez tenha tido o maior conjunto de variadas e complexas abordagens ao tema religião *versus* autori-

66 | HISTÓRIA GLOBAL DA ASCENSÃO DO OCIDENTE

dade secular. Os primeiros cristãos retiravam-se muitas vezes da sociedade e entravam para mosteiros, e a vida monástica continua a ser um princípio popular recorrente, poderoso até, do cristianismo. Mas os líderes cristãos organizaram também as suas igrejas em torno da vida social. Sob o Império Romano, a Igreja cristã constituiu-se como uma hierarquia de sacerdotes, bispos e arcebispos, dirigidos pelo Papa, em Roma. No início, esta hierarquia preocupava-se sobretudo com a defesa da doutrina cristã, recrutando seguidores e contribuindo para a redenção dos crentes.

No entanto, ao longo dos séculos, quando os Romanos abastados deixaram grande parte das suas terras à Igreja (como pagamento para rezarem pelas suas almas depois de mortos), a Igreja começou a acumular cada vez mais terras e riquezas. Com a queda do Império Romano na Europa Ocidental no ano 476 d.C., a hierarquia eclesiástica era o único poder que subsistia em muitas regiões. Embora a Igreja Católica tivesse aprendido a lidar com os poderosos reis e nobres germânicos que conquistaram a Europa Ocidental, como por exemplo Carlos Magno – que foi coroado imperador pelo Papa – muitos líderes eclesiásticos tinham terras e criados suficientes para rivalizarem com a riqueza e o poder políticos dos nobres e, inclusivamente, dos reis.

Por fim, após séculos de conflitos durante a Idade Média, os mais importantes reis da Europa impuseram um controlo político nos seus territórios, deixando ao Papa o controlo de determinados territórios pontifícios no centro da Itália, e a uma série de bispos independentes o controlo de pequenos Estados soberanos no Norte e no centro da Europa. (Muitos deles estavam situados dentro das fronteiras do Sacro Império Romano, como se pode ver na figura 1.1, página 21). Contudo, nos reinos da Europa, os bispos e os abades (líderes de mosteiros abastados) contavam-se entre os senhores e nobres importantes, desempenhando frequentemente um papel cru-

AS GRANDES RELIGIÕES E TRANSFORMAÇÕES SOCIAIS | 67

cial no governo real como ministros, juízes, ou participantes importantes nos conselhos e parlamentos. Desenvolveu-se uma espécie de parceria, em que a Igreja Católica concordava em defender o direito divino dos reis como lei incontestável de Deus, enquanto os reis defendiam a riqueza e o poder político dos líderes eclesiásticos. Como gostava de citar um rei cristão (Jaime I de Inglaterra), «Não havendo bispos, não há reis» – uma vez que uns apoiavam a autoridade dos outros.

Nos países de cristianismo ortodoxo oriental, da Grécia à Rússia, desenvolveu-se uma forma semelhante mas ligeiramente diferente de harmonia entre governantes e elites religiosas. Quando se deu o declínio do Império Romano do Ocidente após a queda do seu governo em Roma, o Império Oriental Romano, ou Bizantino – governado a partir de Constantinopla – sobreviveu. Com efeito, não só sobreviveu como floresceu enquanto centro de comércio este-oeste e de ensino do cristianismo. Apresentando-se como a «Nova Roma», o governo imperial de Constantinopla evoluiu para um império intensamente cristão (ao contrário de Roma, que foi pagã durante a maior parte dos anos de liderança republicana e imperial), adoptando os ritos e a organização que ficaram conhecidos como os da Igreja Ortodoxa Oriental.

No Império Bizantino, o imperador adquiriu um estatuto semidivino como emissário de Cristo e guardião principal da sociedade cristã na Terra. O Império Bizantino durou quase mil anos após a queda do Império Romano Ocidental e legou as suas tradições de arte e culto cristãos às comunidades cristãs do Sudeste da Europa e a partes do Médio Oriente.

A Rússia converteu-se à ortodoxia no ano 988 d.C., e após a queda do Império Bizantino para os Otomanos em 1453 a Igreja russa tornou-se um ramo independente da ortodoxia oriental com o seu próprio patriarca em Moscovo. Embora a Igreja ortodoxa na Rússia gostasse de alegar que Moscovo se tornara, após a queda de Constantinopla, «A Terceira Roma»,

68 | HISTÓRIA GLOBAL DA ASCENSÃO DO OCIDENTE

os vários patriarcas ortodoxos no Sul e no Leste da Europa e no Médio Oriente continuaram a funcionar independentemente como líderes religiosos dos seus domínios. Além disso, a tradição de um governante dominador e semidivino significava que os governantes da Rússia, do Império Otomano e outros senhores políticos de países ortodoxos eram raramente desafiados por líderes da Igreja ortodoxa.

Em geral, por volta de 1500, ou quase mil anos depois do fim da idade axial, este tipo de combinação de apoio mútuo – com os governantes políticos a utilizarem geralmente o seu poder para sustentar a autoridade dos líderes religiosos e, em troca, os líderes religiosos a utilizarem a sua autoridade moral para defenderem a autoridade dos reis e de outros senhores enquanto parte inevitável do desígnio divino de Deus – acabou por prevalecer em quase todas as principais religiões do mundo.

Na Índia, as elites religiosas brâmanes associaram-se aos guerreiros e aos reis para manterem a ordem social, enquanto na China as elites confucianas apoiavam os imperadores chineses. Nos países muçulmanos, as escolas corânicas e os cádis apoiavam a autoridade de xás e sultãos que, por sua vez, garantiam um estatuto privilegiado à religião e às instituições muçulmanas. E no mundo cristão, os padres e os bispos estavam ao serviço dos reis, duques, czares e príncipes, que os protegiam.

Também em quase todas as regiões, os templos e as igrejas das principais religiões acumulavam uma riqueza considerável, e os seus líderes tinham bastante influência nos assuntos do Estado. Quem pagava eram os camponeses e trabalhadores comuns, e os homens de negócios que não eram nobres nem artesãos, a quem diziam que era seu dever sagrado pagar impostos, dízimos, taxas e direitos para sustentar os padres, bispos, nobres e reis.

## AS GRANDES RELIGIÕES E TRANSFORMAÇÕES SOCIAIS | 69

### Crescimento religioso e económico: teorias tradicionais

Se as religiões mundiais em 1500 eram semelhantes na sua oferta de códigos morais, poder orientador especial, promessas de redenção e cooperação com líderes nobres e reais, por que motivo é que a religião levou a uma ascensão diferente do Ocidente?

Há duas sugestões básicas que tentam explicar como é que factores religiosos podem ter gerado um caminho único do Ocidente para a riqueza: uma delas prende-se com o facto de a religião ocidental ser de um modo geral diferente da religião oriental. Geralmente, afirma-se que a religião ocidental é mais activa e está mais interessada em controlar a natureza, conduzindo os seus fiéis à exploração, à aquisição e ao progresso material. As religiões orientais, pelo contrário, são mais passivas, estão mais abertas a uma cooperação harmoniosa com a natureza, e menos interessadas em difundir as suas crenças. Por conseguinte, encorajaram uma atitude mais contemplativa, mística e introspectiva que levou a uma grande literatura e a debates morais, mas não a esforços virados para o exterior e a ganhos materiais.

De seguida, iremos analisar se isto corresponde à verdade. Mas convém ter também em consideração uma segunda afirmação, expressa primeiro pelo sociólogo alemão Max Weber. Este alegou que foi uma determinada religião ocidental – o protestantismo calvinista, que surgiu durante a Reforma do século XVI – que tornou o Ocidente diferente ([3]). São atribuídas ao protestantismo três transformações importantes na história ocidental, que levaram a um aumento da riqueza material na Europa.

Em primeiro lugar, a Reforma protestante impediu a ascensão de um império pan-europeu que poderia ter imposto uma ortodoxia opressiva na Europa. A Reforma levou a uma divisão da Europa Ocidental, em que os Estados protestantes – os mais poderosos eram os Países Baixos, a Inglaterra, a Suécia

# 70 | HISTÓRIA GLOBAL DA ASCENSÃO DO OCIDENTE

e a Prússia-Brandenburgo – competiam com os Estados católicos – sendo os mais poderosos a Espanha, o Império Austríaco (que veio a incluir a Boémia, a Hungria e o Norte de Itália), e a França. Há quem defenda que o equilíbrio competitivo entre todas estas entidades levou a que se tivessem desenvolvido Estados-nação modernos, porque os governantes tentavam mobilizar e disciplinar os seus povos, com vista a defenderem-se dos Estados rivais e a competirem com eles. A variedade de Estados com crenças diferentes permitiu também a emergência de várias abordagens diferentes à governação, à estrutura social e à organização económica. Em contrapartida, os grandes impérios da Ásia, que reuniam dezenas de milhões de pessoas sob o domínio de sistemas imperiais uniformes, continuaram estagnados, mantendo ortodoxias tradicionais nas suas instituições e crenças.

Em segundo lugar, a Reforma levou aqueles que tinham adoptado o protestantismo a deixarem de se dedicar à riqueza e passarem a dedicar-se à Igreja. Em vez de procurarem a redenção através de um distanciamento do mundo ou a desistirem dos bens terrenos, os que se tinham convertido ao calvinismo foram instruídos no sentido de concentrarem a sua energia religiosa numa vida simples mas laboriosa, e a evitarem a ociosidade e a ostentação de riquezas. Tiveram de provar que eram merecedores de redenção, através da parcimónia, da humildade, da participação em actividades úteis, e do êxito nos seus negócios. A extraordinária dedicação ao trabalho, as poupanças, e o investimento destes seguidores da ética protestante levou à acumulação de lucros estáveis e à criação de grandes e poderosas empresas. A prosperidade rápida e crescente das comunidades protestantes – que serviu de exemplo a todas as outras comunidades europeias – foi um estímulo para o único progresso material do Ocidente.

Em terceiro lugar, a doutrina protestante dava mais importância à leitura da Bíblia e às relações pessoais com Deus do que à autoridade do Papa e à intermediação de padres e san-

## AS GRANDES RELIGIÕES E TRANSFORMAÇÕES SOCIAIS | 71

tos para se cair nas graças do Senhor. O protestantismo levou por conseguinte a um incremento de textos impressos e da literacia (os crentes tinham acesso directo a sermões e a textos bíblicos), e a questionarem a autoridade que lhes era imposta, incluindo a de antigos filósofos e clérigos. O protestantismo causou também um fortalecimento do pensamento independente que abriu caminho à revolução científica moderna e, consequentemente, ao futuro poder da ciência e tecnologia modernas e ocidentais.

De um modo geral, estes argumentos defendiam a poderosa tese de que a sociedade ocidental era de certo modo dinâmica e que a sua ascensão e eventual superioridade eram inevitáveis. Assim, foram interpretadas grandes diferenças relativamente às grandes religiões mundiais, não obstante as suas concordâncias e semelhanças fundamentais. Esta interpretação da história ficou conhecida como orientalismo – isto é, uma crença que defende que as sociedades orientais e ocidentais são profundamente diferentes, colocando em desvantagem as sociedades fora do Ocidente.

Como iremos ver, estas crenças eram utilizadas para justificar o imperialismo ocidental. Actualmente, muitos ocidentais ainda olham para as sociedades islâmicas e afirmam ver um modo de vida radicalmente diferente, por vezes ameaçador, por vezes retrógrado. Porém, o orientalismo e os argumentos específicos acerca das diferenças religiosas referentes à ascensão do Ocidente baseiam-se numa série de mal-entendidos e distorções da história e da religião. A noção de que as sociedades asiáticas eram intrinsecamente estáticas ou retrógradas pode ser facilmente refutada se tivermos em consideração tanto o dinamismo económico das sociedades contemporâneas confucianas, hindus e budistas (China, Coreia, Índia, Sri Lanka, Tailândia) como os excelentes feitos técnicos das sociedades orientais pré-modernas – muitas delas cruciais para o progresso ocidental tardio.

# 72 | HISTÓRIA GLOBAL DA ASCENSÃO DO OCIDENTE

## Crescimento religioso e económico: uma visão mais aproximada

Em primeiro lugar, a noção de que existe uma religião oriental *versus* uma religião ocidental é um erro. O islão é uma religião oriental ou ocidental? À semelhança do cristianismo e do judaísmo, o islão baseia-se nos ensinamentos de Abraão, Moisés e Jesus e centra-se num texto sagrado de histórias e preceitos morais. À semelhança do cristianismo, o islão é intensamente evangélico, tendo sido propagado por crentes fervorosos. À semelhança do cristianismo, o islão foi uma religião de exploradores e comerciantes empreendedores que construíram portos ao longo da costa de África, penetraram no seu interior e estabeleceram relações comerciais, do mar da China ao Mediterrâneo. Resumindo, o islão é considerado uma religião «ocidental», activa e dinâmica. Apesar de tudo, os países islâmicos foram amplamente excluídos da ascensão do Ocidente após 1800, tendo sofrido um relativo declínio económico e político no século XIX.

Se nos deslocarmos mais para este, verificamos que o budismo foi também activamente expandido por crentes no Sul e no Leste da Ásia, tendo sido uma religião de comerciantes e exploradores. Como demonstram os extraordinários conjuntos de mosteiros do Tibete e do Sudeste Asiático, os budistas eram também laboriosos e poupados, e entusiastas da remodelação da natureza por meio da agricultura e da engenharia. Com efeito, alguns investigadores defenderam que os mosteiros budistas do Oriente eram um exemplo de espírito de aquisição e do início do capitalismo [4].

Não há dúvida de que durante quase mil anos, de 500 d.C. a cerca de 1500 d.C., foram os mercadores, navegadores e exploradores chineses, indianos e árabes que criaram uma rede mundial de comércio entre o Oriente e o Ocidente. O almirante chinês Zheng He (cuja mestria foi tratada no capítulo 2) viajou

# AS GRANDES RELIGIÕES E TRANSFORMAÇÕES SOCIAIS | 73

da China pelo oceano Índico até à costa de África. Os mercadores indianos estabeleceram-se de Zanzibar à Indonésia. Os mercadores muçulmanos percorreram as rotas da seda através da Pérsia, da Ásia Central e da China, e viajaram para oeste até Espanha e Marrocos, e para norte, até Inglaterra. Entretanto, os mercadores e navegadores europeus, apesar de imbuídos da religião ocidental, permaneceram nas águas costeiras da Europa, do mar do Norte até ao Mediterrâneo. Trataremos mais pormenorizadamente do comércio mundial no capítulo 4; mas já não é possível afirmar que os ocidentais foram sempre mais diligentes do que os orientais na expansão da sua religião, do seu comércio ou das suas fronteiras geográficas.

Com efeito, aconteceu exactamente o contrário. Uma geração de investigação em história económica esclarece que durante grande parte dos primeiros dois mil anos de Cristianismo, a Índia, a China, o Japão e o Médio Oriente eram mais ricos e poderosos do que a Europa Ocidental. A grandiosidade de Roma (cristianizada a partir do século III d.C.) foi subjugada primeiro por tribos germânicas, a seguir por árabes que expandiram o islão, e finalmente por Turcos muçulmanos. Durante a era cristã, enquanto os Chineses e os Indianos inventavam tecnologias para transformar a agricultura, o comércio, a navegação e a guerra (exposição mais pormenorizada nos primeiros capítulos), os europeus da Idade Média queriam simplesmente apropriar-se delas. A tecnologia europeia acabou por superar a do resto do mundo – mas só há relativamente pouco tempo, nos séculos XIX e XX. Durante dezenas de séculos, os países das religiões orientais estiveram económica, técnica e militarmente a par ou à frente dos países cristãos. Não existem aqui quaisquer provas de uma superioridade europeia de longo prazo.

As afirmações relativamente ao protestantismo e ao seu impacto nos Estados europeus, nos indivíduos e no conhecimento, são mais complexas; mas mais uma vez, os argumentos

74 | HISTÓRIA GLOBAL DA ASCENSÃO DO OCIDENTE

que dizem respeito ao impacto do protestantismo parecem ser exagerados. É verdade que a Reforma dividiu o mundo cristão e contribuiu para um sistema de Estados religiosa e economicamente competitivos. Porém, um sistema de Estados competitivos não era único na Europa nem levava de um modo geral a uma maior prosperidade.

O subcontinente indiano nunca foi unificado e passou a maior parte da sua história dividido por uma competição militar e religiosa entre impérios, Estados e principados muçulmanos, siques e hindus. O Sudeste Asiático estava igualmente dividido em múltiplos Estados competitivos, muitos dos quais eram bastante ricos. Embora a China, durante a maior parte da sua história, de 1279 em diante, fosse um império unificado, esteve constantemente em competição militar com os Estados centrais da Ásia, alguns dos quais tiveram bastante êxito contra a China. Foi só no auge da dinastia Qing, em meados do século XVIII, que grande parte da Ásia Central ficou sob controlo dos Chineses. Nos países islâmicos, do século XII em diante o mundo muçulmano esteve constantemente dividido entre Estados guerreiros, especialmente persas, turcos e árabes.

Mesmo na Europa, o facto de se fazer parte de um sistema de Estados competitivos não incentivava o progresso económico de um modo geral. A Rússia e o Império Otomano eram parte integrante do sistema de Estados competitivos europeus, como, por exemplo, o Império Austro-Húngaro, a Polónia, a Lituânia, Nápoles, os Estados do Norte da Itália, Espanha e Portugal. No entanto, nenhuma destas zonas deu provas de uma grande reacção económica por fazer parte de um sistema desse tipo. Pelo contrário, todos esses Estados estiveram bastante atrás das economias de Inglaterra e da Holanda até meados dos séculos XIX e XX.

É claro que estes dois últimos Estados eram nações protestantes. Seriam as crenças protestantes a única chave para o crescimento moderno? Mais uma vez, os indícios não apoiam

## AS GRANDES RELIGIÕES E TRANSFORMAÇÕES SOCIAIS | 75

esta afirmação. Alguns Estados protestantes foram líderes económicos em determinadas alturas, mas outros estavam economicamente atrasados. O êxito dos Estados católicos variava de forma semelhante.

O protestantismo emergiu em princípios do século XVI, e o seu ramo calvinista enraizou-se com mais força em Genebra (Suíça), na Escócia e nos Países Baixos. Porém, durante o século XVI, os pólos criativos e económicos da Europa eram as cidades católicas da Itália renascentista, e os líderes das viagens de exploração e do comércio mundial eram Portugal e a Espanha católicos. A maioria das nações protestantes – incluindo a Suíça, a Escócia, Brandenburgo-Prússia, a Suécia, a Dinamarca e a Inglaterra – não teve grandes avanços económicos no século XVI, enquanto as nações católicas levaram à conquista do Novo Mundo e à abertura do comércio marítimo com a Índia, China e África.

Durante parte da Idade de Ouro holandesa do século XVII, a Holanda protestante foi o centro dinâmico da Europa Ocidental e o líder tecnológico de moinhos de vento, fabrico de cerveja, marinha mercante e finanças. Mas a sua Idade de Ouro teve vida curta – em meados do século XVIII, a marinha mercante e a manufactura holandesas entraram em acentuado declínio. No século após 1750, quando a Grã-Bretanha protestante se tornou a principal nação industrial mundial, foi acompanhada mais de perto pelos países católicos da Bélgica e da França, cuja industrialização avançou rapidamente, enquanto outras nações protestantes (Prússia, Suécia, Dinamarca, e até a Holanda) ficaram para trás. Por conseguinte, é impossível explicar-se o progresso económico ou a industrialização em diferentes países de 1500 a 1850 fazendo-se simplesmente referência à sua religião.

Por fim, o que dizer da afirmação de o protestantismo, ao minar as religiões estabelecidas e a autoridade filosófica, ter impulsionado a revolução científica moderna? Esta afirmação

76 | HISTÓRIA GLOBAL DA ASCENSÃO DO OCIDENTE

depende sobretudo das interpretações selectivas da história da ciência. Não há dúvida de que algumas figuras-chave da evolução da ciência e tecnologia modernas eram protestantes – Johannes Kepler, Robert Boyle, Isaac Newton e James Watt são os mais famosos. Mas as contestações mais surpreendentes à autoridade da Igreja vieram das afirmações científicas de três católicos na Europa do Sul e Central: Copérnico, Galileu e Descartes. Copérnico, o pai da teoria heliocêntrica (que coloca o Sol no centro do sistema solar), era um padre católico, que dedicou o seu livro ao Papa. Os amigos de Copérnico estavam mais preocupados com o facto de ele poder ser atacado pelos luteranos, pois a importância que dava à leitura da Bíblia não era acompanhada por uma grande flexibilidade da interpretação bíblica. Galileu foi o principal defensor do sistema de Copérnico na Europa, tendo entrado em conflito com o Papa ao insistir que a Terra girava em volta do Sol. Mas apesar das suas opiniões radicais, a Igreja Católica pô-lo apenas em prisão domiciliária. Descartes – que defendia que o uso da razão e as boas acções, e não apenas a graça de Deus, é que redimiam as pessoas – foi forçado a abandonar a sua casa devido às sua crenças heréticas. Esta ameaça veio da Igreja calvinista holandesa na Holanda, que estava cada vez mais preocupada em defender uma doutrina calvinista rígida contra o pensamento livre.

Com efeito, de 1500 a 1700 a Igreja Católica esteve frequentemente aberta ao progresso científico, tendo-o inclusivamente apoiado, e foram dois católicos – o italiano Torricelli e o francês Pascal – que fizeram a descoberta inovadora da existência da pressão atmosférica. A emergência da revolução científica nos séculos XVI e XVII foi acima de tudo uma criação pan-europeia, e não protestante, em que os católicos tiveram um papel crucial.

Resumindo, embora continue a ser verdade que a Grã-Bretanha emergiu como poder dominante mundial em termos tecnológicos, industriais e militares no início do século XIX,

## AS GRANDES RELIGIÕES E TRANSFORMAÇÕES SOCIAIS | 77

com o resto da Europa a seguir os seus passos nos cem anos seguintes, não se pode simplesmente relacionar esta evolução com as características da religião ocidental em geral, ou mesmo com o protestantismo e o calvinismo em particular. A ascensão da Grã-Bretanha a potência industrial foi relativamente tardia e, de certa forma, única e totalmente diferente das tendências mais generalizadas de muitos outros países de religião cristã ou protestante. Na maior parte dos últimos mil anos, os impulsionadores das descobertas, do desenvolvimento económico e do comércio mundial foram os académicos, os artesãos e os navegadores da China, Índia, Pérsia e dos Estados islâmicos da Ásia e de África.

Dados estes factos, como surgiu o conceito de religião ocidental como base do crescimento económico? Estas ideias foram desenvolvidas por académicos europeus no século XIX, que viram as suas sociedades passarem pelas transformações radicais da Revolução Industrial e assistiram à queda dos reis britânicos e franceses nas Revoluções Americana e Francesa. Estudaram mais de perto as suas sociedades e renderam-se à evidência da mudança. Desconsiderando acintosamente mil anos de história europeia como «Idade das Trevas», retrataram uma Europa dando ênfase à genialidade da Grécia e à glória de Roma, que levaram directamente ao florescimento do Renascimento e mais tarde às revoluções política e industrial dos séculos XVIII e XIX. Nas mãos dos académicos europeus do século XIX, a ascensão do Ocidente dinâmico parece ter sido um movimento impulsionador, contínuo e inevitável do destino da Europa.

Em contrapartida, os académicos europeus observaram as sociedades orientais de longe, através de fragmentos de textos orientais das bibliotecas europeias ocidentais e relatos de viajantes. Os primeiros astrónomos, antes de terem telescópios, olharam para a Lua e viram uma esfera celestial luminosa, em vez de uma massa semelhante à Terra com vastas cordilheiras

78 | HISTÓRIA GLOBAL DA ASCENSÃO DO OCIDENTE

e crateras. Por isso, os académicos do século XIX, ao tentarem compreender milhares de anos de história asiática com meios inadequados, não conseguiram ver pormenorizadamente a sua natureza e pressupuseram uma estagnação imutável e incaracterística.

Além disso, convém perceber que as histórias do final do século XIX e o princípio do século XX foram escritas por europeus numa altura em que a Europa foi, embora por pouco tempo, a potência dominante mundial. Para justificar essa posição, os europeus procuraram factos na sua história e na sua sociedade que explicassem a sua recente e poderosa posição. Ao realçarem as suas diferentes religiões, os europeus (e em especial os protestantes na Inglaterra) convenceram-se de que a sua ascensão a potência mundial era não só inevitável, como moralmente merecida.

**Tolerância ou ortodoxia:
trocando estabilidade por desenvolvimento**

Em retrospectiva, é óbvio que muitas sociedades diferentes, em épocas diferentes, tiveram um papel de liderança nas inovações tecnológicas e no crescimento económico. O Médio Oriente sob o califado de Bagdad, a China Song, a Espanha medieval, a Itália renascentista, a Idade de Ouro da Holanda, e a Inglaterra durante a Revolução Industrial passaram por um florescimento de extraordinária criatividade e prosperidade. Terá havido algo responsável pelo advento e pelo fim desses períodos únicos?

Com efeito, podemos identificar uma característica importante da religião que parece ter acompanhado esses períodos. Não uma característica específica de uma religião em particular, mas a existência de *muitas* religiões, sujeitas a condições de pluralismo e tolerância. Em contrapartida, os fins desses

# AS GRANDES RELIGIÕES E TRANSFORMAÇÕES SOCIAIS | 79

períodos de florescimento são quase sempre marcados pelo regresso ou pela imposição de uma ortodoxia religiosa oficial esmagadora.

A ascensão do islão no Médio Oriente no século VII foi marcada por uma mistura da nova religião de Maomé e das antigas tradições mais antigas judaicas, cristãs e zoroastrianas da Palestina, do Egipto e da Pérsia. Os árabes também descobriram as obras dos filósofos gregos em bibliotecas bizantinas e, nos séculos que se seguiram, tornaram-se tradutores ávidos e inovadores no âmbito da matemática, da filosofia e das ciências naturais, inspirando-se no exemplo grego. Durante mais de 700 anos, durante os quais os líderes islâmicos governaram com tolerância povos com outras fés, o islão foi líder mundial em termos de avanços científicos.

O declínio da ciência e da tecnologia no mundo islâmico parece ter começado no século XX quando, após a conquista de Bagdad pelos Turcos seljúcidas, alguns académicos muçulmanos menosprezaram o estudo da filosofia secular grega e da ciência hindu e procuraram voltar a centrar a educação nos ensinamentos tradicionais islâmicos. Por isso, de 1200 a 1500 houve uma série de calamidades que atingiu os principais centros científicos da Mesopotâmia e da Espanha: a invasão mongol no século XIII destruiu bibliotecas, universidades e hospitais e despovoou as cidades mais importantes; em meados do século XIV, a Peste Negra continuou a despovoar a região; e em 1400-1402 a invasão de Tamerlão voltou a devastar o Iraque e a Síria. No século XI, o califado islâmico em Espanha foi destruído por guerras civis e pela Reconquista. Muitas regiões foram vítimas de perturbações políticas, das quais nunca recuperaram totalmente. O progresso científico e tecnológico no mundo islâmico teve continuidade, principalmente na Pérsia, na Síria e no Norte de África. O anterior centro do mundo islâmico na Mesopotâmia deixou de ter riqueza suficiente para apoiar grandes comunidades de académicos e cientistas, e as

80 | HISTÓRIA GLOBAL DA ASCENSÃO DO OCIDENTE

ideias religiosas conservadoras propagaram-se na sequência destas catástrofes.

Nos séculos XV e XVI, a sociedade mais dinâmica do Médio Oriente era o Império Otomano, cujas tecnologia militar e capacidade organizacional lhe permitiu expandir-se para o Sudeste da Europa e Norte de África e controlar grande parte do Médio Oriente. Porém, no século XVII, os avanços científicos nestas regiões foram reprimidos quando as elites religiosas do Império Otomano reagiram a uma série de rebeliões internas que criticavam aos governantes otomanos terem abandonado a prática pura do islão. A solução era impor uma ortodoxia islâmica tradicional e impedir qualquer inovação filosófica.

A China Song talvez se tenha tornado a sociedade mais próspera e tecnicamente avançada do mundo no século XII, após a propagação do budismo indiano e do islão da Ásia Central. Até as comunidades cristãs e judaicas (fundadas por comerciantes e missionários que tinham chegado à China) floresceram, a par do confucionismo, o taoísmo e outras crenças. O comércio florescente da China foi buscar influências a toda a Ásia. A dinastia Ming dos séculos XVI e XVII assistiu também a uma variedade de ideias inovadoras e avanços tecnológicos. No entanto, em finais do século XVII os Manchus conquistaram a China e promoveram uma ideologia confuciana mais rígida para justificarem a sua governação. O restabelecimento da filosofia confuciana de Zhu Xi do século XII, bem como a ortodoxia oficial da nova dinastia Qing, impediu mais inovações em muitos âmbitos e convenceu os visitantes europeus de que a China continuava inalterável há muitos séculos.

Na Índia, a prosperidade do Império Mogol nos séculos XVI e XVII teve origem na combinação da cultura islâmica levada pelos governantes invasores mogóis e no rico legado de ideais e crenças hindus mantidas pelo povo nativo indiano. O imperador Akbar (que reinou de 1560-1605), o maior dos Mogóis, famoso pela sua tolerância, convidava frequentemente jesuítas,

## AS GRANDES RELIGIÕES E TRANSFORMAÇÕES SOCIAIS | 81

siques, hindus e muçulmanos para discutirem na sua presença, na corte, assuntos de fé e de prática. Porém, foi sucedido por imperadores extremamente intolerantes, responsáveis pelo declínio e pela queda do Império Mogol. O último dos grandes imperadores mogóis, Aurangzeb, fez da total adesão ao islão ortodoxo um elemento-chave do seu reinado, destruindo muitos templos hindus e antagonizando a maioria não muçulmana no seu domínio.

Deste modo, do século XVII em diante, a prática da tolerância religiosa entrou acentuadamente em declínio no mundo inteiro. Na China, no Médio Oriente e na Índia, os governantes tratavam os dissidentes religiosos como se fossem um perigo à sua autoridade, impondo religiões ortodoxas cada vez mais rígidas.

Na maior parte da Europa prevaleceu a mesma tendência. Embora tivesse havido episódios de tolerância religiosa antes de 1800, a ortodoxia de uma Igreja apoiada pelo Estado acabou por vencer. Na Espanha medieval, uma fusão de académicos islâmicos e judaicos deu origem aos florescentes centros de estudo em Granada e Córdova. Contudo, estes grupos foram progressivamente reprimidos durante a Reconquista e, em 1492, a monarquia católica expulsou os restantes judeus e muçulmanos e autorizou a Inquisição a reforçar a ortodoxia católica.

Em Itália, na esteira das Cruzadas, um comércio activo com o Médio Oriente e o Norte de África levou a uma mistura de culturas latina, bizantina e árabe e a um renascimento do ensino nos séculos XIII e XIV. Este renascimento propagou-se por toda a Europa, estimulando novas áreas de conhecimento, da Inglaterra à Polónia. Nos finais do século XVI, a Polónia iniciou uma política de tolerância religiosa, tanto em relação a protestantes como a católicos. Isto é, até a Igreja Católica, incapaz de lidar com as pressões da Reforma protestante, instituiu uma Contra-Reforma para voltar a impor a ortodoxia católica na Europa.

82 | HISTÓRIA GLOBAL DA ASCENSÃO DO OCIDENTE

Durante o século XVI, à medida que o protestantismo se ia difundindo, alguns governantes aceitaram a coexistência de protestantes e católicos nos seus territórios. Contudo, quando os conflitos entre protestantes e católicos, e entre diferentes seitas protestantes, se tornaram cada vez mais violentos, a tolerância entrou em declínio. A Guerra dos Trinta Anos (1618-1648), que começou com o aniquilamento das elites protestantes na província austríaca da Boémia, reforçou as linhas de intolerância religiosa por toda a Europa. Dirigida pelos jesuítas, a Igreja Católica tinha como objectivo restaurar o seu papel dominante como a única fé católica. Os jesuítas tiveram talvez mais êxito na Polónia onde, em meados do século XVII, inverteram a política de tolerância religiosa da Polónia ao ponto de mais nenhuma nação na Europa ter sido mais fortemente identificada como um Estado católico. Entretanto, os Estados luteranos, calvinistas e anglicanos tentaram também fazer das suas igrejas dominantes uma ortodoxia apoiada pelo Estado, com restrições rígidas a outras comunidades religiosas. Em 1685, Luís XIV de França, o governante mais poderoso da Europa Ocidental, aboliu a tolerância do culto protestante no seu país, levando ao êxodo de milhares de protestantes para Inglaterra e Brandenburgo-Prússia, onde prevalecia o protestantismo.

Só em Inglaterra, na Dinamarca e na Prússia é que aumentou a tolerância religiosa, de finais do século XVII em diante. A Inglaterra assistiu a décadas de purgas sangrentas e lutas pelo poder entre católicos e protestantes, de Henrique VIII a Maria I e Isabel I, e mais tarde a uma guerra civil entre protestantes anglicanos e seitas puritanas mais radicais. A Igreja Anglicana fez uma tentativa falhada para ser reconhecida como a única religião estabelecida e expulsar todos os católicos e outras seitas. O rei Carlos I e Jaime II foram derrubados por controvérsias religiosas, tendo sido incapazes de assegurar a coexistência religiosa dos seus súbditos. Por fim, em 1688, o Parlamento de Inglaterra aprovou o Acto de Tolerância, facto que a tornou a

AS GRANDES RELIGIÕES E TRANSFORMAÇÕES SOCIAIS | 83

Inglaterra na primeira grande nação em que a tolerância religiosa se tornou uma política oficial, e uma questão de lei, não apenas uma política.

Na Dinamarca, o rei Cristiano V, ansioso por atrair novos imigrantes depois de ter perdido vastos territórios numa guerra desastrosa com a Suécia, emitiu uma série de éditos na década de 1680, concedendo tolerância a católicos, judeus e calvinistas no seu reino maioritariamente luterano. No Brandenburgo--Prússia, Frederico Guilherme tolerou católicos, judeus e luteranos nos seus territórios maioritariamente calvinistas e em 1685 emitiu o Édito de Potsdam, que garantia liberdade religiosa aos huguenotes franceses, caso se estabelecessem no seu país. No entanto, estes Estados foram a excepção durante quase um século. No resto da Europa, e efectivamente no mundo inteiro, a ortodoxia religiosa imposta pelo Estado tornou-se a norma.

Em suma, se nos perguntarmos qual foi o papel da religião na economia mundial, diremos que foi neutro ou, na melhor das hipóteses, pouco claro. Todas as principais religiões do mundo contribuíram com pensadores importantes, viajantes do mundo, e episódios de espectacular crescimento económico. Parece ser claro que o progresso económico resulta melhor quando coexistem perspectivas religiosas diferentes numa sociedade pluralista e tolerante. Em contrapartida, o crescimento económico é limitado e decai gradualmente quando os Estados impõem uma uniformidade rígida do pensamento religioso. A escolha entre a tolerância ou uma ortodoxia rígida – uma escolha que surge em *todas* as tradições religiosas – parece ser mais importante do que as características de qualquer religião específica em estabelecer padrões de crescimento económico na história mundial.

Se as diferenças religiosas entre as sociedade da Europa e as da Ásia e do Médio Oriente não explicam a «ascensão do Ocidente», teremos de procurar as razões deste último proces-

84 | HISTÓRIA GLOBAL DA ASCENSÃO DO OCIDENTE

so noutro lado. Talvez os factores cruciais consistissem simplesmente em diferenças materiais. Será que a Europa ultrapassou as sociedades asiáticas pela sua maior capacidade de comércio e conquista?

## Bibliografia complementar

EISENSTADT, S. N., (org.), *The Origins and Diversity of Axial Age Civilizations* (Albany, NY: State University of New York Press, 1986).

WEBER, Max, *The Protestant Ethic and the Spirit of Capitalism.* New York: Routledge, 2001 [*A Ética Protestante e o Espírito do Capitalismo*, Lisboa, Presença, 1990].

ZAGORIN, Perez, *How the Idea of Religious Toleration Came to the West* (Princeton, NJ: Princeton University Press, 2005).

# Capítulo 4

## Comércio e Conquista

De 1500 a 1800, os mercadores chineses e indianos continuaram a controlar a maior parte do comércio asiático. Os europeus conseguiram encaixar-se nos padrões de comércio mundial com a sua conquista das Américas e comercializando prata americana para manufactura e produtos asiáticos. Ao longo destes séculos, os europeus criaram também um vasto sistema comercial em volta do oceano Atlântico, comercializando entre eles, com África e com as suas colónias americanas.

No entanto, o comércio de escravos, açúcar e algodão no Atlântico não substituiu a necessidade de bens asiáticos por parte dos europeus, pelo contrário, aumentou-a. Os europeus tornaram-se por conseguinte mais agressivos ao tentarem conquistar regiões da Ásia para terem acesso aos produtos asiáticos. Os europeus foram bem-sucedidos na Índia, onde o Império Mogol se estava a desintegrar devido a conflitos internos, e no Sudeste Asiático, que esteve sempre dividido em inúmeros pequenos Estados. Porém, a China e o Japão, os principais Estados asiáticos em 1700, continuaram a dominar o comércio da Ásia Oriental, confinando os europeus a portos de escala nestes países.

## 86 | HISTÓRIA GLOBAL DA ASCENSÃO DO OCIDENTE

Na história mundial, o comércio e a conquista andam a par. O comércio seguia-se muitas vezes a conquistas bem-sucedidas, abrindo novos caminhos e pacificando zonas fronteiriças. A conquista foi frequentemente necessária para o comércio, para convencer governantes relutantes a abrirem os seus portos a mercadores estrangeiros ou a terem acesso a materiais preciosos. O desejo que a Europa tinha de alargar o seu comércio à Ásia encorajou os europeus a empreenderem conquistas no Novo Mundo e ao longo da costa dos Estados asiáticos; as conquistas da Europa no Novo Mundo forneceram a prata que permitiu à Europa expandir o seu comércio asiático. Mais tarde, o crescimento das colónias da Europa nas Américas criou condições para um novo comércio atlântico, ligando a África Ocidental, a Europa e as Américas, do Canadá ao Brasil. Deste modo, o comércio levava à conquista, e a conquista levava ao comércio.

Uma teoria para a ascensão da Europa consiste em os europeus terem sido melhores comerciantes do que os povos de outras sociedades. Estavam dispostos a aventurar-se mais longe do seu país, eram mais agressivos a ultrapassar barreiras políticas e económicas impostas ao comércio, e mais eficazes a gerir as suas companhias comerciais e a acumular lucros do que os mercadores da Ásia e do Médio Oriente. Outra teoria consiste em os europeus – em 1500 – terem sido melhores em termos de conquista, utilizando uma tecnologia militar superior para conquistarem outras civilizações. Talvez a versão mais forte deste argumento, devido às ligações estreitas entre comércio e conquista, seja o facto de os europeus se terem distinguido em ambos, utilizando as suas vantagens militares para expandir o seu comércio, e a riqueza acumulada com o comércio para financiar mais triunfos económicos e militares.

No entanto, até 1500 é bastante claro que os europeus *não* foram conquistadores de outras sociedades – antes pelo contrário, como vimos no capítulo 2. Como é que as coisas se alteraram de repente em 1500? A resposta reside no comércio.

COMÉRCIO E CONQUISTA | 87

Até 1400, os Italianos tinham tido capacidade para comerciar com uma grande variedade de Estados diferentes no Mediterrâneo Oriental – os Mamelucos no Egipto, os Árabes na Síria e os Bizantinos em Constantinopla – dos quais obtiveram vários privilégios comerciais. Porém, em 1453, os Otomanos tinham conquistado todo o Império Bizantino e tinham começado a fechar rotas comerciais aos europeus.

A obstrução ao acesso aos bens asiáticos por parte dos Turcos otomanos na Europa levou os europeus a procurarem outras maneiras de chegar ao Oriente. Este acesso era vital, pois sem o comércio asiático a Europa tinha necessidade de muitos dos bens essenciais do quotidiano, desde especiarias para preservar os alimentos (pimenta, canela, cravo-da-índia e outras), pomadas, unguentos para fins sagrados e medicinais (incenso e mirra), tecidos de algodão para fabrico de roupa (na Europa, o linho e a lã eram os únicos tecidos locais disponíveis), a papel para desenhar e para o fabrico de livros.

Por conseguinte, nos finais dos séculos XV e XVI, os navegadores europeus partiram em todas as direcções em busca de uma nova rota comercial para o Oriente. Colombo partiu para o Ocidente, na esperança de encontrar um caminho directo para a Índia, navegando à volta do mundo; por isso, tinha a certeza de que quando alcançou terra nas Caraíbas, chegara às fabulosas «Índias». Uns anos mais tarde, Vasco da Gama abriu uma rota comercial mais bem-sucedida para a Ásia, navegando para sul e contornando a extremidade de África e mais para cima, pelo oceano Índico. A vaga de expansão marítima da Europa no século XV não foi portanto resultado de uma nova efusão do poder europeu político ou militar, mas um esforço combinado de dar resposta à vigorosa expansão do poder otomano. A era das viagens de exploração da Europa foi impulsionada pela tentativa de se descobrir outro caminho comercial para se chegar à Ásia – uma rota fora do controlo otomano.

# 88 | HISTÓRIA GLOBAL DA ASCENSÃO DO OCIDENTE

Mas nos quatro séculos de 1492 a 1892, os europeus também conquistaram toda a América do Norte e do Sul e deram início a viagens regulares de circum-navegação. Contornaram a extremidade da América do Sul, a seguir navegaram para norte, para o Peru e o México, e atravessaram o vasto oceano Pacífico até às Filipinas, onde os Espanhóis fundaram o porto de Manila. Os europeus colonizaram a Austrália e a Nova Zelândia, e em África estabeleceram-se no cabo da Boa Esperança e nas regiões montanhosas da Rodésia e do Quénia. A Índia tornou-se uma possessão bastante valorizada da monarquia britânica, enquanto outras partes da Ásia e de África chegaram a ser governadas por comerciantes portugueses, franceses, alemães, holandeses e italianos. A China foi forçada a ceder o controlo do seu comércio costeiro a empresas comerciais europeias, e o Japão a estabelecer relações comerciais nos termos impostos pelas potências ocidentais.

Como é que aquilo que começou sobretudo por ser a procura de uma rota comercial para o Oriente acabou com os europeus a controlarem a maior parte da superfície do globo? Uma explicação simples – que se encontra normalmente em livros mais antigos – consiste em abordar toda a era de viagens de exploração como um período tranquilo de conquistas de progresso constante: primeiro, no século XVI, os Portugueses conquistaram o oceano Índico, a seguir os Espanhóis e os Portugueses conquistaram a América Central e do Sul. Mais tarde, nos séculos XVII e XVIII, os Britânicos, os Holandeses e os Franceses colonizaram a América do Norte, a Indonésia e a Índia. Por fim, no século XIX, os europeus impuseram-se na China e no Japão e controlaram a Indochina, a Austrália e grande parte de África. Tudo isto foi visto como prova da irresistível superioridade europeia no âmbito da navegação, da proeza comercial, da tecnologia e táctica militares e da organização económica e política.

COMÉRCIO E CONQUISTA | 89

Contudo, não é verdade. Os quatrocentos anos de viagens de exploração, comércio e conquista europeus após 1492 abrangem muitas histórias e experiências diferentes em diversas partes do mundo. Nalgumas zonas, o comércio precedeu a conquista em muitos séculos; noutras zonas, a conquista surgiu primeiro, e foi a base de um comércio posterior. Algumas nações europeias viveram períodos limitados de sucesso mas, noutros aspectos, não foram bem-sucedidas. A forma correcta de interpretar este período é considerá-lo como um longo e prolongado esforço da parte de algumas nações europeias para penetrarem num sistema comercial eurasiático, muito vasto, bem estabelecido, que durava há séculos e que lhes permitiu passarem gradualmente de agentes periféricos para, bastante mais tarde, se tornarem finalmente agentes dominantes.

## A entrada dos Portugueses no comércio eurasiático, por volta de 1500

O navegador árabe Shihab al-Din Ahmad Ibn Majid, nascido em Omã, na península Arábica, em 1430, escreveu 40 livros sobre comércio e navegação, cobrindo os ventos e portos do oceano Índico, da África Oriental à Indonésia. Este navegador, que viajou do mar Vermelho aos portos do Mediterrâneo, estava bastante familiarizado com os navios e navegadores europeus. Segue-se o seu comentário ao estado da navegação europeia em finais do século XV, comparada com a de navegadores árabes:

> Nós temos (...) a dimensão de altitudes estelares, mas eles não. Eles não conseguem compreender a maneira como navegamos, mas nós conseguimos compreender a maneira como eles o fazem; (...). Eles admitem que nós temos um melhor conhecimento do mar e de navegação e a sabedoria das estrelas ([1]).

90 | HISTÓRIA GLOBAL DA ASCENSÃO DO OCIDENTE

Além deste conhecimento superior de navegação, as sociedades asiáticas tinham também métodos superiores de construção de navios, foram pioneiros do leme de cadaste, de cascos de navios divididos em compartimentos múltiplos, e da vela latina – tudo elementos cruciais de embarcações construídas para navegar nos oceanos. As embarcações árabes de um só mastro e os juncos chineses continuaram a ser os barcos mais utilizados no oceano Índico e nos mares chineses durante o século XIX. Havia inclusivamente muitas empresas comerciais europeias cujos navios tinham sido construídos na Ásia, onde obtinham uma melhor qualidade pelo preço a que os adquiriam.

A expedição de Vasco da Gama à Índia baseou-se nos conselhos de navegadores indianos ou árabes que encontrou nos portos já existentes de Melinde e Mombaça na África Oriental, que lhe explicaram como utilizar os ventos de monção para ir da África à Índia. Quando os Portugueses, comandados por Vasco da Gama, chegaram à Índia em 1498, entraram no centro do sistema comercial eurasiático, a partir da sua periferia longínqua – e ficaram espantados com o que viram. Quantidades enormes de canela, pimenta, pedras preciosas, tecidos de excelente qualidade, madeiras tropicais, e outras mercadorias exóticas enchiam os armazéns dos mercadores asiáticos.

Os Portugueses também se aperceberam de que estavam relativamente atrasados em termos de comércio. Comparativamente com os mercadores muçulmanos, que levavam prata e mercadorias do Médio Oriente (café, tapetes, incenso e pigmentos) para comercializarem na Índia, os Portugueses chegavam apenas com tecidos de lã, recipientes de vidro e ferramentas de ferro – artigos que valiam pouco quando trocados por bens asiáticos. Por isso, o governador hindu de Calecut, com quem procuraram iniciar relações comerciais, ordenou-lhes que partissem, mas deu uma carta a Vasco da Gama em que prometia comercializar pedras preciosas e especiarias se os europeus lhe levassem coral, tecidos vermelhos, prata e ouro.

COMÉRCIO E CONQUISTA | 91

Encorajados pela descoberta de um caminho alternativo para a Índia e determinados a explorá-lo, os Portugueses voltaram em força. Em 1502, por exemplo, Vasco da Gama apareceu novamente em Calecut, comandando vinte navios bem armados. Desta vez, os Portugueses conseguiram pressionar o comércio, mas fizeram-no revelando sobretudo mais uma brutalidade chocante do que um conhecimento superior de comércio ou navegação. Pouco tempo após a sua chegada, Vasco da Gama apresou um navio que regressava a Calecut, vindo de Meca com cerca de 400 passageiros, muitos dos quais muitas mulheres e crianças. Depois de ter levado as mercadorias para bordo, os Portugueses trancaram os passageiros debaixo do convés e pegaram fogo ao navio, matando todos os que se encontravam a bordo. Depois desta e de outras manifestações de poder semelhantes, Vasco da Gama negociou uma aliança com o governador de Cananore, um inimigo do governador de Calecut, pressionando-o a fazer uma aliança favorável que garantia a Portugal o direito ao comércio. Este foi o saque inicial nas relações mercantis da Europa na Ásia.

Vasco da Gama regressou de Calecut à Europa com os seus navios carregados de especiarias e pedras preciosas e nos 30 anos seguintes os Portugueses enviaram mais frotas armadas e construíram fortalezas em terras indianas em Goa, no golfo Persa em Ormuz, e nas ilhas do Sudeste Asiático em Malaca. Estas fortalezas foram o centro de actividade de um império português que queria levar as riquezas da Ásia directamente para a Europa.

Embora esta história de conquista seja frequentemente contada como um êxito esmagador dos Portugueses (por conseguinte, europeus) na Ásia, os Portugueses triunfaram sobretudo contra reinos isolados, onde se defrontaram com aliados locais, ou em regiões remotas dos centros dos Estados asiáticos.

Os Portugueses entraram no oceano Índico com uma clara vantagem em termos de armamento naval, comparativa-

92 | HISTÓRIA GLOBAL DA ASCENSÃO DO OCIDENTE

mente com os navios muçulmanos que operavam em torno das costas da Arábia, África e Índia. Estes últimos tinham pequenos canhões montados na popa e à proa, enquanto os navios portugueses tinham sido construídos para levar canhões maiores a todo o seu comprimento. A artilharia naval europeia era bem mais poderosa do que a de qualquer um dos navios armados muçulmanos, o que deu aos Portugueses uma vantagem significativa em confrontos no mar. Além disso, os Portugueses contribuíram com conhecimentos avançados na construção de fortalezas, desenvolvidos na Europa devido a longos anos de cercos. As muralhas em forma de estrela e as paredes com uma grande inclinação das fortalezas da Itália renascentista tornaram-se rapidamente características das fortalezas portuguesas e de povoações fortificadas por todo o Sul e Sudeste da Ásia.

No entanto, a vantagem de uma artilharia naval superior era pouco útil quando os Portugueses se confrontavam com forças terrestres. Quando tentaram tomar o porto de Ádem, o maior centro de comércio do Sul da Arábia, foram repelidos pelos exércitos otomanos.

Os Portugueses tinham uma grande vantagem, que consistia em as verdadeiras potências da Ásia – os governadores mogóis da Índia e os imperadores ming da China – não estarem muito interessados em saber quem controlava o comércio ao longo das suas costas, conquanto os impostos e o comércio continuassem a entrar no país. Sobretudo, a dimensão das actividades portuguesas nunca constituiu uma ameaça para ninguém a não ser para os governantes locais de pequenos reinos costeiros ou Estados-ilhas. Comparativamente com a dimensão do comércio e da colonização na Ásia, onde centenas de milhões de pessoas eram abastecidas por milhões de mercadores da Arábia ao Japão, os Portugueses pareciam moscas em torno de um camelo, insignificantes. A maior ameaça para Portugal eram precisamente os povos mais ameaçados, pelo papel que

COMÉRCIO E CONQUISTA | 93

desempenhavam no comércio asiático – não era uma nação asiática, mas os seus rivais europeus no comércio marítimo, os Britânicos e os Holandeses.

## As potências europeias na Ásia e na África, 1500-1700

Durante quase um século, os Portugueses foram a maior potência europeia na Ásia. De 1500 a 1600, enquanto a maioria das outras nações da Europa se consumia em guerras religiosas nos seus próprios países – protestantes e católicos lutavam pelo poder na Grã-Bretanha, França e Holanda –, a Espanha centrava-se nas suas conquistas do Novo Mundo (ver o subcapítulo sobre as conquistas espanholas, mais abaixo). Contudo, no século XVII, mercadores de várias partes da Europa tinham assistido a tantos triunfos da parte dos Portugueses que tentaram adquirir também bens valiosos directamente da Ásia pela rota marítima em torno de África.

Mas, ao contrário da Espanha ou de Portugal, cujos governantes enviavam expedições militares para a América e para a Ásia, os governantes de Inglaterra, França e Holanda encorajaram simplesmente companhias de mercadores a desenvolver o seu comércio asiático, garantindo-lhes o monopólio da importação de mercadorias da Ásia para os seus respectivos países. A Companhia Inglesa das Índias Orientais (fundada em 1600), a Companhia Holandesa das Índias Orientais (fundada em 1602) e a Companhia Francesa das Índias Orientais (fundada em 1664) tornaram-se representantes desses países na Ásia. Operando parcialmente como empresas privadas (comprando e vendendo mercadoria e vendendo acções sobre os seus lucros nalgumas das primeiras Bolsas de Valores na Europa) e em parte como pequenos Estados (com o seu próprio exército, marinha e administração territorial), as Companhias das Índias Orientais tornaram-se criadoras de impérios.

94 | HISTÓRIA GLOBAL DA ASCENSÃO DO OCIDENTE

Conjugando um poder de fogo naval superior e alianças com governantes locais amigáveis (isto é, seguindo os padrões estabelecidos pelos Portugueses), as Companhias Inglesa, Holandesa e Francesa das Índias Orientais conquistaram os seus próprios territórios na Ásia e, em grande parte, expulsaram os Portugueses do negócio. Com o tempo, a Inglaterra, a Holanda e a França criaram enormes impérios na Ásia – os Ingleses principalmente na Índia, os Holandeses na Indonésia e os Franceses na Indochina (os actuais Vietname, Laos e Camboja). Mas a evolução desses impérios não foi um acontecimento repentino; levou séculos a concretizar-se.

Durante o seu primeiro século na Ásia (aproximadamente de 1600 a 1700), as Companhias das Índias Orientais agiram como os Portugueses, procurando postos avançados fortificados para comércio ao longo das costas; os Holandeses conquistaram inclusivamente o posto construído pelos Portugueses em Malaca. Os Ingleses construíram fortes em Madrasta, Calcutá e Bombaim na Índia, tal como os Franceses em Pondicherry; enquanto os Holandeses fundaram colónias em Java, Ceilão (actual Sri Lanka) e Nagasáqui, no Japão.

Mas estes europeus, tal como os Portugueses antes deles, estavam em desvantagem relativamente ao comércio. Se quisessem levar as riquezas da Ásia para a Europa, tinham de ter qualquer coisa para oferecer em troca, e aquilo que os asiáticos queriam acima de tudo era prata. A prata era rara na Ásia (excepto no Japão), mas era muito procurada como moeda de troca. Era a base das economias comercial e imperial da Índia e da China (sendo a rupia de prata indiana e o tael de prata chinês as principais unidades de tributação e riqueza mercantil nesses países). Com as suas economias a crescerem nos séculos XVI e XVII, houve uma procura desenfreada de prata.

Felizmente os europeus tinham acesso a enormes provisões de prata que a Espanha extraía das minas no Novo Mundo. No século XVIII, graças ao comércio de prata, a Europa ti-

COMÉRCIO E CONQUISTA | 95

nha mercadoria asiática em abundância. Tecidos de algodão indiano – ricamente tingidos e delicadamente tecidos para os ricos; tecidos mais grosseiros e simples para usar no dia-a-dia – tornaram-se os tecidos favoritos para o fabrico de roupa básica na Europa, pois o algodão era mais leve e mais confortável do que os tecidos europeus de lã e linho. O café e o chá – nenhum deles podia ser produzido na Europa – tornaram-se as bebidas diárias dos povos europeus.

No entanto, convém lembrar que o contrário não era verdade – não havia abundância de mercadoria europeia na Ásia e, com efeito, só uma ínfima parte da produção da Ásia era escoada em troca para a Europa. Os europeus nunca detiveram mais do que 10% do comércio da pimenta ou mais do que modestas fracções do total do comércio de seda, porcelana, arroz, algodão, cavalos e outros produtos a granel. O comércio por terra, realizado quase sem intervenção europeia, continuava a ligar a China e a Índia à Ásia Central, à Pérsia, e ao Império Otomano. Os europeus nem sequer dominavam totalmente o comércio da prata. Durante a maior parte dos séculos XVI e XVII, os mercadores chineses levaram para o seu país muito mais prata do Japão do que aquela que todos os mercadores europeus *juntos* levaram para a China. Os mercadores de tecidos de Bengala adquiriram também mais prata de outras regiões da Índia e da Ásia Central em troca dos seus produtos do que aquela que adquiriram no comércio com os europeus ([2])·

Assim, nos seus dois primeiros séculos em águas asiáticas, os mercadores europeus continuaram a ser actores secundários, competindo com um número muito mais elevado de mercadores asiáticos nos vastos mercados eurasiáticos que ligavam a Europa à África, ao Médio Oriente, à China, à Indonésia e ao Japão. Até cerca de 1700, o principal feito dos mercadores europeus foi aumentar o consumo europeu de produtos asiáticos em grande escala, levando directamente da Ásia para a

96 | HISTÓRIA GLOBAL DA ASCENSÃO DO OCIDENTE

Europa quantidades cada vez maiores de mercadoria a preços mais baixos.

## Relações europeias com a Ásia e a África, 1700-1800: tentando inverter o fluxo

Em 1700, os europeus já estavam estabelecidos em inúmeros centros de comércio e colónias na Ásia, como participantes directos no vasto comércio eurasiático. Mas esta situação era demasiado boa para ser verdade. Quando os produtos asiáticos se tornaram artigos de uso quotidiano na Europa e deixaram de ser raridades exóticas, o seu valor decaiu. À medida que a Índia e a China adquiriam cada vez mais prata europeia, o valor relativo da prata e dos bens que compravam desceu. Especialmente em finais do século XVII, quando o ciclo populacional na Eurásia atingiu o seu auge e o crescimento populacional cessou, os preços da maior parte da mercadoria estabilizaram ou desceram. As companhias de comércio europeias viram assim os seus lucros reduzidos, e tentaram outras formas de rentabilizar os grandes investimentos em navios e fortificações ao longo das costas asiáticas em vez de trocarem simplesmente prata por produtos asiáticos.

Uma maneira de os europeus deixarem de enviar cada vez mais prata para a Índia e para a China era fazerem a sua própria versão dos produtos asiáticos. Os tecelões britânicos de lã, linho e seda sentiram-se tão ameaçados com o volume de algodões coloridos indianos e de seda chinesa trazida pela Companhia das Índias Orientais que, no início do século XVIII, convenceram o Parlamento a ilegalizar a venda de todos os tecidos de seda asiáticos e de todos os tecidos coloridos indianos de algodão na Grã-Bretanha. Se os Britânicos se queriam vestir com sedas e algodões, teriam de produzi-los no seu país – comprando a seda em bruto e tecidos de algodão branco

COMÉRCIO E CONQUISTA | 97

à Índia e à China e transformando-os em tecidos tingidos, estampados e acabados na Grã-Bretanha. Para reduzirem as suas importações de porcelana, os químicos alemães, franceses e britânicos tentaram duplicar a fórmula de produzir porcelana. Apesar disso, durante grande parte do século XVIII, os produtores europeus nunca conseguiram rivalizar com os preços e a qualidade das cerâmicas chinesas ou do algodão e da seda asiáticos.

Uma outra maneira de os mercadores europeus lucrarem com o comércio asiático sem ser através da expedição de prata, era fazerem dinheiro exactamente como os mercadores asiáticos faziam, continuando a negociar no grande mercado asiático. Os europeus passaram então a expedir tecidos indianos para a África e o Sudeste da Ásia, levando ouro e marfim africanos para a Ásia, e transportando sedas e chá chineses para a Índia. Começaram também a transportar mercadoria asiática para facilitar o seu próprio comércio – os Holandeses plantaram café da Arábia nos seus territórios indonésios, e os Britânicos plantaram chá da China no Norte da Índia (em Assam). Os europeus acharam inclusivamente que podiam levar ópio da Índia para a China e cobrar um preço elevado – até o imperador chinês, preocupado com o aumento do tráfico de droga, ter tentado pôr fim às importações de ópio.

Mas o comércio propriamente dito deixara de gerar lucros rápidos; ao competirem com a maioria dos mercadores asiáticos, os europeus não tinham vantagens especiais. Por isso, mudaram de táctica. Nos séculos XVI e XVII, os europeus obtiveram os seus lucros comercializando produtos nos portos asiáticos, dependendo dos produtores e mercadores locais, que levavam os produtos asiáticos para centros de comércio ao longo da costa. Mas, no século XVIII, os europeus tentaram progressivamente acabar com os intermediários e controlar directamente os produtores asiáticos. Para isso tiveram de se deslocar para o interior.

98 | HISTÓRIA GLOBAL DA ASCENSÃO DO OCIDENTE

A Companhia Inglesa das Índias Orientais expandiu-se da sua base em Calcutá para controlar Bengala, a região produtora de tecidos mais importante da Índia. A Companhia Holandesa das Índias Orientais, que negociara previamente com os governadores das cortes da Indonésia, enquanto controlava o comércio costeiro a partir dos seus quartéis-generais em Batávia (Java), começou a depor governadores locais e a exercer controlo administrativo por toda a Indonésia, estabelecendo quotas aos produtores. Os europeus tentaram então tornar-se mais governadores do que comerciantes – cobrando impostos e exigindo os produtos que queriam adquirir, em vez de os comprarem.

Durante o século XVIII, esta estratégia funcionou muito bem nas regiões onde as autoridades locais asiáticas tinham pouco poder ou estavam divididas, por isso os europeus podiam concentrar-se em opositores isolados e eliminá-los um a um. Esta estratégia funcionou especialmente bem na Indonésia, que estava dividida em centenas de ilhas e principados, cada um deles com o seu governador rival, que os Holandeses conseguiram controlar progressivamente. Também funcionou bem na Índia, onde o Império Mogol se começara a desintegrar no início do século XVIII, permitindo que várias dezenas de governadores locais se tornassem independentes do domínio mogol.

O Império Britânico na Índia começou quando o nababo de Bengala, exultante com a sua independência e abusando do poder, antagonizou os seus próprios nobres. Robert Clive, da Companhia das Índias Orientais, apercebendo-se de que tinha aí uma oportunidade, chefiou o exército da companhia contra o nababo, na batalha de Plassey, em 1757. Os nobres descontentes abandonaram o nababo, permitindo que Clive alcançasse uma grande vitória, na qual assentaram os alicerces da conquista britânica.

No entanto, nenhuma das companhias alcançou um sucesso sem obstáculos. Apesar de a vitória de Clive ter levado o imperador mogol a reconhecer à companhia o direito de cobrar

COMÉRCIO E CONQUISTA | 99

impostos em Bengala, os oficiais da companhia revelaram-se tão gananciosos que em vez de simplesmente gerirem, arruinaram a economia de Bengala. O governo britânico teve de intervir e nomear um governador-geral para os interesses britânicos na Índia. Foram necessários mais cem anos para os Britânicos desgastarem vários governadores locais indianos – negociando para que alguns se mantivessem seus aliados, mas lutando com outros e depondo-os – antes de a Grã-Bretanha poder afirmar que governava o subcontinente. Nessa altura, o governo britânico retirara autoridade à companhia e governava a Índia como se fosse uma possessão real.

Na Indonésia, a Companhia Holandesa das Índias Orientais também teve dificuldade em manter rentável a sua possessão. A companhia não conseguia manter o seu monopólio das especiarias das ilhas, pois os Árabes tinham levado cravo-da-índia, a sua cultura mais valiosa, para Zanzibar, junto à costa de África, onde o cultivavam para exportação. Em finais do século XVIII, os lucros obtidos com a tributação de impostos já não geravam rendimentos crescentes, uma vez que eram absorvidos pelos custos crescentes de administração e controlo dos povos da Indonésia. Em 1798, a companhia foi dissolvida e os seus territórios passaram a ser colónias, administradas pelo governo dos Países Baixos.

Durante o século XVIII, fora da Indonésia e da Índia, as potências europeias tiveram muito menos êxito em fundar impérios na Ásia e em África. No Norte de África, apesar de os europeus terem construído fortes costeiros, os governantes muçulmanos transferiram simplesmente as suas capitais para o interior e mantiveram o controlo dos seus territórios. Na África Oriental e Ocidental, Britânicos, Franceses e Portugueses fundaram enclaves costeiros, mas uma conjugação de resistência da parte de reinos africanos bem organizados (armados com as mais recentes armas que tinham obtido com o comércio de escravos, marfim e ouro) e doenças debilitantes, impediram

## 100 | HISTÓRIA GLOBAL DA ASCENSÃO DO OCIDENTE

os europeus de ocupar o interior. Só na África Austral, onde os Holandeses fundaram extensas colónias, é que os europeus conquistaram territórios substanciais antes de 1880.

Entretanto, as duas principais potências da Ásia Oriental, a China e o Japão, conseguiram manter afastados os europeus. A China confinou a maioria dos comerciantes europeus a um único ponto de acesso, na zona sul de Cantão, a mais de 1600 quilómetros de distância da capital chinesa. O Japão também limitou os mercadores europeus ao comércio reduzido no longínquo porto ocidental de Nagasáqui. Durante o século XVIII, ambos os países controlaram com firmeza os movimentos dos comerciantes europeus nos seus territórios. Só no século XIX, com o posicionamento estratégico de navios de guerra a vapor acabados de inventar, é que os europeus conseguiram submeter a China e o Japão à sua vontade e entrar nos grandes sistemas fluviais de África.

Por conseguinte, só no século XIX é que se deu a conquista total do mundo pelas potências europeias. Mais à frente, iremos analisar esse processo. Mas observemos primeiro as conquistas europeias no Novo Mundo – uma vez que foi onde os europeus fundaram os primeiros impérios ultramarinos verdadeiramente gigantescos.

### As potências europeias no Novo Mundo, 1500-1600: a conquista espanhola

As conquistas no Novo Mundo pelos conquistadores espanhóis – que foram imediatamente seguidos pelos Franceses, os Ingleses, os Portugueses e os Holandeses – parecem ter sido absolutamente milagrosas. Umas meras dezenas ou centenas de europeus conseguiram dominar e saquear civilizações antigas das quais faziam parte milhões de nativos americanos, desde os Astecas no México Central aos Incas no Peru.

COMÉRCIO E CONQUISTA | 101

Em 1490, o Novo Mundo era desconhecido para os europeus, tendo sido densamente povoado por comunidades americanas nativas que tinham edificado civilizações enormes e sofisticadas. Estas civilizações incluíam os construtores de montes do vale do Mississipi (cujas grandiosas estruturas em terra ainda podem ser vistas a elevar-se sobre o vale do rio perto de St. Louis e noutros sítios) e os povos denominados Pueblo, do Sudoeste, cujos enormes complexos de vários níveis, construídos em estuque ou entalhados em cavernas, continuam a ser admirados, do Colorado ao Novo México. Incluíam também as civilizações do México – os Olmecas, os Toltecas, os Maias e os Astecas – cuja arquitectura e esculturas monumentais se mantiveram durante três mil anos, e do Peru, cujos reis incas governaram territórios que se estendem por vários Estados modernos da América do Sul.

Mas os nativos americanos estavam longe de ser um povo primitivo. Quando Hernán Cortés e os seus homens chegaram à capital asteca de Tenochtitlán, entraram numa cidade de movimentado comércio, grandes edifícios e jardins elegantes, favoravelmente comparável às capitais da Europa. Nessa época, talvez vivessem em Tenochtitlán e nos seus subúrbios 200 000 pessoas. A maior cidade de Espanha na altura era Sevilha, com aproximadamente 45 000 habitantes. Londres tinha menos de 100 000 habitantes, e só Paris é que se aproximava em tamanho de Tenochtitlán. Não admira que os soldados de Cortés tivessem descrito a sua primeira imagem da capital asteca como qualquer coisa saída de um sonho!

A conquista da capital asteca por Cortés e a sua centena de soldados, bem como a conquista do poderoso Império Inca, com cinco milhões de habitantes, por Pizarro e um pequeno grupo de soldados do exército espanhol, foram consideradas um milagre para os europeus naquela época e, para muitos, ainda continua a ser. Tanto os nativos americanos como os Espanhóis julgaram a sua vitória como uma demonstração da

102 | HISTÓRIA GLOBAL DA ASCENSÃO DO OCIDENTE

vontade de Deus, pois nada menos do que vontade divina podia explicar tais vitórias.

Inicialmente, os Espanhóis tiveram tanto sucesso na América como os Portugueses no oceano Índico ou os Britânicos na Índia. Aproveitaram-se da sua superioridade relativamente a algumas armas tácticas e beneficiaram da divisão existente entre os seus adversários para conquistar aliados e isolar inimigos. No caso dos conquistadores, a sua grande vantagem era terem longas espadas de aço, arcos e flechas, armaduras com cota de malha e elmos de ferro para lutarem contra os guerreiros astecas, que usavam armas mais curtas e mais frágeis de obsidiana e se vestiam apenas com roupa e armaduras de couro. Isto deu aos soldados espanhóis uma pequena vantagem sobre os guerreiros astecas na luta corpo-a-corpo, matando ou ferindo dezenas deles sem serem mortalmente feridos.

Além disso, mesmo nas suas primeiras fases de contacto com as principais civilizações nativas americanas, os Espanhóis beneficiaram dos conflitos internos dos impérios asteca e inca. A partir da sua capital em Tenochtitlán, os Astecas governavam um império permissivo, com muitos povos mexicanos que já tinham sido independentes. Embora os Astecas tratassem o seu povo e os visitantes de uma forma extremamente civilizada, os guerreiros vencidos dos inimigos eram submetidos a mutilações brutais e usados para sacrifícios humanos, e os seus povos tinham de pagar tributos anuais. Quando Cortés chegou ao México, apercebeu-se imediatamente da situação e planeou a sua estratégia. Escolheu o seu percurso até Tenochtitlán de forma a reunir o máximo de aliados nativos possíveis, e antes de chegar à capital asteca já tinha feito alianças com os Cempoalas e os Tlaxcaltecas.

Por conseguinte, não eram apenas umas centenas de espanhóis, mas centenas apoiados por dezenas de milhares de Tlaxcaltecas e outros guerreiros aliados a lutar contra os Astecas. Quando Cortés e os seus homens foram expulsos de Tenochti-

## COMÉRCIO E CONQUISTA | 103

tlán a seguir à morte de Montezuma, os Tlaxcaltecas vieram em seu auxílio. Só com a ajuda dos aliados nativos americanos é que Cortés conseguiu finalmente dominar a capital asteca.

Os Espanhóis, tal como os Portugueses na Índia, utilizaram também tácticas de uma enorme violência para intimidar os opositores e convencê-los a chegar a acordo. As tácticas comuns incluíam a amputação da mão ou do braço direitos dos prisioneiros nativos e a morte de mulheres e o envio dos seus corpos para as suas casas. Outra técnica consistia no massacre de centenas de mulheres e crianças indefesas, principalmente durante as celebrações religiosas, sobretudo quando eram encurraladas e lhes pegavam fogo em frente de testemunhas nativas.

Todos estes factores contribuíram para os avanços iniciais dos Espanhóis. No entanto, a vantagem final que selou a vitória espanhola no Novo Mundo foi algo que os Espanhóis levavam com eles sem saberem, mas que se revelou ser absolutamente devastador para os nativos americanos: os micróbios das doenças do Velho Mundo, face aos quais os nativos americanos não tinham resistências.

A devastação provocada no Novo Mundo pelos micróbios europeus foi ainda maior do que a causada pela Peste Negra na Europa. Apesar de tudo, a Peste Negra foi apenas uma doença; os europeus não levaram só varíola, tifo, gripe e sarampo, como também uma série de outros vírus, bactérias e parasitas, desconhecidos no Novo Mundo. Todas estas doenças combinadas resultaram num leque variado de doenças e mortes. O cenário talvez tenha sido semelhante ao que os europeus encontraram quando tentaram entrar em África, onde a malária, a doença do sono e uma série de febres tropicais transformaram África num cemitério para os europeus que tentaram lá entrar.

É difícil saber se o número de mortos entre os nativos americanos chegou aos 90%, 95% ou até 98% (depende muito das estimativas sobre a população inicial, que eram imprecisas),

104 | HISTÓRIA GLOBAL DA ASCENSÃO DO OCIDENTE

mas sabe-se que a devastação atingiu proporções inéditas na história mundial. Em 1600, um século depois do contacto europeu com o continente, parece que a população da América Latina ficou reduzida a alguns milhões. Em 1700, quando a devastação se espalhou à América do Norte, só restavam algumas centenas de milhares de nativos americanos em todo o actual Canadá e Estados Unidos.

Embora aparentemente milagrosas, as conquistas espanholas no Novo Mundo tiveram precedentes na história mundial. Apesar de tudo, foram pequenos grupos de tribos germânicas – os Francos, os Godos, os Vândalos, os Lombardos, e outros – que saquearam Roma e dominaram e governaram todo o Império Romano ocidental. De igual modo, cem mil guerreiros mongóis, usando a sua nova arma táctica de arqueiros a cavalo, que lhes dava mobilidade e poder de ataque numa enorme exibição de violência (massacrando mulheres e crianças indefesas e arrancando as cabeças dos seus opositores), conquistaram o Império Chinês, com dezenas de milhões de habitantes, bem mais rico e avançado. Em muitas ocasiões, na história mundial, civilizações mais ricas e avançadas, quando eram assoladas por conflitos internos e por um declínio administrativo, eram vítimas de forças cruéis e militarmente poderosas mas numericamente muito inferiores. As conquistas espanholas – em grande parte ajudadas por surtos de doenças europeias que assolaram os seus inimigos americanos nativos – seguiram este padrão bem estabelecido.

## Duas mulheres que mudaram a história mundial: Isabel de Espanha e Malinche do México

Antes de prosseguirmos com a nossa história, convém fazermos uma pausa e destacar as vidas de duas mulheres notáveis que desempenharam papéis cruciais nos acontecimentos

COMÉRCIO E CONQUISTA | 105

acabados de narrar. São elas Isabel, a intelectualmente destemida rainha de Espanha, e Malinche, uma nobre asteca cujos notáveis conhecimentos de línguas e da diplomacia tiveram um papel fundamental na conquista do México por Cortés. Sem a prontidão de Isabel em arriscar acolher a visão de Colombo, o grande explorador nunca teria levantado as velas. Muitos monarcas viraram as costas a Colombo, pois duvidavam da inteligência dos seus planos para alcançar a Ásia Oriental navegando pelo Atlântico. Isabel, que aprendera latim e demonstrava um grande interesse pelos estudos e pelas viagens de exploração, concordou em financiar a missão em troca das terras que Colombo descobrisse. A sua aposta resultou num enorme império no Novo Mundo e em riqueza em prata e ouro para Espanha.

No entanto, os Espanhóis nunca teriam conquistado o México sem a ajuda dos seus aliados americanos nativos. Tal como Isabel, Malinche era uma mulher de uma inteligência e capacidades extraordinárias, e teve um papel de relevo na história mundial.

Malinche, a filha de um nobre asteca, fora vendida a um comerciante de escravos maia quando era uma rapariguinha. Na qualidade de um acordo de paz entre um rei maia e o espanhol, foi dada a Cortés como escrava. Cortés descobriu que Malinche sabia falar as línguas asteca e maia; pô-la imediatamente ao serviço como sua intérprete pessoal. Malinche aprendeu também a falar espanhol e tornou-se tão crucial para a campanha que Cortés nunca foi descrito sem ela a seu lado. As competências de Malinche permitiram a Cortés estabelecer acordos com os Tlaxcaltecas e outros povos do Império Asteca. Após uma batalha inicial, Cortés passou a contar com Malinche, que agia como diplomata e intérprete, para ajudar a convencer os nativos a trabalharem com Cortés em troca de apoio contra os seus inimigos. Deste modo, contribuiu para as alianças que tornaram possível as vitórias de Cortés. Hoje em

106 | HISTÓRIA GLOBAL DA ASCENSÃO DO OCIDENTE

dia, o papel de Malinche ainda é debatido entre académicos. Terá procedido mal ao ajudar Cortés, ou terá sido uma diplomata brilhante que ajudou a unificar várias comunidades para derrubar o cruel Império Asteca? Uma coisa é certa: as suas capacidades foram essenciais para as descobertas de Cortés.

## As potências europeias no Novo Mundo, 1600-1800: Colonização e escravatura

Após as conquistas espanholas e a morte de grande parte da população nativa, outros exploradores e colonizadores europeus apressaram-se a viajar para terras agora extensamente desocupadas. Os Portugueses no Brasil, os Britânicos e os Holandeses ao longo da costa do Atlântico e da América do Norte, os Franceses nos vales dos rios São Lourenço e Mississipi e nos Grandes Lagos, todos estas potências nas Caraíbas exigiram porções de terra no Novo Mundo. Entretanto, os Espanhóis avançaram para norte e para sul das suas conquistas iniciais, colonizando a Califórnia, o Novo México, o Texas e o resto da América Latina.

Entre estes colonizadores, os Espanhóis foram inicialmente os mais bem-sucedidos na busca de lucros, e as terras dos Astecas e dos Incas revelaram ser extraordinariamente ricas em prata e ouro. A «Montanha de Prata» de Potosí, no Sul do Peru, foi, durante mais de um século, a maior e mais rica mina de prata do mundo. Foram encontradas mais jazidas de prata no México e, no século XVIII, os Portugueses encontraram grandes jazidas de ouro no Brasil. Como já foi referido, estas enormes descobertas de prata, transportadas em navios para a Europa ou através do Pacífico, permitiram aos europeus participar no comércio asiático e adquirir produtos para uso próprio.

Enquanto os Espanhóis tiveram apenas de extrair a prata das minas e embarcá-la, os colonizadores britânicos, franceses,

# COMÉRCIO E CONQUISTA | 107

e holandeses tiveram que descobrir outras formas de lucrar com as terras que reivindicaram. A maneira mais fácil de o fazerem era tirar partido do clima e das culturas locais para cultivarem produtos que não havia na Europa. Foram rapidamente cultivadas plantações de açúcar nas Caraíbas, de tabaco nas colónias britânicas da Virgínia e Carolina, e de algodão (que os nativos americanos plantavam e teciam em excelentes panos há séculos) ao longo da costa.

Porém, as potências europeias no Novo Mundo depressa perceberam que teriam um problema se quisessem riqueza das suas novas terras – o colapso da população nativa que tornou a conquista possível significou também que a mão-de-obra disponível não era suficiente para explorar as minas e trabalhar a terra. Por isso começaram a procurar novos recursos de mão-de-obra, como complemento aos escravos nativos americanos que tinham trabalhado nas minas e nos campos. Uns foram voluntariamente como trabalhadores contratados ou emigrantes pobres da Europa, mas a maioria foi involuntariamente – como escravos de África.

Os escravos eram especialmente úteis onde a terra produzia culturas valiosas e os proprietários tinham vastas plantações. Nestas condições, a venda de colheitas compensava os custos elevados despendidos com a compra e manutenção de escravos. As plantações de açúcar das Caraíbas e do Brasil e as plantações de algodão e tabaco da América do Sul foram as principais utilizadoras de escravos africanos. As minas do México, Peru e Brasil passaram também a depender da mão-de-obra importada. Só onde a terra era relativamente rochosa ou o clima impróprio para culturas comercializáveis é que se continuou a praticar uma agricultura de subsistência em pequena escala. Nessas zonas, a economia local era dominada por colonizadores que trabalhavam talhões de dimensão familiar – como, por exemplo, na Nova Inglaterra, na Nova França (Quebeque), na Pensilvânia e em Nova Iorque, e na zona austral da América do Sul.

108 | HISTÓRIA GLOBAL DA ASCENSÃO DO OCIDENTE

Alguns académicos defenderam que os lucros obtidos com a escravatura contribuíram para a ascensão do Ocidente. A escravatura foi uma injustiça terrível que fez sofrer e matou milhões de pessoas. Por isso, é difícil perceber o que é que se lucrou com esse sofrimento. Não se pode apontar para uma única economia esclavagista que tenha saído rica e produtiva dessa experiência – terá sido antes o contrário. A colónia esclavagista mais rica das Caraíbas era o Haiti, que pertencia aos Franceses; actualmente é o país mais pobre do hemisfério ocidental. Nos Estados Unidos, os estados esclavagistas do Sul estavam economicamente atrasados em relação ao Norte industrializado. A curto prazo, a escravatura pode ter gerado lucros para um punhado de proprietários de plantações. Mas a longo prazo, manter quatro quintos da população escravizada (uma percentagem normal de escravos por homem livre nas plantações) e sem educação não era o caminho que levaria à criação de riqueza nacional.

Contudo, podemos perguntar: contribuíram os lucros obtidos com as plantações exploradas por escravos ou o comércio de escravos para o crescimento económico ou para a industrialização no Ocidente? Mais, como é que a industrialização se poderia ter desenvolvido se não fosse o algodão, que era produzido por escravos no Novo Mundo?

Se os proprietários de plantações exploradas por escravos tivessem investido na indústria ou se se tivessem tornado industriais, talvez houvesse fundamentos para este argumento. Mas não o fizeram. Além disso, face aos lucros obtidos com a escravatura deve ter-se em conta os elevados custos das rebeliões dos escravos, da revolução e da guerra civil. As revoluções na América do Sul deram origem a gerações de caos, e a guerra civil nos Estados Unidos levou à pobreza muitos dos proprietários de plantações no Sul. Nenhuma destas regiões obteve lucros que compensassem o desperdício gerado pelas consequências políticas das sociedades esclavagistas.

COMÉRCIO E CONQUISTA | 109

É verdade que em 1800, a cultura de algodão no Novo Mundo foi um investimento importante na indústria britânica do algodão, e uma das vanguardas da industrialização britânica. No entanto, não foi o algodão em bruto que fez a indústria, mas as inovações na maquinaria britânica e a utilização das energias hidráulica e a vapor, que fizeram com que valesse a pena os Britânicos importarem algodão, fiá-lo e tecê-lo. Se não fosse essa maquinaria, não teria feito sentido a Inglaterra importar algodão em bruto, uma vez que o custo do produto final teria sido muito mais elevado do que o custo de tecidos de algodão provenientes dos países produtores de algodão em bruto, tais como a Índia e a China. A nova maquinaria britânica tornou rentável a importação de algodão em bruto, tanto da Índia, como do Egipto, da Turquia, ou das Américas.

O impacto do império e da escravatura na eventual riqueza e prosperidade das nações europeias pode ser ainda analisado de outra forma. Podemos classificar os vários países da Europa pela dimensão dos seus impérios ultramarinos, e tentar perceber em que medida é que esses impérios dependiam da escravatura. Em primeiro lugar viria a Espanha e Portugal; a seguir a Grã-Bretanha, a Holanda e a França; muito abaixo a Bélgica, a Alemanha (a ex-Brandenburgo-Prússia) e a Itália (todos eles só adquiriram colónias no século XIX); e finalmente a Suíça, o Império Austro-Húngaro e a Rússia (que não tinha colónias, com excepção de alguns povoados russos no Alasca e na costa do Pacífico).

Como é que estas nações se desenvolveram? Em 1830, a Espanha e Portugal já tinham deixado há muito de ser nações europeias ricas e poderosas. A Holanda estava em declínio desde meados do século XVIII, tendo seguido o exemplo de França, que fora derrotada nas Guerras Napoleónicas pela Alemanha (Prússia) e pela Rússia, em colaboração com a Grã-Bretanha. Em 1871, a França voltaria a perder a Guerra Franco-Prussiana contra a Alemanha. Na década de 1850, a Grã-Bretanha, a Bélgica e a Suíça encontravam-se na vanguarda da industrialização.

110 | HISTÓRIA GLOBAL DA ASCENSÃO DO OCIDENTE

Resumindo, com excepção da Grã-Bretanha, existe muito pouca correlação entre os impérios ultramarinos anteriores a 1800 e a escravatura praticada pelas nações europeias e o seu poder e dinamismo económico do século XIX.

Se a escravatura e o imperialismo eram recursos para a industrialização e para o crescimento económico moderno, então os Romanos, os mongóis da China, os otomanos da Turquia, ou os colonizadores espanhóis da América Latina teriam sido os líderes do mundo moderno. Mas não foram. Foram-no, sim, regiões e países onde não havia escravatura – a Grã-Bretanha, a Nova Inglaterra, a Suíça e a Bélgica.

As afirmações de que a ascensão do Ocidente foi construída com base na escravatura e no imperialismo antes de 1800 não pode ser sustentada. A história não fornece qualquer justificação para a escravatura; a miséria gera miséria e, na década de 1860, as regiões das Américas que praticaram escravatura viram a ruína – em forma de guerra civil, revolução e décadas de retrocesso económico – atingir os proprietários de escravos e as suas terras. Entretanto, a maioria das potências coloniais – Espanha e Portugal, Holanda e França – estava a perder terreno relativamente à Grã-Bretanha, Alemanha e Rússia na corrida pelo poder na Europa.

## O imperialismo europeu após 1800

No entanto, é após 1800 que a grande era do imperialismo europeu arranca realmente, quando as principais potências europeias – a Grã-Bretanha, a França, os Países Baixos e a Alemanha e a Itália e até a Rússia – exercem o seu poder em todos os cantos do mundo. Por que motivo é que isto aconteceu e nesta altura?

A partir de 1800, as tecnologias de produção e de guerra sofreram avanços rápidos em vários países da Europa Ociden-

COMÉRCIO E CONQUISTA | 111

tal e nos Estados Unidos. (Analisaremos este assunto mais por-menorizadamente no capítulo 7). Por agora, basta enumerar as transformações ocorridas para termos uma ideia do que se passou. Na Grã-Bretanha, nos Estados Unidos, na Holanda, Bélgica, França, Alemanha, Áustria, Itália e até na Rússia, os engenheiros começaram a utilizar a energia a vapor na explo-ração mineira, para produzirem grandes quantidades de car-vão, níquel, cobre e ferro. Novas técnicas para utilização desse carvão para refinar ferro e outros metais levaram a um enorme aumento de ferro e aço fundidos a custos reduzidos. A energia a vapor foi utilizada em navios e caminhos-de-ferro, escavado-ras e máquinas debulhadoras. A energia a vapor foi também usada em fábricas, em foles para refinar ferro, e em máquinas de fiação e tecelagem para produzir algodão e lã a preços in-comparavelmente baixos e com uma qualidade uniforme.

Na década de 1860, os navios de guerra a vapor com pavi-lhões americano e europeu atravessaram o globo, e redes de linhas ferroviárias atravessaram continentes com mercadoria e pessoas, a uma velocidade sem precedentes. A produção em série foi aplicada a pistolas e espingardas, e *designs* inovado-res aumentaram a sua precisão e velocidade de disparo. Estas transformações resultaram no controle de enormes e novas provisões de energia e na manipulação de enormes quantida-des de materiais a preços incrivelmente baixos ao longo do século XIX, nos países europeus e nos Estados Unidos.

Porém, simultaneamente, grande parte dos países asiáticos e africanos estava a passar por dificuldades. A economia e a ad-ministração da China não conseguia acompanhar o crescimen-to da sua população, levando a revoltas e, consequentemente, a uma longa guerra civil (a Rebelião de Taiping) que durou 13 anos (1851-1864), matou dezenas de milhões de pessoas e des-truiu a autoridade central do império. Os xoguns no Japão e o sultão otomano enfrentaram também rebeliões nas províncias. Em África, as tensões de séculos de escravatura e exigências

112 | HISTÓRIA GLOBAL DA ASCENSÃO DO OCIDENTE

cada vez maiores por parte de comerciantes e colonizadores debilitaram muitos reinos africanos outrora poderosos.

O resultado destas tendências opostas durante o século XIX foi a introdução de capacidades substancialmente mais desenvolvidas para projectarem força e produtos de produção mais barata por parte das nações europeias (e dos Estados Unidos) nas suas relações com sociedades asiáticas e africanas em evidente enfraquecimento. Não admira que os europeus e os americanos tivessem tirado partido das suas vantagens para expandir a sua autoridade e o seu domínio, utilizando novas canhoneiras e fragatas a vapor para impor condições à China e ao Japão, respectivamente, e utilizado caminhos-de-ferro e armas modernas para tomarem o controlo de África.

Não foi nem o colonialismo nem a conquista que tornaram possível a ascensão do Ocidente, antes pelo contrário – foi a ascensão do Ocidente (em termos de tecnologia) e o declínio noutras regiões que tornou possível a expansão total do poder europeu através do globo.

## Os custos do imperialismo e o enigma do crescimento económico

Alguns académicos e nacionalistas responsabilizaram o imperialismo europeu pela pobreza das regiões fora da Europa. É óbvio que os países que foram dominados pelo imperialismo europeu, americano e japonês, sofreram consequências. O influxo de produtos feitos por europeus enfraqueceu a produção interna, e os europeus certificaram-se de que as suas colónias desempenhavam o papel pretendido de fornecedores de matéria-prima e consumidores de produtos europeus, em vez do papel de produtores e concorrentes independentes. Os sistemas educativos e as administrações seguiam muitas vezes modelos estrangeiros, por vezes com resultados muito fracos, e os siste-

COMÉRCIO E CONQUISTA | 113

mas de transportes eram criados para responder às necessidades europeias de exportação de matéria-prima ou de controlo militar, e não com vista a uma integração económica. Além disso, a importação europeia prontamente adaptada às condições de muitos países em vias de desenvolvimento – o marxismo revolucionário – desferiu mais um golpe contra uma administração económica saudável e contra a estabilidade política. Resumindo, embora o imperialismo europeu não possa ser visto como a causa da ascensão do Ocidente, é evidente que impôs um nível de relativa estagnação ou de declínio em muitos dos restantes países – nalguns casos de vários séculos.

Porém, embora se critique o impacto negativo do imperialismo no mundo fora da Europa, nem todos os problemas das nações em vias de desenvolvimento são culpa do imperialismo. Alguns países que nunca foram colónias (Libéria, Etiópia) são actualmente tão pobres como qualquer país vítima do imperialismo. Muitos países latino-americanos que deixaram de ser colónias logo no início de 1800 não foram mais bem-sucedidos economicamente do que países que foram colónias até à década de 1960. Alguns países que foram vítimas de imperialismo começaram recentemente a desenvolver-se com rapidez, como por exemplo a Índia, a China e a Coreia do Sul; nos últimos 50 anos, outras sociedades pós-coloniais (como a Serra Leoa) têm piores níveis de desenvolvimento económico do que na altura da independência. Apesar de o imperialismo ter sido um factor negativo no crescimento económico de países que foram colónias, não é certamente o *único* factor ou inclusive o mais importante para o sucesso da economia.

Se o imperialismo por si só não explica por que motivo é que zonas da Europa prosperaram enquanto outras ficaram para trás, ou por que razão é que alguns países – como a China, a Coreia do Sul e a Índia – estão a ultrapassar actualmente o seu passado colonial e a crescer rapidamente, convém analisarmos novamente o enigma do crescimento económico. Talvez seja

114 | HISTÓRIA GLOBAL DA ASCENSÃO DO OCIDENTE

útil analisarmos primeiro como e onde ocorreu o crescimento económico na história. Em que medida é que os europeus eram ricos *antes* de 1800, comparativamente com períodos mais tardios e com outras civilizações líderes do mundo? É esta a questão a que tentaremos responder no capítulo seguinte.

**Bibliografia complementar**

PARKER, Geoffrey. *The Military Revolution: Military Innovation and the Rise of the West 1500-1800* (Cambridge: Cambridge University Press, 1996).

POMERANZ, Kenneth, e TOPIK, Steven. *The World that Trade Created: Society, Culture, and the World Economy 1400 to the Present* (Armonk, NY: M. E. Sharpe, 2006).

RESTALL, Mathew. *Seven Myths of the Spanish Conquest* (Oxford: Oxford University Press, 2003).

# Capítulo 5

## Vida Familiar e Padrões de Vida

Há muito que os investigadores ocidentais acreditavam que antes do desenvolvimento da indústria os europeus eram mais prósperos do que alguns povos noutras partes do mundo, enquanto a China e a Índia começavam a ficar sobrepovoadas com massas de gente desesperadamente pobre. Alguns historiadores basearam os seus argumentos em convicções que sustentavam que a dinâmica da população da Europa era diferente da da China e da Índia. Outros argumentaram salientando o sucesso comercial inicial de Veneza e Florença, em Itália, ou de Antuérpia e Amesterdão, nos Países Baixos. Outros, ainda, afirmaram que os lucros obtidos com a produtividade agrícola ou o aumento dos salários reais colocavam os europeus à frente de qualquer concorrente.

No entanto, dados mais recentes revelam que estas convicções estavam erradas. Os historiadores ocidentais não avaliaram a forma como os sistemas familiares europeus e asiáticos, apesar de diferentes, produziram níveis semelhantes de crescimento populacional. Nem reconheceram os sucessivos êxitos comerciais e urbanos das sociedades asiáticas. Por fim, dados mais recentes sobre a esperança de vida, rendimentos e produtividade

# 116 | HISTÓRIA GLOBAL DA ASCENSÃO DO OCIDENTE

mostram diferenças maiores em termos de prosperidade entre países *dentro* da Europa do que entre a Europa e a China. Com efeito, a média do rendimento e da produtividade era provavelmente mais elevada na maior parte da Ásia do que na Europa até 1800, com as regiões mais avançadas da Europa (Inglaterra e Holanda) quase a chegar ao nível da China nessa altura.

«No século XVI, sob o domínio do grande czar, Ivan, *o Terrível*», de acordo com alguma propaganda comunista russa antiga, «a vida na Rússia era francamente terrível. Os camponeses eram tão oprimidos que não tinham nada: morriam à fome. Mas a situação não melhorou quando os Romanovs subiram ao poder no século XVII – antes pelo contrário, agravou-se. E, posteriormente, sob o domínio de Alexandre II, no século XIX, embora os servos tivessem sido libertados, tinham de pagar tantos impostos e rendas que a situação se agravou ainda mais. E sob o domínio de Nicolau II, em 1914 a Rússia entrou na guerra e a situação piorou – até à Grande Revolução Comunista que depôs os czares em 1917.»

Na verdade, a Revolução Comunista revelou-se uma enorme catástrofe, com dezenas de milhares de pessoas a morrerem à fome na década de 1930 durante a campanha de Estaline para criar quintas colectivas e uma agricultura comunista. Porém, convém perguntarmo-nos – como podia alguém acreditar numa história que diz que os camponeses estavam a morrer à fome no século XVI e que não tinham nada, mas que estavam pior no século XVII, ainda pior no século XIX e pior ainda no princípio do século XX? Como é que se pode piorar e continuar a piorar durante séculos se as pessoas já estavam a morrer de fome?

Há muitas histórias acerca da ascensão do Ocidente que se podem comparar com esta: antigamente, os camponeses eram tão pobres e tão duramente explorados que não tinham nada e morriam à fome, *sempre*, até ao advento do mundo moderno.

VIDA FAMILIAR E PADRÕES DE VIDA | 117

Mesmo não sendo universais, estas histórias eram certamente usadas para descrever regiões fora da colonização europeia, como, por exemplo, a China, a Índia e o Império Otomano: toda a gente foi sempre terrivelmente, horrivelmente pobre – morrendo à fome ou quase.

Como já percebemos, as economias pré-modernas eram cíclicas. O número de pessoas pobres aumentava e diminuía ao longo dos tempos, tal como os salários, o desemprego, as rendas das terras, e outras medidas da vida económica. No mundo pré-industrial, a pobreza esteve sempre presente, tanto na Europa como na África, como na Ásia. A pobreza significava não ter um abrigo para a chuva e para o frio, ou sapatos para calçar, ou roupa para a pessoa se tapar – e não se ter a certeza de ter o suficiente para comer.

A pobreza a este nível esteve sempre presente nas sociedades pré-industriais – mas como um estado de privação invulgar ou resultado de circunstâncias adversas (ferimentos que impediam a pessoa de trabalhar, a morte de um marido, a perda de um animal, quinta, ou terra) e não como uma condição natural. Em tempos prósperos, este grau de pobreza pode ter afectado uma em cada dez pessoas, e uma em três pessoas em tempos de autêntica crise. Mas não há nenhuma grande civilização de África, da Ásia, da Europa, ou das Américas, em que a maioria das pessoas tenha vivido sucessivamente durante séculos às portas da morte.

Temos conhecimento desta situação pelo simples facto de a população mundial ter aumentado substancialmente de 1500 para 1750, por isso não é possível as pessoas terem *sempre* morrido à fome durante estes séculos – quando as mulheres estão a morrer à fome têm dificuldade em ter filhos, em alimentá-los e em criá-los. Tanto na Ásia como na Europa, a população quase duplicou nestes dois séculos e meio ([1]).

O crescimento deu-se a uma escala semelhante em países que eram relativamente ricos ou relativamente pobres: de 1500

118 | HISTÓRIA GLOBAL DA ASCENSÃO DO OCIDENTE

a 1750, a população de Inglaterra (um país pré-industrial relativamente rico) aumentou de entre 2 milhões e 2,5 milhões para 5,75 milhões. No entanto, a Rússia (considerada um dos países mais pobres da Europa), teve também o mesmo crescimento durante este período; a sua população aumentou aproximadamente de 17 para 35 milhões. A China, obviamente maior e supostamente mais pobre, cresceu igualmente ao mesmo ritmo, de menos de 100 milhões em 1500 para mais de 200 milhões em 1750 ([2]). Resumindo, a tendência de crescimento era semelhante em muitas sociedades da Eurásia.

Contudo, havia épocas em que um número considerável de pessoas morria à fome. Duas ou três vezes por século, uma série de invernos rigorosos ou de verões secos produziam sucessivamente más culturas e os alimentos eram tão escassos que havia quem não os conseguisse produzir em quantidade suficiente ou comprá-los para alimentar as famílias. Podemos ver o número de funerais nos registos das igrejas aumentarem drasticamente nestas alturas – ao ponto de cerca de 20% da população local ter morrido em dois ou três anos. Mas estas crises de mortalidade não impediram o crescimento da população. Os que morriam eram normalmente os mais fracos – os velhos, os muito novos, ou os doentes – que teriam morrido na mesma. E, embora essas crises de mortalidade tenham afectado sobretudo os recém-nascidos, as suas mortes eram rapidamente compensadas por um aumento da natalidade nos anos seguintes. Mesmo nos tempos mais duros, era raro homens e mulheres morrerem à fome em idade de trabalhar. Esse era o destino de uma minoria mais infortunada, e só nas crises piores, que atingiam talvez uma ou duas vezes cada geração.

Para se perceber de facto se houve alguma região do mundo pré-industrial que estivesse melhor do que outras, convém analisarmos vários tipos de dados diferentes que visem temas como a saúde das pessoas, os seus rendimentos, e quanto é que um trabalhador normal produzia.

Antes de analisarmos esses dados, convém ter em conta que as pessoas não viviam sozinhas. Tal como acontece actualmente, as pessoas viviam a maioria da sua vida como parte de uma família, e era o agregado familiar como um todo que produzia e consumia. Na verdade, nas sociedades pré-industriais o rendimento individual estava de tal forma ligado ao rendimento familiar que a principal preocupação consistia em proteger a propriedade e a linhagem familiares. Antes de analisarmos as diferenças de rendimentos das sociedades, convém referirmos determinados aspectos das diferenças nas famílias.

## Casamento e vida familiar

A estrutura familiar não era idêntica em todo o lado. No Norte da Europa, por exemplo – na Grã-Bretanha, nos Países Baixos, no Norte de França, e na Escandinávia – as famílias estruturavam-se em torno de novos agregados familiares. Isto é, quando um casal se casava, começava a constituir a sua própria família e a principal responsabilidade do novo marido era sustentar a família e a casa. Os homens ou herdavam a casa de família de um parente que morrera, ou já estava demasiado velho para trabalhar, ou – se tivessem juntado dinheiro suficiente para comprar ou arrendar um terreno e construir uma casa – saíam de casa dos pais e iam viver para uma casa própria. Os homens levavam então as mulheres para a sua nova casa, e as mulheres deixavam a casa dos pais para se juntarem aos maridos. Por vezes, um familiar mais velho mudava-se com os novos donos da casa. Mas o casal recém-casado continuava a ser a base da nova família, e tanto eles como os seus filhos continuavam a ser essa base, até se reformarem e deixarem a casa para um dos filhos.

Neste sistema, como as pessoas que se casavam precisavam de ter economias suficientes para começar a constituir a sua

120 | HISTÓRIA GLOBAL DA ASCENSÃO DO OCIDENTE

própria família, tanto os homens como as mulheres trabalhavam para ganhar um salário durante vários anos antes de arranjarem marido ou mulher. Muitas vezes começavam a trabalhar na adolescência, e continuavam a trabalhar até ao início dos vinte e poucos anos. Portanto, geralmente não se casavam antes do início ou meados dos vinte anos. Além disso, muitos homens e algumas mulheres nunca se casavam – ou porque não tinham recursos para constituir um novo agregado familiar ou porque não arranjavam um companheiro que quisesse constituir uma nova família.

No entanto, no Sudeste e no Sul da Europa, as famílias tinham tendência para ser mais alargadas e mais complexas. Quando as pessoas se casavam, normalmente mudavam-se para a casa onde viviam outros familiares e formavam um agregado multifamiliar, mais alargado. Com efeito, há aldeias inteiras compostas por várias famílias relacionadas entre si, em agregados de várias dimensões. O sistema permitia que homens e mulheres se casassem mais cedo, pois podiam ter algum apoio, se precisassem, de outros familiares que viviam com eles ou que lhes eram próximos.

Na China, prevaleceu porém outro padrão. As famílias eram constituídas em torno da combinação de marido e mulher, e do filho mais velho e da *sua* mulher. Ou seja, assim que o filho mais velho estava preparado para se casar, arranjava uma mulher. Mas o recém-casal não ia procurar casa própria. O filho ficava em casa, e a nova mulher ia viver com ele e os pais dele. Como o filho e a mulher eram normalmente novos e inexperientes em questões domésticas, a nova mulher ficava sob autoridade da sogra, que supervisionava o seu trabalho na horta e na casa.

Neste sistema, os homens casavam-se bastante cedo, pois não tinham de montar uma nova casa. Os homens podiam casar-se assim que estivessem em condições de deixar os pais – por vezes com apenas 12 ou 13 anos – antes mesmo de estarem

## VIDA FAMILIAR E PADRÕES DE VIDA | 121

preparados para ter filhos. Com efeito, as mulheres podiam casar-se ainda em criança, pois os pais do marido cuidavam delas na sua nova casa.

Alguns investigadores de estruturas familiares acharam que estas diferenças explicariam em grande parte por que motivo é que alguns países eram mais ricos do que outros. Argumentaram que os sistemas familiares que permitiam que as pessoas se casassem mais cedo as encorajavam também a ter mais filhos (uma vez que as mulheres iniciavam a sua vida de casadas com mais anos à sua frente para terem filhos). Mas afirmavam que mais filhos consumiam mais recursos e geravam mais trabalhadores a competirem por trabalho e terras, levando à queda dos salários e da produtividade. Nesta perspectiva, os países onde as pessoas se casavam mais cedo, como a China ou a Rússia, ficariam sobrepovoados, enquanto em Inglaterra, onde as pessoas se casavam mais tarde, tinham menos filhos e conseguiam economizar e aumentar a sua riqueza.

Este parece ser um argumento bastante plausível, sugerindo uma explicação fácil para o Norte da Europa se ter destacado das outras regiões em termos de rendimentos. Mas, à semelhança de outras explicações fáceis, o pressuposto em que assenta não resiste a uma análise mais profunda. O pressuposto para a ideia de que as mulhees em países com casamentos mais tardios têm menos nascimentos prende-se com as hipóteses de uma mulher ter filhos serem as mesmas durante todos os anos de casada, até ela ser demasiado velha para engravidar. Partindo do princípio de que isto é verdade, quanto mais anos as mulheres estivessem casadas (seja porque casaram mais cedo, ou porque se casaram mais mulheres, ou ambas), mais filhos tinham. No entanto, como se pode depreender, com sistemas familiares tão díspares em sociedades tão diferentes, as hipóteses de as mulheres terem filhos em qualquer altura do casamento eram também bastante desiguais em sociedades diferentes. Deste modo, o crescimento demográfico não dependia apenas da quantidade

122 | HISTÓRIA GLOBAL DA ASCENSÃO DO OCIDENTE

de anos que as mulheres estavam casadas. Antes pelo contrário, o que era relevante era a quantidade de filhos que a média das mulheres tinha ao longo da sua vida.

Nenhuma sociedade beneficiaria se o seu crescimento fosse tão súbito que ultrapassasse rapidamente as suas provisões de alimentos, uma preocupação constante das sociedades pré-modernas. Por isso, quase todas as sociedades pré-modernas desenvolveram medidas sociais que limitavam o crescimento da população, reduzindo o número total de filhos que as mulheres poderiam ter. Isto poderia ser posto em prática de uma ou duas maneiras: ou por meio de medidas que limitassem o acesso das pessoas ao casamento ou que reduzissem o número de filhos durante o casamento. É óbvio que estas medidas sociais não eram completamente rígidas; de um modo geral eram suficientemente flexíveis para permitir às sociedades crescerem mais depressa após períodos de fome ou outras catástrofes, ou se estivessem a ser colonizadas novas terras. Mas limitavam a fertilidade em geral e mantinham os índices de crescimento populacional mais baixos do que se tivessem sido adoptadas outras medidas.

O sistema familiar dos europeus do Norte acima descrito fez com que fosse difícil às mulheres casarem. Uma vez que os casais precisavam de recursos para sustentar uma nova família antes de se casarem, os homens e as mulheres ou herdavam uma quinta (o que significava terem de esperar pela reforma ou a morte de um familiar) ou economizavam para comprar uma (o que significava muitos anos de trabalho e economia antes de se casarem). Muitas pessoas casavam-se tarde ou nunca se casavam.

No entanto, quando o casal se casava, a sociedade já não impunha obstáculos à maternidade. As sociedades europeias incitavam inclusivamente as famílias a seguirem o preceito da Bíblia «crescei e multiplicai-vos», encorajando os casais a terem o maior número possível de filhos. Além disso, se o marido morresse e a mulher ainda fosse nova, era encorajada a

VIDA FAMILIAR E PADRÕES DE VIDA | 123

voltar a casar e a ter filhos com o seu novo marido (e ter uma herança tornava de um modo geral uma jovem viúva um alvo bastante atraente para o casamento). Nem todos os filhos sobreviviam, uma vez que as doenças infantis eram muitas vezes fatais. Porém, os limites principais para a fertilidade total eram os obstáculos geralmente impostos ao casamento.

Em contrapartida, as sociedades em que as pessoas se casavam cedo tinham uma série de hábitos e medidas eficazes para limitar o nascimento de filhos das mulheres casadas. Isto podia ser posto em prática de várias maneiras. Em primeiro lugar, era suposto os maridos trabalharem durante determinado número de anos longe da sua aldeia *depois* de terem casado. Esta separação forçada do casal reduzia naturalmente o nascimento de filhos! Os aldeãos russos mandavam muitas vezes os jovens para a cidade (ou, menos voluntariamente, para a tropa); os aldeãos chineses mandavam os rapazes temporariamente para as cidades ou outras províncias, para fazerem negócio. As populações das cidades destas sociedades revelavam um número desproporcionalmente elevado de rapazes, a maior parte dos quais sustentava (mas sem terem logo filhos) mulheres em casa.

Em segundo lugar, as viúvas eram muitas vezes severamente impedidas de voltar a casar. Períodos obrigatórios de muitos anos de luto ou viuvez permanente eram a norma para aquelas cujos maridos tinham morrido. Assim, sociedades em que as pessoas se casavam muito cedo tinham normalmente um elevado número de viúvas que, apesar de terem casado cedo, perdiam os maridos por doença ou em acidentes e que, por conseguinte, deixavam de ter filhos muito cedo.

Por fim, as sociedades em que as pessoas se casavam cedo permitiam frequentemente o infanticídio ou uma enorme negligência dos filhos não desejados (aumentando assim a incidência de doenças e mortes). Logo, se as outras medidas falhassem, as famílias dessas sociedades ainda podiam assegurar um limite controlável de filhos sobreviventes.

## 124 | HISTÓRIA GLOBAL DA ASCENSÃO DO OCIDENTE

Todas estas medidas significavam que, embora na China as mulheres casassem mais cedo do que as mulheres no Norte da Europa e quase todas as jovens chinesas fossem casadas, as mães chinesas tinham o seu primeiro filho só após vários anos de casamento, normalmente tinham filhos mais espaçadamente, e deixavam de os ter muito mais cedo (sobretudo devido à viuvez) do que as mulheres no Noroeste da Europa.

Resumindo, a maioria das sociedades asiáticas conseguiram limitar a fertilidade *no* casamento, enquanto as sociedades do Norte da Europa limitavam a fertilidade, dificultando o *acesso ao* casamento. Ambos os sistemas funcionavam, pois mantinham níveis moderados de fertilidade e crescimento da população. Na verdade, de 1500 a 1750, em famílias na Inglaterra e na China, o número de filhos que sobreviviam até à idade adulta era aproximadamente o mesmo.

Deste modo, apesar de as sociedades na Europa e na Ásia terem tido maneiras muito diferentes de regulamentar o casamento e a vida familiar, estas diferenças não geraram diferenças assinaláveis nas taxas globais de crescimento demográfico. Mais precisamente, de 1500 a 1750 o aumento da população em Inglaterra foi de cerca de 130%, enquanto o da China foi de 125%% – uma diferença mínima! Uma vez que as taxas de crescimento eram tão semelhantes, não tendo em consideração as estruturas familiares, não se pode dizer que as diferenças dos padrões de casamento ou as taxas do crescimento populacional fossem responsáveis pelas diferenças dos padrões de vida na Eurásia nos séculos XVI, XVII ou XVIII.

Para percebermos em que medida é que os padrões de vida variavam nestes séculos, convém olharmos para os dados dos principais indicadores, que nos dizem como as pessoas viviam.

- Podemos olhar para a situação da saúde e da nutrição em geral, e verificar a esperança de vida e a estatura das pessoas – isto é, quanto tempo é que viviam e que altura é que a maioria dos adultos atingia.

- Podemos olhar para os salários que os trabalhadores ganhavam nas cidades e no campo e verificar a quantidade de comida que esses trabalhadores podiam comprar.
- Podemos olhar para as estimativas do consumo das pessoas e perceber o que comiam, vestiam e usavam.
- Podemos olhar para as populações das cidades e tentar calcular o excedente de produção de uma sociedade – que quantidades adicionais, para além do mínimo necessário para manter a subsistência dos agricultores, estavam disponíveis para sustentar os centros urbanos?
- Por fim, podemos olhar para as estimativas sobre produtividade laboral – ou seja, quanto é que os trabalhadores produziam por um dia de trabalho.

**Esperança de vida e estatura**

Uma das medidas mais imediatas e úteis para se perceber a qualidade de vida das pessoas é saber-se quanto tempo viviam. Os demógrafos (cientistas que estudam as alterações das populações) usam o termo «esperança de vida» para descrever o tempo médio que um homem e uma mulher vivem numa sociedade.

A esperança de vida, como tantas outras coisas na história, tem ciclos de longa duração. Em qualquer sociedade, a esperança de vida era mais baixa nos períodos de surtos epidémicos e mais elevada quando os níveis de doença desciam. No entanto, ao olharmos para sociedades diferentes, nos mesmos períodos da história mundial, partimos do princípio de que nos sítios onde havia mais alimentos, melhores habitações e roupa melhor, as pessoas viviam mais tempo.

126 | HISTÓRIA GLOBAL DA ASCENSÃO DO OCIDENTE

TABELA 5.1 — ESPERANÇA DE VIDA À NASCENÇA EM PAÍSES SELECCIONADOS E
PERÍODOS DE TEMPO EM ANOS

| País ou cidade (população) | Período de tempo | Esperança de vida ($e_0$) |
|---|---|---|
| Inglaterra | 1750-1800 | 37 |
| China rural (Liaoning, homens) | 1792-1867 | 36 |
| França | 1800 | 34 |
| Japão rural | 1776-1815 | 33 |
| Países Baixos | 1800 | 32 |
| China rural (Anhui, homens) | 1300-1880 | 31 |
| França | 1750 | 28 |
| Egipto romano (aldeãos) | 11-257 d.C. | 28 |
| Inglaterra (arrendatários) | 1300-1348 | menos de 28 |
| Londres | 1750-1799 | 23 |
| Pequim (homens) | 1644-1739 | 27 |

Fontes: Massimo Livi-Bacci, *History of the World Population* (Oxford, UK: Blackwell, 1992); James Lee and Wang Feng, *One Quarter of Humanity: Malthusian Mythology and Chinese Realities* (Cambridge, MA: Harvard University Press, 1999), p. 54; Gregory Clark: *A Farewell to Alms: A Brief Economic History of the World* (Princeton, NJ: Princeton University Press, 2007), p. 114.

Concluímos então que a esperança de vida nas sociedades pré-industriais era consideravelmente baixa – inclusive mais baixa do que nos países mais pobres do mundo actual. Isto acontecia porque a mortalidade infantil – a percentagem de crianças que morriam nos primeiros anos de vida – era extremamente elevada. Nas sociedades pré-industriais, os bebés morriam em grande número devido a doenças actualmente de cura fácil, tais como a diarreia ou a subnutrição. Como morriam muitos bebés, a média de esperança de vida era curta – não era muito superior aos 30 anos, comparados com os 50 anos nas sociedades mais pobres actuais. Isto não significa que a maioria das

VIDA FAMILIAR E PADRÕES DE VIDA | 127

pessoas vivesse só até aos 30 anos; significa, antes pelo contrário, que por cada pessoa que sobrevivia até aos 60 anos, morria outra no seu primeiro ano de vida, resultando numa média de esperança de vida de cerca de 30 anos.

A tabela 5.1 mostra dados históricos da esperança de vida em várias sociedades pré-industriais. Estes dados foram meticulosamente compilados por historiadores-demógrafos que investigaram registos de famílias individuais, genealogias imperiais da China e registos de baptismos e enterros recolhidos em paróquias europeias.

A esperança de vida mais elevada nesta tabela é a de Inglaterra e a da China rural de finais do século XVIII, princípios do século XIX. A esperança de vida nacional mais baixa era a do antigo Egipto romano, da Inglaterra medieval, e da França do século XVIII. Por conseguinte, a esperança de vida de algumas zonas da Europa no século XVIII não era diferente da atingida durante os anos mais prósperos do Império Romano!

Com base em estudos sobre a estatura das pessoas – isto é, da sua altura – há mais provas de estabilidade de longa duração. Estudos modernos sobre crescimento e nutrição revelam que a altura das pessoas está intrinsecamente relacionada com a qualidade e a quantidade da sua alimentação. Além disso, podemos recolher dados acerca da altura das pessoas ao longo da história se analisarmos o comprimento dos ossos dos seus esqueletos. De acordo com um dos últimos estudos sobre estatura feito a partir de cadáveres enterrados por toda a Europa, os dados de cerca de 100 d.C. a 1800 indicam que não houve praticamente alteração na altura média das pessoas. Este facto é surpreendente se estivermos à espera que os europeus fossem mais ricos no Renascimento ou nos séculos XVII e XVIII do que na Idade Média ou na Antiguidade clássica romana. No entanto, esta descoberta é bastante coerente com os dados de esperança de vida, que revelam também poucas alterações desde os tempos de Roma até ao século XVIII ([3]).

128 | HISTÓRIA GLOBAL DA ASCENSÃO DO OCIDENTE

Além disso, convém percebermos que a esperança de vida das pessoas que viviam em cidades, como por exemplo Londres ou Pequim, era muito mais curta do que a das que viviam no campo – o oposto daquilo que se verifica normalmente nas sociedades modernas. As cidades tinham mais pessoas totalmente dependentes do trabalho assalariado e que morriam literalmente à fome quando não arranjavam trabalho, ou então a falta de cereais levava a que o preço dos alimentos os tornasse inacessíveis. As cidades também eram um viveiro de doenças – não devido à aglomeração das populações e à falta de condições sanitárias (os dejectos animais e humanos eram rotineiramente deitados para as ruas, que eram também utilizadas como esgotos a céu aberto) –, mas porque o comércio trazia doenças do mundo inteiro directamente para as cidades.

Como se pode ver na tabela 5.1, havia maiores diferenças de esperança de vida dentro da Europa do que entre a maior parte das sociedades europeias e asiáticas. Por exemplo, em 1800, a esperança de vida em Inglaterra, em França e nos Países Baixos era de, respectivamente, 37, 34 e 32 anos. Aproximadamente na mesma altura, a esperança de vida na China e no Japão rurais era de 36 e 33 anos. A China rural era comparável à Inglaterra, enquanto o Japão estava mais próximo dos Países Baixos. Mas não vemos em lado algum uma grande disparidade entre as sociedades da Europa e da Ásia.

É um padrão que veremos sucessivas vezes à medida que formos analisando os dados sobre níveis de vida. A noção de que a ascensão do Ocidente representou um aumento gradual da riqueza nas sociedades ocidentais – de tal forma que no século XVI ou XVII os europeus já eram substancialmente mais ricos do que o eram na Idade Média, e também mais ricos do que as sociedades rivais na Ásia – não está comprovada. Na verdade, havia zonas ricas e pobres, tanto na Europa como na Ásia e, em ambos os continentes, as zonas mais ricas eram bastante comparáveis em muitos aspectos de bem-estar material até princípios de 1800.

## Salários, rendimento e consumo

Tanto na Europa como na Ásia, os salários aumentavam e diminuíam ao longo dos tempos. Porém, um dos factos surpreendentes acerca do passado pré-industrial é o nível médio dos salários reais — isto é, aquilo que o salário de um trabalhador compraria em alimentos, roupa e outros artigos necessários — se ter alterado muito pouco ao longo de vários séculos.

A figura 5.1 mostra as alterações de longo prazo dos salários reais relativamente a um número de cidades europeias, de 1500 a 1913. Os dados deste gráfico revelam o nível médio dos salá-

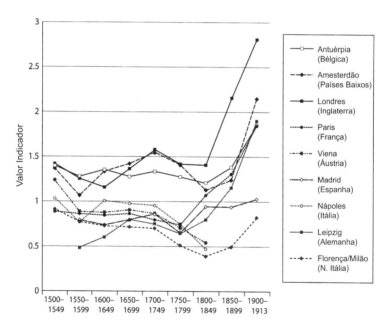

FIGURA 5.1 — SALÁRIOS REAIS DOS TRABALHADORES NAS CIDADES EUROPEIAS, 1500-1913
Fonte: Robert C. Allen, «The Great Divergence in European Wages and Prices from the Middle Ages to the First World War», Exploration in Economic History 38 (2001): 428.

130 | HISTÓRIA GLOBAL DA ASCENSÃO DO OCIDENTE

rios reais durante cada um dos períodos, comparados com os de Nápoles, em 1600-1649. Com efeito, os salários aumentavam e diminuíam bastante de ano para ano, dependendo da qualidade da colheita e do preço dos alimentos (sempre a maior componente no orçamento familiar antes da industrialização). Por isso, se mostrássemos os salários de todos os anos, o gráfico descreveria um ziguezague ascendente e descendente, semelhante ao das ondas de rádio! Esta tabela apresenta a média dos salários reais ao longo de cada meio século e em 1900-1913, destacando claramente as tendências de períodos longos.

Este gráfico contém muita informação, pelo que o iremos analisar detalhadamente. A primeira coisa a ter em conta é que no lado esquerdo, no período mais antigo (1500-1549), as várias cidades principais da Europa tinham níveis bastante semelhantes de salários reais (eram capitais de vários reinos, ducados, ou confederações). No entanto, mesmo à direita, no último período, o nível de salários distribuiu-se bastante. Os salários reais em Londres deixaram todas as outras regiões para trás, embora os salários em Amesterdão, Antuérpia, Paris e Leipzig tenham também aumentado para níveis bastante elevados. Contudo, outras cidades ficaram bem para trás – Florença, Milão, Nápoles, Madrid e Viena tinham salários muito mais baixos, em muitos casos não muito diferentes (ou até inferiores!) aos que tinham em 1500 ou 1550!

Isto significa que em 1900, a ascensão do Ocidente não era ainda uma ascensão europeia geral. Os países mais ricos da Europa (Bélgica, Países Baixos, Inglaterra, França, Alemanha) tinham-se tornado mais prósperos que nunca, mas os países mais pobres da Europa (Espanha, Itália, Áustria), não. Na verdade, em 1850 ou 1900, nas cidades mais pobres, os trabalhadores ganhavam menos do que os seus antepassados mais remotos.

Talvez o aspecto mais impressionante da Figura 5.1 seja a proximidade de *todas* as linhas horizontais em relação umas às

VIDA FAMILIAR E PADRÕES DE VIDA | 131

outras antes de 1850. Os salários reais em Londres em 1800-
-1849 não eram mais elevados do que tinham sido em 1500-
-1549, três séculos antes! Relativamente à maioria das cidades,
os salários reais moviam-se em ondas de pouca oscilação, su-
bindo ou descendo em 20 ou 30%, e de novo no sentido inverso ao longo dos séculos, sem se terem verificado mudanças
significativas de longo prazo. Verifica-se uma surpreendente
ausência de progresso dos níveis de vida nas cidades mais ricas
da Europa.

A seguir, o gráfico mostra uma queda acentuada após 1800-
-1849. Londres foi a primeira cidade a afastar-se dos níveis salariais pré-modernos da Europa: em 1850-1899, os salários reais
atingiram um nível nunca visto na história europeia. No entanto, isto não se verificou em mais nenhum sítio da Europa; em
1850-1899, embora os salários tivessem aumentado na maioria
dos países, ainda não tinham divergido do leque de salários
reais de há séculos na Europa, para atingir novos níveis. Mas
em 1900-1913, os salários urbanos em todos os países do Norte
da Europa atingiram níveis acentuadamente mais elevados do
que alguma vez tinham atingido. No século de 1800 a 1900, os
rendimentos reais duplicaram e subiram a níveis sem precedentes em Londres, Amesterdão, Leipzig, Antuérpia e Paris.

Surgem então grandes questões. Porque é que em 1900 a
ascensão do Ocidente se verificou apenas em alguns países da
Europa, enquanto outros se mantiveram com níveis de rendimento muito mais baixos? Por que motivo é que o aumento dos
rendimentos foi muito maior e ocorreu mais cedo em Londres
do que em qualquer outra cidade da Europa? Talvez a questão
mais curiosa seja perceber por que motivo é que o aumento
dos rendimentos surgiu tão repentinamente e tão tarde.

Se este gráfico terminasse em 1800-1849, não haveria in-
dicação de estar para vir todo esse tremendo crescimento.
As cidades mais ricas – Londres, Antuérpia e Amesterdão – estavam todas na curva descendente, o que revela que os salários

132 | HISTÓRIA GLOBAL DA ASCENSÃO DO OCIDENTE

reais estavam a descer dos seus picos em 1700-1749 e que não houve aumento significativo dos níveis salariais em 1500-1549. Paris e Madrid melhoraram e convergiram para os níveis de rendimentos de Antuérpia e Amesterdão em 1800-1849, mas isto deu-se em parte porque os salários em Antuérpia e Amesterdão tinham descido abaixo do nível que tinham atingido em 1500-1549. As cidades de Itália e Áustria encontravam-se em más condições, com os salários reais a descerem para os níveis mais baixos em séculos.

Isto era a Europa até 1850 – uma terra de salários reais relativamente imutáveis durante vários séculos, com as regiões mais pobres a ficarem cada vez mais pobres, e os rendimentos a caírem para apenas metade a um terço do rendimento nas regiões mais ricas em 1800-1849. O que estava a acontecer nas principais regiões da Ásia?

A tabela 5.2 apresenta um resumo dos salários rurais no Japão, na China e na Índia, em vários períodos, comparados com os salários rurais na Europa. Existem menos dados dos salários rurais desse período nas sociedades asiáticas do que na Europa, por isso esta tabela só contém alguns dados. Contudo, os dados que temos revelam que os salários japoneses,

TABELA 5.2 – SALÁRIOS REAIS DOS TRABALHADORES NA EUROPA E NA ÁSIA (DEFLACIONADOS PARA SALÁRIOS PAGOS EM DINHEIRO E REFERENTES AOS SALÁRIOS REAIS EM INGLATERRA EM 1600 = 100)

| Ano | Inglaterra | N. Itália | Japão | China | Índia |
|---|---|---|---|---|---|
| ca. 1500 | 170 | 120 | - | - | - |
| ca. 1600 | 100 | 140 | - | - | 100 |
| ca. 1750 | 110 | 100 | 90 | 90 | - |

Fonte: Robert C. Allen, «Real Wages in Europe and Asia: A First Look at the Long-Term Pattern», in *Living Standards in the Past: New Perspectives on Well-Being in Asia and Europe*, ed. Robert C. Allen, Tommy Bengtsson, and Martin Dribe (Oxford, UK: Oxford University Press, 2005), p. 122.

VIDA FAMILIAR E PADRÕES DE VIDA | 133

chineses e indianos estão mais ou menos ao mesmo nível dos da Europa. Na verdade, os salários indianos que se referem a cerca de 1600 eram tão elevados como os salários ingleses por volta de 1750!

É óbvio que muita coisa aconteceu após 1750. De acordo com os cálculos de Robert Allen, da Universidade de Oxford (que também apresentou dados de salários usados ao longo deste capítulo), os salários rurais reais indianos não progrediram ou, inclusivamente, desceram depois de 1600, de tal modo que em 1961 os salários rurais na Índia ainda eram ligeiramente mais baixos do que em 1595. Em contrapartida, na Grã-Bretanha, os salários reais em 1900 já tinham triplicado, comparativamente com 1750, e voltaram a aumentar muito mais rapidamente no século XX. Verificou-se uma grande divergência nos finais do século XIX e princípios do século XX.

Parece que tanto na Europa como na Ásia, os salários reais dos trabalhadores, apesar de alguns altos e baixos, se mantiveram aproximadamente no mesmo nível de 1500 a 1800. As diferenças entre os salários europeus e asiáticos parecem ter sido menores do que as diferenças entre os salários em diferentes zonas da Europa. Por exemplo, de 1600 a 1750, os salários rurais dos Chineses e dos Japoneses estavam de um modo geral mais próximos dos níveis salariais rurais ingleses do que os níveis salariais urbanos em Espanha e Itália estavam dos de Inglaterra e dos Países Baixos.

No entanto, os salários asiáticos, baseados noutros excertos de dados, parecem não ter aumentado depois de 1800; inclusive, podem ter descido consideravelmente. Quando os salários de trabalhadores nos países do Norte da Europa aumentaram acentuadamente após 1850, deixaram bastante para trás as regiões mais importantes da Ásia, bem como as zonas mais pobres da Europa.

É claro que devemos referir que os dados sobre estes salários reais se baseiam em muitas estimativas e são apenas cál-

134 | HISTÓRIA GLOBAL DA ASCENSÃO DO OCIDENTE

culos aproximados. Os investigadores tiveram de combinar dados de diferentes registos fiscais, registos de mercadores e de mercados para calcular os salários dos trabalhadores e, em seguida, incluir estimativas de alteração de preços para muitos artigos diferentes, para criar o quadro da tabela 5.2. Porém, a mensagem geral transmitida pelos dados salariais – que os níveis das condições materiais foram muito semelhantes na Europa e na Ásia e estabilizaram até cerca de 1800 – parece ser consistente com a nossa outra constatação. Só depois de 1850 é que os rendimentos em vários países da Europa divergiram acentuadamente dos do resto da Europa e da Ásia.

### A vida urbana e a produtividade agrícola

Normalmente pensamos na vida urbana e na vida rural como duas situações opostas: as cidades são densas e os seus habitantes dependem dos empregos na indústria, na construção, no comércio e nos serviços, enquanto as pessoas no campo vivem em quintas, produzem alimentos e criam animais. Nos tempos pré-modernos, o contraste não era assim tão grande – mesmo em grandes cidades como Paris havia rebanhos de animais que eram levados para os açougueiros, e fora das muralhas da cidade havia terras, pomares e hortas. E até o campo tinha taberneiros, ferreiros, comerciantes itinerantes, contadores de histórias, sapateiros e muitas pessoas a trabalharem tanto em *part-time* como a tempo inteiro, a fiar e a tecer panos.

Além disso, apesar dos seus diferentes estilos de vida, as cidades e o campo estavam ligados por necessidades mútuas. As cidades não existiriam se o campo não produzisse um excedente de alimentos para os seus habitantes; os aldeões não adquiririam pequenos luxos como roupa de qualidade, luvas ou sapatos; café, vinho, chá, açúcar e especiarias; ou objectos decorativos e outros bens manufacturados, sem transacciona-

VIDA FAMILIAR E PADRÕES DE VIDA | 135

rem com as cidades. Os artesãos urbanos dependiam do campo para a aquisição de matérias-primas – couro, madeira e tecidos para tingir e serem acabados por trabalhadores urbanos qualificados. E os agricultores não poderiam investir em métodos de capital ou de mão-de-obra intensiva, nem em produção especializada, se nos centros urbanos não tivessem um mercado já estabelecido para os seus produtos.

Uma das características que se evidencia nas maiores civilizações da Ásia é a quantidade de grandes cidades que lá existiam numa época relativamente longínqua. É claro que na época pré-industrial todas as grandes civilizações eram compostas principalmente por camponeses, que produziam os alimentos essenciais e matéria-prima para si próprios e para os outros. Mesmo assim, o facto de uma sociedade poder sustentar cidades de qualquer dimensão – tivessem elas dezenas de milhares ou milhões de habitantes – dá-nos uma ideia substancial da quantidade de produção excedente que os trabalhadores rurais produziam e que ultrapassava em grande medida as necessidades do seu próprio consumo, conseguindo assim alimentar os habitantes das cidades. A existência de grandes cidades pressupõe também a presença de redes extensivas de comércio para responder às necessidades das populações urbanas e sistemas amplos de transportes para conduzir as mercadorias para os mercados urbanos.

A tabela 5.3 apresenta uma estimativa aproximada da população das dez maiores cidades do mundo em 1500, 1800 e 1950. Em 1500, a Ásia domina por completo a lista. Em 1800, as cidades asiáticas ainda dominam a lista, mas não totalmente – três cidades europeias juntaram-se às primeiras dez. Porém, Pequim continua a ser a maior cidade do mundo, e a China e o Japão têm ambas três das maiores metrópoles mundiais. Só o Médio Oriente é que perdeu terreno, embora Istambul continue a fazer parte da lista. Resumindo, tal como já vimos antes, de certa forma, o mundo não mudou muito de 1500 a 1800!

# 136 | HISTÓRIA GLOBAL DA ASCENSÃO DO OCIDENTE

Tabela 5.3 — As maiores cidades do mundo: 1500, 1800 e 1950

### 1500

| Classificação e Cidade | População |
|---|---|
| 1 Pequim, China | 672 000 |
| 2 Vijayanagar, Índia | 500 000 |
| 3 Cairo, Egipto | 400 000 |
| 4 Hangzhou, China | 250 000 |
| 5 Tabriz, Irão | 250 000 |
| 6 Istambul, Turquia | 200 000 |
| 7 Gaur, Índia | 200 000 |
| 8 Paris, França | 185 000 |
| 9 Guangzhou, China | 150 000 |
| 10 Nanjing, China | 147 000 |

### 1800

| Classificação e Cidade | População |
|---|---|
| 1 Pequim, China | 1 100 000 |
| 2 Londres, Reino Unido | 861 000 |
| 3 Guangzhou, China | 800 000 |
| 4 Edo (Tóquio), Japão | 685 000 |
| 5 Istambul, Turquia | 570 000 |
| 6 Paris, França | 547 000 |
| 7 Nápoles, Itália | 430 000 |
| 8 Hangzhou, China | 387 000 |
| 9 Osaka, Japão | 383 000 |
| 10 Quioto, Japão | 377 000 |

### 1950

| Classificação e Cidade | População |
|---|---|
| 1 Nova Iorque, Estados Unidos | 12 463 000 |
| 2 Londres, Reino Unido | 8 860 000 |
| 3 Tóquio, Japão | 7 000 000 |
| 4 Paris, França | 5 900 000 |
| 5 Xangai, China | 5 406 000 |
| 6 Moscovo, Rússia | 5 100 000 |
| 7 Buenos Aires, Argentina | 5 000 000 |
| 8 Chicago, Estados Unidos | 4 906 000 |
| 9 Ruhr, Alemanha | 4 900 000 |
| 10 Calcutá, Índia | 4 800 000 |

Fonte: Tertius Chandler, *Four Thousand Years of Urban Growth: An Historical Census* (Lewiston, NY: Edwin Mellon Press, 1987).

No entanto, em 1950, a ordem hierárquica urbana sofreu uma inversão. A maior cidade do mundo já não é na Ásia, nem de facto o são a maioria das dez principais cidades do mundo. Em 1950, só três cidades asiáticas (Tóquio, Xangai e Calcutá) continuam na lista, e grande parte das maiores cidades asiáticas das tabelas anteriores desapareceu. A ascensão do Ocidente está bem evidente nestas tabelas, mas, uma vez mais, como fenómeno pós-1850. Nos séculos de 1500 a 1800 a Ásia sustentou mais grandes metrópoles do que a Europa, outro sinal de que a ascensão da Europa ocorreu relativamente tarde.

Para demonstrarmos que as estruturas de urbanização reflectiam de facto os verdadeiros recursos das sociedades e não apenas um grande número de pobres como acontece actualmente, convém centrarmo-nos no factor que torna possível a urbanização: a produtividade agrícola. Quanto mais elevada for a produtividade de alimentos por pessoa, maior é o excedente disponível para alimentar os que não cultivam a terra e produzem alimentos, como por exemplo as populações urbanas. Se conseguirmos calcular a quantidade de culturas e de animais de criação que os agricultores produziam em várias sociedades todos os anos, conseguimos também calcular a produtividade da sua economia agrícola.

A produtividade da mão-de-obra na agricultura é uma medida da produção total de um trabalhador médio durante uma unidade de tempo, por exemplo, durante um ano normal. Quanto mais esse trabalhador produzir, mais há para consumir e investir. E uma vez que nas sociedades do mundo antes de 1800 eram os agricultores e os trabalhadores rurais quem trabalhava e produzia, a produtividade agrícola da mão-de-obra deve ser um bom indicador do nível global de rendimento e riqueza nessa sociedade.

A figura 5.2 apresenta dados sobre a produtividade agrícola de vários países europeus e da China, desde 1300 a 1800. É impressionante como os dados deste gráfico se assemelham aos da figura 5.1 (página 129). Verificamos que os países com os maiores índices de produtividade agrícola em 1700 – Bélgica, Países Baixos e Inglaterra – eram também os países onde os salários urbanos eram mais altos. Em contrapartida, a produtividade da Itália e de Espanha era baixa e começou a descer após 1700.

A produtividade da Bélgica é apresentada como tendo começado num nível bastante elevado. A Bélgica foi de facto famosa pela superioridade da sua produtividade agrícola na Idade Média, que sustentava a maior concentração urbana da altura na Europa. No entanto, começou lentamente a declinar e, em 1800, perdeu a liderança para outros países europeus. Por fim, o aumento excepcionalmente rápido da produtividade em Inglaterra – passando do nível da Espanha e de Itália, em que se manteve desde 1300 a 1600, para o nível da Bélgica e dos Países Baixos em 1700 – parece também ter previsto o rápido aumento dos níveis salariais nos séculos seguintes.

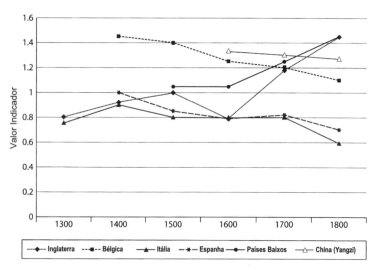

Figura 5.2 — Produtividade de trabalho agrícola, 1300-1800
Fonte: Robert C. Allen, «Agricultural Productivity and Rural Incomes in England and the Yangtze Delta, c. 1620-c. 1820», *Economic History Review*, a publicar.

## VIDA FAMILIAR E PADRÕES DE VIDA | 139

A figura 5.2 apresenta também estimativas acerca da produtividade agrícola na China, de 1600 a 1800. Estas estimativas não dizem respeito a toda a China, mas ao delta do rio Yang-tzé, uma região cuja dimensão e população se aproximava da de um grande país europeu. Era uma das regiões mais ricas da China. Embora o gráfico só cubra dois séculos da China, estas conclusões fornecem-nos muita informação em termos de comparações com a Europa. Em primeiro lugar, verificamos que o delta do rio Yang-tzé tinha níveis muito elevados de produtividade laboral – em 1600 e 1700, os níveis de produtividade eram mais elevados do que os de qualquer país da Europa.

Isto é coerente com o facto de a China ter tido as maiores cidades de qualquer grande sociedade do mundo nos séculos anteriores a 1800. Pressupõe também que a sociedade chinesa não era pobre, mas relativamente rica, quando comparada com a maioria dos países europeus no século XVII. Também é compatível com os relatos de viajantes que realçam a riqueza e a prosperidade da Ásia (recorde-se que foi o que motivou Colombo a atravessar o Atlântico e os Portugueses a contornar o Cabo da Boa Esperança em busca de caminhos marítimos para a Ásia).

A história narrada na figura 5.2 é, de novo, uma história sobre as grandes diferenças *dentro* da Europa e não entre a Europa e a Ásia. Em 1400, a produtividade agrícola na Bélgica era 50% superior à de qualquer outra região europeia, enquanto que os valores da Itália, Espanha e Inglaterra não diferiam uns dos outros em mais de 10%. Em 1600, a produtividade em todos estes sítios diminuiu, enquanto a população aumentou e havia mais pessoas a trabalhar na terra. Nesta altura, a China era ligeiramente mais produtiva do que a Bélgica. Nos 200 anos seguintes, a situação alterou-se drasticamente na Europa. Nos Países Baixos e em Inglaterra houve um aumento da produtividade agrícola, que ultrapassou a da Bélgica e duplicou relativamente à de Itália e Espanha, cuja produtividade decaiu.

140 | HISTÓRIA GLOBAL DA ASCENSÃO DO OCIDENTE

Este aumento de produtividade levou estes países a atingirem os níveis chineses: enquanto em 1600 a produtividade agrícola na China era cerca de 26% maior do que nos Países Baixos e 66% maior do que em Inglaterra, em 1800 os níveis de produtividade agrícola tanto em Inglaterra como nos Países Baixos eram cerca de 10% mais elevados do que os da China.

A figura 5.2 levanta questões surpreendentes. Por que motivo é que a produtividade agrícola era tão elevada na China, mas simultaneamente tão estável? Porque é que a produtividade aumentou tão cedo na Bélgica, e aumentou tão repentinamente depois de 1600 em Inglaterra e nos Países Baixos? Responderemos as estas questões no final deste capítulo.

## Como é que a produtividade agrícola cresceu?

Porque é que alguns países têm uma maior produtividade agrícola do que outros? Parte da resposta a esta questão prende-se com as condições favoráveis do solo, do clima e da água. Regiões com um solo rico e água em abundância – tanto devido a chuvas regulares como à irrigação dos rios – têm uma produtividade mais elevada. Por conseguinte, os campos do Norte da China ao longo do rio Amarelo, a região da Mesopotâmia, no Médio Oriente, ao longo do Tigre e do Eufrates, o vale do rio Indo, na Índia e o vale do rio Nilo, no Egipto foram os primeiros centros com grandes civilizações, devido à sua relativa abundância de campos bem irrigados e fáceis de trabalhar.

Mas à medida que as populações aumentavam, a simples disponibilidade de terra boa já não era suficiente para estabelecer e manter uma elevada produtividade. Para se continuar a incentivar a produção, aquilo que começava a ter mais importância era a intensidade com que a terra era trabalhada. Por sua vez, a intensidade implicava identificar e utilizar várias combinações

VIDA FAMILIAR E PADRÕES DE VIDA | 141

de culturas, animais e fertilizantes – bem como aperfeiçoar técnicas de lavoura, retirando o máximo partido da terra disponível, mantendo os nutrientes do solo – tudo isto permitindo que os agricultores produzissem cada vez mais por hectare.

A Europa e a Ásia seguiram caminhos diferentes com vista a obterem uma maior produtividade, de acordo com os seus solos, as suas culturas e os seus climas. A partir da Idade Média, a maioria das regiões do Norte da Europa praticava um sistema de três talhões para cultivo e sustento de animais. Neste sistema (descrito no capítulo 1), era utilizado um talhão para as principais culturas de cereais, que podiam ser trigo, cevada, centeio, ou aveia. Um segundo talhão era utilizado para um cultura não-cerealífera, como por exemplo ervilhas, feijão, ou trevo, que aumentava a fertilidade do solo ao retirar azoto da atmosfera e libertando-o para o solo. Era reservado um terceiro talhão para plantio (ou mantido em pousio) que era utilizado como pasto para ovelhas, cujo estrume enriquecia o solo. Cada talhão para exploração agrícola ficava um ano a adubar e outro com culturas que fixavam azoto no solo, antes de ser cultivado para uma época de cereais; o resultado era uma maior produção de cereais. Por isso, as aldeias reservavam pastos comuns para erva e feno para alimentar cavalos e gado.

No entanto, a China e a Índia dependiam muito mais da irrigação dos rios. Nestes países, as fortes chuvas de monção causavam inundações que permitiam que os canais de irrigação alagassem o solo. O mesmo acontecia com o vale do Nilo, onde as chuvas sazonais na Etiópia, provocadas pela humidade tropical do oceano Índico, se precipitavam das terras altas etíopes, dando origem a cheias anuais no Nilo.

A cheia anual, que depositava aluvião muito fértil nos campos, permitia que o solo produzisse boas culturas de cereais todos os anos, sem ser necessário deixar metade do terreno em pousio e depender tanto do estrume animal para adubo. Como resultado, os planaltos do Norte da Índia e da China,

142 | HISTÓRIA GLOBAL DA ASCENSÃO DO OCIDENTE

e os vales dos rios Indo e Nilo atingiram uma elevada produtividade agrícola muito cedo, de tal forma que o Egipto foi o principal produtor cerealífero no Mediterrâneo antigo, e a Índia e a China conseguiram edificar grandes civilizações, enquanto a Europa ainda estava a desenvolver as suas primeiras cidades-Estado.

O sistema de três campos utilizado na Europa não era muito intensivo. Não só dois terços da terra não eram nunca utilizados para o cultivo de cereais, como o pasto da terra por cultivar, sendo ralo e de ervas daninhas, não permitia alimentar ovelhas grandes ou em grande quantidade. Isto limitava a quantidade de estrume fundamental para renovar a terra para as culturas de cereais. Se se tivesse inventado outra maneira de aumentar a produção de forragem e estrume, mais terra poderia ser fertilizada e cultivada com cereais.

A solução foi encontrada na Idade Média. Se os animais fossem guardados num estábulo ou num curral, em vez de os deixarem pastar num terreno não cultivado, e se essa terra fosse plantada com uma cultura que produzisse uma forragem boa para animais, como, por exemplo, nabos ou alfafa, os animais poderiam ser alimentados nos seus estábulos ou currais. Assim sendo, o seu estrume podia ser recolhido dos currais e espalhado nos campos antes de serem cultivados. Isto significava que a terra não tinha de ficar em pousio num pasto ralo durante uma estação inteira para receber o estrume necessário.

Após algumas experiências, os agricultores descobriram que produziam mais num sistema rotativo de quatro talhões: um quarto do terreno era utilizado para forragem, como, por exemplo, nabos ou alfafa; outro quarto para culturas que fixavam azoto, como, por exemplo, trevo, feijão ou ervilhas. Os terrenos restantes podiam ser cultivados com cereais, normalmente metade com trigo e a outra metade com cevada. Este sistema não só produzia mais cereais e melhores culturas, como também mais e maiores animais, devido à melhor qualidade da forragem.

VIDA FAMILIAR E PADRÕES DE VIDA | 143

No entanto, passar do sistema de três talhões para o de quatro talhões saía bastante caro aos agricultores. Estes tinham de investir em culturas novas (nabos e alfafa) e na construção de currais ou estábulos para os seus animais. Todo este processo só valia a pena quando os agricultores tinham mercados perto para a carne animal extra ou que lhes garantissem um bom preço pelo excedente de cereais. Isto significava normalmente que o novo sistema apenas podia ser adoptado perto das grandes cidades que abasteciam esses mercados.

O primeiro sítio onde este sistema começou a ser posto em prática foi na Flandres, parte da actual Bélgica. Na Idade Média, os poderosos condes da Flandres tentaram fortificar as suas terras contra as invasões viquingues, construindo uma série de cidades fortificadas, incluindo Bruges, Ghent, e Ypres. A população concentrou-se nessas cidades para se proteger e abrigar e ganhava a vida a tecer lã em bruto importada de Inglaterra e a fabricar tecidos caros e luxuosos. Quando Bruges, Ghent e Ypres se tornaram centros ricos e populosos devido à produção de tecidos de lã, com uma grande quantidade de trabalhadores prósperos que tinham de ser alimentados, os agricultores belgas começaram a converter-se ao sistema de rotação de quatro talhões, tendo atingido a produtividade agrícola mais elevada da Europa. Este sistema espalhou-se com o desenvolvimento do porto belga da cidade de Antuérpia que, no século XVI, se tornou o principal centro de comércio do Norte da Europa.

Nos séculos XVII e XVIII, primeiro os Países Baixos e a seguir a Inglaterra começaram também a adoptar métodos de agricultura mais intensivos. As grandes cidades comerciais dos Países Baixos – sobretudo Amesterdão, mas também Roterdão, Haia e outras – passaram a ser os mercados mais importantes das regiões circundantes, compensando assim um maior investimento agrícola, bem como o aumento da produtividade e da produção. Em Inglaterra, a cidade de Londres, que podia ser

144 | HISTÓRIA GLOBAL DA ASCENSÃO DO OCIDENTE

abastecida por grande parte do país por via fluvial ou marítima, foi também um incentivo para a agricultura inglesa.

Havia outros países da Europa que tinham também pequenas zonas de agricultura intensiva em volta das cidades, como por exemplo a bacia do Sena à volta de Paris. Mas na maior parte da Europa continental, principalmente nas regiões alpinas (Áustria) ou nas regiões do Mediterrâneo (Espanha e Itália), o clima era demasiado seco, ou os principais mercados urbanos ficavam muito longe para os agricultores poderem beneficiar do investimento em culturas de forragem e em estábulos para a criação de animais. Os agricultores destas regiões tendiam a diversificar com a produção de vinho, que era mais rentável, mas não com mais cereais. Por isso, nesses países, a produtividade agrícola e os rendimentos tendiam a ficar para trás.

Não se julgue que enquanto a Europa aumentava a sua produtividade agrícola, a China e o resto da Ásia estavam parados. De 1600 a 1800, a população da China aumentou mais do que toda a população da Europa, de cerca de 100 milhões para 350 milhões de habitantes. Acrescentar 250 milhões de habitantes às terras existentes sem que se verificasse um declínio substancial da produtividade laboral seria impossível se não tivesse havido melhoramentos na tecnologia agrícola (as expansões bastante modestas que ocorreram na China agrícola neste período deram-se sobretudo na Manchúria, a norte – com a sua limitada estação de cultivo). A China alimentou o seu elevado número de habitantes intensificando também a agricultura e utilizando novos fertilizantes e rotação de culturas.

É claro que os fertilizantes e as culturas eram bastante diferentes! Além do estrume (principalmente de porcos, aves de capoeira e viveiros de peixes), a China foi pioneira da reciclagem em grande escala de desperdícios provenientes do processamento de alimentos para fertilização. Os alimentos chineses contêm uma grande quantidade de molho de soja, tofu e óleo de cozinha, obtidos através da prensagem e do processamento

VIDA FAMILIAR E PADRÕES DE VIDA | 145

de feijões de soja, sementes de colza e outras sementes vegetais. As sobras resultantes destes processos – sementes e feijões amassados e cascas – eram recolhidos e utilizados na confecção de bolos (frequentemente chamados bolos de feijão) e vendidos como fertilizantes que eram espalhados nos campos de arroz e outros terrenos de plantação. A oferta deste fertilizante adicional e de fácil utilização e a difusão de variedades de arroz de maturação precoce permitiam a plantação de duas culturas numa única estação. A utilização dos bolos de feijão nas culturas de arroz de maturação precoce difundiu-se por toda a China a partir dos princípios de 1600.

Nalgumas regiões da China, o cultivo de arroz era alternado com o de trigo ou de feijão; noutras regiões, num único ano os camponeses semeavam duas culturas de arroz nas suas terras. A cultura do algodão e do milho também se estendeu a solos arenosos e montanhosos, menos adequados ao cultivo de arroz, e eram plantadas amoreiras (para a cultura de seda) ao longo das orlas dos arrozais. No norte, o sorgo e os feijões de soja (que, tal como outras culturas de feijão, acrescentavam azoto ao solo) alternavam na mesma estação. Depois de 1500, os Chineses pareciam estar até mais avançados do que os europeus na incorporação de novas culturas, descobertas nas Américas – milho, batata, batata-doce, amendoim e caju – à sua alimentação e à sua agricultura.

Além disso, os agricultores chineses desenvolveram técnicas mais sofisticadas na plantação e irrigação de terrenos. Eram utilizadas máquinas de semear para conservar as sementes e plantá-las com melhores resultados. Os búfalos de água eram usados não só para arar o solo (utilizando o arado de ferro fundido, leve e de qualidade superior), como também para bombear a água para irrigação, poupando mão-de-obra. Na China, a capacidade de colher culturas múltiplas da mesma terra todos os anos, proceder a misturas complexas de novas sementes e novas culturas rotativas, além do fabrico de novas

146 | HISTÓRIA GLOBAL DA ASCENSÃO DO OCIDENTE

ferramentas e técnicas, permitiu que as famílias produzissem muito mais alimentos numa determinada porção de terra.

Por isso, muitas vezes as famílias vendiam ou arrendavam parte das suas terras a outras famílias. Além disso, a existência de propriedades familiares mais pequenas significava que as mulheres podiam deixar de trabalhar na terra, podendo dedicar todo o seu tempo a fiar seda ou algodão e a tecer panos. Em finais do século XVIII, os Chineses resumiram o seu novo sistema agrícola em dois provérbios: «uma família, 10 *mou*» – o que significa que uma pequena parcela de terra (10 *mou* são cerca de um acre) podia sustentar uma família – e «o homem lavra, a mulher tece» – o que significa que a agricultura já era quase totalmente um trabalho de homens, enquanto as mulheres trabalhavam em casa, na produção têxtil.

Uma vez que as propriedades mais pequenas podiam agora alimentar uma família e se podia obter um rendimento monetário adicional da fiação e tecelagem feitas pelas mulheres, havia muito mais famílias a prosperar na mesma região do que teria sido possível um século antes. Assim, a população cresceu rapidamente, tal como já foi referido. Porém, a introdução de técnicas novas significava o crescimento dessa população sem que, durante pelo menos um século e meio, os padrões de vida descessem. Na verdade, os rendimentos agrícolas subiram talvez em 1750 para níveis históricos – como podemos imaginar pelas queixas das elites nas gazetas oficiais locais, que diziam que os agricultores se vestiam bem e se davam ares!

Só perto de 1800 é que o crescimento populacional começou a esgotar estes lucros, e os constantes aumentos populacionais depois de 1800 começaram a produzir terra a menos e mão-de-obra a mais, tendo-se verificado uma grande competitividade entre famílias por toda a China para venderem os tecidos que produziam em casa. Talvez tenham sido estas tendências que levaram a um declínio acentuado dos rendimentos familiares em 1850.

VIDA FAMILIAR E PADRÕES DE VIDA    |    147

Apesar de tudo, as novas culturas múltiplas e as técnicas de fertilização permitiram à China manter níveis de produtividade iguais aos dos países mais destacados na Europa, de 1600 a 1800, inclusive enquanto a sua população triplicava. As culturas múltiplas também se espalharam por outras regiões de culturas de arroz, como a Índia e o Sudeste Asiático.

Resumindo, verificamos que por volta de 1500 a 1800, a história no fundo era muito semelhante – os níveis de vida eram moldados pela produtividade agrícola, que por sua vez dependia de técnicas para intensificar a agricultura. Nos sítios onde a intensificação agrícola era obtida por meio da rotação de culturas, de novas variedades de sementes, e de um aumento da utilização de fertilizantes, a produtividade e os níveis de vida podiam manter-se ou subir até níveis relativamente elevados. Mas sem essa intensificação, aumentos populacionais ao longo do tempo significava que a produtividade e os rendimentos diminuiriam.

Porém, temos ainda outro enigma por resolver. A produtividade agrícola foi elevada em Inglaterra, nos Países Baixos e na China durante 1800. Mas isso não explica a quebra dos salários apresentada na figura 5.1 (página 129). Por que motivo é que os salários reais em Londres dispararam de repente após 1850, enquanto os salários nos Países Baixos desceram? Porque é que, em 1900, os salários reais no Norte da Europa subiram para níveis nunca vistos, enquanto os salários reais na Ásia desceram substancialmente após 1800?

## A Revolução Industrial e os salários reais

Se nos centrarmos no período de 1500 a 1750, a vida material gira toda em torno da agricultura e do comércio. Produzir coisas é normalmente o trabalho de uns quantos artesãos ou agregados familiares individuais. Existem alguns processos

148 | HISTÓRIA GLOBAL DA ASCENSÃO DO OCIDENTE

industriais de grande escala, nomeadamente, o fabrico de cerveja na Europa, oficinas de olaria e fábricas de tecelagem de seda na Ásia, refinação de açúcar no Novo Mundo e, claro, a exploração de minas de carvão e de metais preciosos. No entanto, na maior parte do mundo, mais de 70% da população trabalhava na agricultura e, para se ficar rico, ou se tinha uma grande porção de terra ou se entrava num negócio em grande escala. O estereótipo do produtor abastado que enriquecia por meio de um nível elevado de produção e vendas em série de produtos manufacturados ainda não existia. Por isso, não admira que os países mais ricos do mundo nesses séculos fossem também aqueles com a maior produtividade na agricultura.

No entanto, a agricultura por si só não transformava as sociedades tradicionais em sociedades modernas. Independentemente dos litros de cereais ou quilos de carne que uma sociedade produzisse, mesmo que a produção agrícola fosse suficiente para alimentar muitas vezes a população, não teria levado à produção de caminhos-de-ferro, fundições de ferro e de aço, fábricas têxteis ou electricidade e automóveis. Estes objectos exigiam um tipo diferente de produção que utiliza a engenharia moderna para inventar novas tecnologias.

São óbvios os limites da agricultura, inclusivamente na Europa. Já verificámos que os salários reais revelavam oscilações ascendentes e descendentes substanciais, mas que tinham tendência para se manter estáveis durante séculos. Isto acontecia porque à medida que a produtividade agrícola aumentava, a população tendia também a aumentar, ao ponto de os lucros obtidos com a produtividade terem deixado de existir ou começado a baixar. Ao que parece, até mesmo na Inglaterra o crescimento real da produtividade agrícola foi baixo depois de 1750. Se analisarmos os salários agrícolas por região na Inglaterra, verificamos que de 1700 à década de 1820 os salários reais baixaram cerca de 5% na região sul (maioritariamente agrícola) do país. A razão pela qual os salários agrícolas acaba-

VIDA FAMILIAR E PADRÕES DE VIDA | 149

ram por aumentar em Inglaterra deveu-se inteiramente ao aumento dos salários agrícolas nas regiões do Norte e do Centro, nuns significativos 50%, durante este mesmo período ([4]).

Por que motivo é que os salários aumentaram no Norte, e não no Sul? Porque em finais dos séculos XVIII e XIX, foi nas regiões do Norte e Centro de Inglaterra que surgiram muitas novas fábricas têxteis e metalúrgicas. A fiação de algodão, a tecelagem e a produção de ferro e aço e produtos associados – desde pregos e cutelaria a ferramentas e objectos decorativos – cresceram imenso nestas regiões a partir de 1750. O crescimento de novas cidades fabris, como Birmingham e Manchester, levou à explosão de um mercado local para produção agrícola e, por conseguinte, do trabalho agrícola. Foi a indústria que levou aos aumentos salariais depois de 1750, enquanto algumas regiões e países inteiros que dependiam sobretudo da agricultura ficaram para trás.

Podemos verificar esta situação se voltarmos a consultar a figura 5.1 e nos centrarmos no destino de Amesterdão. Em 1750-1799, os Países Baixos tinham uma produtividade agrícola tão elevada como a de Inglaterra. Porém, no século seguinte, os salários reais em Londres aumentaram 50% do seu nível de 1750-1799, enquanto em Amesterdão os salários reais *caíram* 10% no mesmo período. A razão é simples de explicar – parte da economia de Inglaterra sofreu transformações durante o século XIX, com a energia a vapor, os caminhos-de-ferro, os barcos a vapor e a produção de metal a carvão e ofícios de metalurgia. Os Países Baixos continuavam a ser principalmente uma economia agrícola e comercial – uma economia agrícola e comercial relativamente produtiva e próspera, certamente, mas que ainda não fazia a transição para a industrialização, e portanto, com pouco espaço para mais crescimento.

Em Inglaterra, verificamos que o aumento da produtividade no século XIX se deu sobretudo no sector manufactureiro e nos transportes, e não na agricultura. (Iremos analisar este

150 | HISTÓRIA GLOBAL DA ASCENSÃO DO OCIDENTE

aspecto mais pormenorizadamente no capítulo 7). Por agora, o ponto principal a ter em conta é que embora a agricultura possa ter sido o suporte do bem-estar económico de um país até 1850, depois desta data, quando os salários mostrados na figura 5.1 começam a divergir dos padrões tradicionais, é porque a mão-de-obra também começa a sair da agricultura e a entrar na indústria.

A vulnerabilidade das economias agrícolas, inclusive na Europa, manifestou-se em 1848. Um dos motivos para a produtividade agrícola ter aumentado em muitos países da Europa, incluindo a Irlanda e a Alemanha Ocidental, foi a expansão do cultivo da batata. Foram introduzidas muitas culturas novas das Américas na economia global, que chegaram a África e à China e também à Europa. Estas culturas incluíam o milho, a batata, o tomate, o tabaco, a borracha e o cacau. As da batata eram especialmente valiosas, pois forneciam as calorias e as proteínas necessárias para alimentar pessoas num lote de terra muito mais pequeno e eram fáceis de armazenar. Nalgumas regiões, sobretudo na Irlanda e na Alemanha Ocidental, os agricultores cultivavam cereais para pagar aos seus senhorios, mas sustentavam as suas famílias semeando sobretudo batatas. Na década de 1840, uma ferrugem terrível atingiu a cultura da batata na Europa, e os que contavam com ela ficaram arruinados. A fome atingiu a Europa uma última vez, e milhões de pessoas morreram à fome ou foram forçadas a abandonar as suas casas e ir à procura de trabalho e de terras. Na década de 1840, a maior parte da Europa ainda dependia da agricultura, o ponto fulcral do seu bem-estar, e estava vulnerável aos seus caprichos.

O crescimento industrial como origem do emprego em massa, que permitiu que os trabalhadores ganhassem salários com a produção industrial e comprassem alimentos (muitos deles importados de sítios longínquos), alterou as condições básicas da vida económica. Como podemos verificar pelos da-

VIDA FAMILIAR E PADRÕES DE VIDA | 151

dos salariais, esta situação verificou-se de repente. As pessoas não ficaram ricas de um momento para o outro. Com efeito, as condições do trabalho industrial nas minas e nas fábricas metalúrgicas eram muitas vezes duras e imundas. Mesmo nos sítios onde o trabalho industrial não era fisicamente exigente, como nas fábricas de têxteis, muitas vezes o trabalho era estupidificante e aborrecido. E, no início da produção industrial, os ganhos salariais continuavam a ser modestos. Mas os aumentos salariais começaram a acelerar após 1800 e na década de 1850, na Europa Ocidental, as pessoas aperceberam-se de que viviam num mundo diferente do dos seus pais – um mundo novo onde eram as fábricas, e não os campos, que cumpriam a promessa do trabalho estável, e ser-se proprietário de fábricas em vez de propriedades agrícolas podia ser o caminho para a fortuna.

Porém, a expansão da indústria foi relativamente lenta. Na Europa, só em Inglaterra é que o trabalho industrial e de manufactura empregava metade da população em 1850. E só em Inglaterra é que os salários dos trabalhadores aumentaram para níveis históricos antes de 1900. A Revolução Industrial foi portanto uma revolução lenta, e não uma mudança repentina.

Um estudo recente e meticuloso realizado por historiadores de economia revelou que o crescimento económico na Europa progrediu lentamente, enquanto grandes sectores da economia – não só a agricultura, como também a produção de todo o tipo de mercadorias, desde artigos de couro a carruagens e chapéus a pronto-a-vestir – continuaram a depender durante décadas do trabalho manual e não de maquinaria industrial. No entanto, ano após ano e década após década, a difusão de maquinaria e de energia a vapor e a utilização de carvão, ferro e aço arrancaram, primeiro a Inglaterra e a seguir outros países da Europa, do seu passado agrícola. Como se pode ver claramente pela figura 5.1, apesar das histórias que se contavam sobre as terríveis condições fabris e a pobreza dos

152 | HISTÓRIA GLOBAL DA ASCENSÃO DO OCIDENTE

operários, foi nestes países onde a indústria continuou totalmente ausente durante o século XIX – Itália, Espanha e Áustria – que os salários reais desceram mais, e os trabalhadores
ganharam menos.

## Conclusão: o Ocidente era muito diverso, e por vezes mais rico do que o Oriente

Neste capítulo, aprendemos quatro preciosas lições. Em
primeiro lugar, que nem todas as sociedades pré-industriais
foram sempre pobres, nem sempre ricas. As condições de vida
variavam substancialmente, tanto no espaço como no tempo.
Existiam diferenças significativas na produtividade e nos padrões de vida na Europa, relativamente a povos de diferentes
regiões. E, mesmo nos países relativamente prósperos, como a
Inglaterra ou os Países Baixos, havia períodos em que os salários e os padrões de vida desciam lentamente e outros períodos
em que aumentavam bastante. Além disso, em determinadas
alturas, como por exemplo, por volta de 1500, os países mais
ricos não se comportaram como os países mais ricos noutras
alturas, como por exemplo em 1700.

Em segundo lugar, embora os padrões de vida variassem
consideravelmente de tempos a tempos e de sítio para sítio,
estas variações eram essencialmente flutuações cíclicas; a média do nível de vida de longo prazo variou muito pouco ao
longo de séculos. A esperança de vida e a estatura das pessoas
na Europa mantiveram-se aproximadamente as mesmas desde
a Roma Antiga até ao século XVIII, e até 1850 os salários reais
mantiveram-se ao mesmo nível dos da Idade Média.

Em terceiro lugar, quando comparamos os padrões de
vida na Europa e na Ásia, verificamos que até cerca de 1800 os
níveis de vida eram bastante semelhantes nas maiores nações
de ambos os continentes. Com efeito, por volta de 1600, as

VIDA FAMILIAR E PADRÕES DE VIDA | 153

sociedades asiáticas estavam ligeiramente à frente. Mas de 1800 a 1950 verificamos uma grande divergência. Os rendimentos das regiões mais avançadas da Europa aumentaram drasticamente, enquanto as regiões mais atrasadas declinaram, de tal modo que em 1900 as regiões mais ricas da Europa (Inglaterra, Bélgica e Países Baixos) eram três ou quatro vezes mais ricas do que as regiões mais pobres do Sul da Europa. As maiores civilizações da Ásia – Japão, Índia e China – parecem também ter estagnado, ou os seus rendimentos ter descido depois de 1800, de forma que, em 1900, as regiões mais ricas da Europa ultrapassaram também em grande medida as principais sociedades asiáticas. Em termos históricos, a existência de uma Europa rica e de uma Ásia pobre é um fenómeno relativamente recente. De 1800 a 1950, a explosão do crescimento dos rendimentos e da urbanização no Noroeste da Europa combinou-se com um declínio substancial ou um período de estagnação na Ásia, para inverter as suas respectivas posições na economia mundial, tendo dado origem à disparidade que ficou conhecida como a ascensão do Ocidente.

Em quarto lugar, o segredo desta divergência está fortemente relacionado com a produtividade interna. Isto é, as regiões mais ricas da Europa em 1800 eram aquelas em que a produtividade agrícola atingira os níveis de produtividade da Ásia. Após 1800, as regiões mais ricas da Europa eram as industrializadas, combinando elevados níveis de produtividade agrícola com um grande aumento de produtividade na manufactura e na indústria. Por outras palavras, as nações mais ricas da Europa não enriqueceram por se terem apoderado de mais tesouros de outras partes do mundo ou por terem tido impérios ou escravatura – como já vimos, os países europeus que tinham os maiores impérios, mais tesouros e escravatura (nomeadamente Espanha e Portugal) de um modo geral desenvolveram-se pouco após 1800. Isto aconteceu porque os trabalhadores nos países mais ricos – sobretudo em Inglaterra, mas também nos

# 154 | HISTÓRIA GLOBAL DA ASCENSÃO DO OCIDENTE

Países Baixos e na Bélgica – eram mais produtivos do que os trabalhadores na Europa e mais produtivos do que os trabalhadores em qualquer parte do mundo.

Neste capítulo, tratámos da produtividade agrícola e demonstrámos como a China, a Índia, e mais tarde a Bélgica, os Países Baixos e a Inglaterra eram países pré-industriais relativamente prósperos. Mas falta saber como é que a Inglaterra, e mais tarde o resto da Europa, fizeram a transição das sociedades pré-industriais para as industriais, pois foi o estabelecimento da produção industrial que originou salários reais diferentes depois de 1800-1849.

Para se entender o que está por detrás da ascensão do Ocidente, convém olharmos mais atentamente para os dois factores principais que levaram à ascensão da indústria moderna: o poder do Estado, e o desenvolvimento da tecnologia industrial, que iremos analisar nos dois capítulos seguintes.

## Bibliografia complementar

Laslett, Peter. *The World We Have Lost* (New York: Scribners, 1965).

Livi-Bacci, Massimo. *A Concise History of World Population* (Oxford, UK: Blackwell, 2006).

Marks, Roberts. *Tigers, Rice, Silk and Silt* (Cambridge, UK: Cambridge University Press, 1998).

Pomeranz, Kenneth. *The Great Divergence* (Princeton, NJ: Princeton University Press, 2001).

# Capítulo 6

## Estados, Leis, Impostos e Revoluções

Os europeus podem não ter começado com vantagens materiais, mas será que beneficiaram por ter tido uma melhor governação? Alguns académicos alegaram que a competição entre Estados europeus levou os governantes a reduzirem impostos e tarifas e a concederem direitos de propriedade mais seguros, de forma a conquistarem o apoio das elites e do povo. Diz-se que isto proporcionou aos europeus uma base para um crescimento suficientemente rápido que permitisse ultrapassar a Ásia, onde vastos impérios e governantes arbitrários impediam o seu desenvolvimento. Diz este argumento que quando os governantes europeus eram demasiado severos na tributação ou exerciam autoridade real de modo arbitrário (como a Grã-Bretanha no século XVIII ou a França no século XIX), as revoluções depuseram-nos e trouxeram liberdade.

As grandes revoluções europeias dos séculos XVII e XVIII não foram o resultado de processos políticos únicos, mas parte de longos períodos de formação do Estado e de conflitos sociais, que ocorreram tanto na Ásia como na Europa. Além disso, durante o século XVIII o líder económico da Europa no século XIX – a Grã-Bretanha – cobrou os impostos e as tarifas mais altos da

# 156 | HISTÓRIA GLOBAL DA ASCENSÃO DO OCIDENTE

Europa, muito mais elevados do que os de qualquer império da Ásia!

Tanto na Europa como na Ásia, o padrão de governação típico nos séculos XVII e XVIII consistia em os estadistas terem cada vez mais poder à custa das elites locais e reagirem às crises políticas forçando a crença em religiões mais ortodoxas. A grande excepção foi a Grã-Bretanha onde, em finais do século XVII e princípios dos século XVIII, um parlamento mais forte, o direito consuetudinário, o pluralismo religioso e a tolerância deram origem a um Estado bastante invulgar.

Nos capítulos anteriores, ficámos a saber que a história económica do mundo antes de 1800 foi uma história de ciclos e períodos de transições moderadas. Os salários reais aumentaram e baixaram, a produtividade agrícola e os rendimentos aumentaram nalgumas regiões da Europa e baixaram noutras. Em 1800, a produtividade agrícola rendeu lucros significativos nalgumas regiões da Europa, mas o crescimento populacional ultrapassava esses lucros, de forma que os rendimentos dos trabalhadores começaram a baixar, mesmo em Londres entre 1750-1799 e em Amesterdão entre 1800-1849. Em 1848, o surto de ferrugem da batata originou uma fome que alastrou a toda a Europa.

Entretanto, apesar de a produtividade na Índia ter sido bastante elevada, não aumentou mais, e parece ter declinado após 1800. No século XIX, à medida que a população na Ásia aumentava os rendimentos baixavam significativamente. Se a figura 5.1 revela apenas os dados de 1800-1849, deveríamos estar à espera que em finais do século XIX e princípios do século XX a economia mundial estivesse no mesmo nível histórico dos cinco séculos anteriores. Muitas regiões – a Itália e a Áustria na Europa, e a China e a Índia na Ásia – estavam prestes a atingir os níveis mais baixos na história dos níveis de vida, e não níveis mais elevados.

ESTADOS, LEIS, IMPOSTOS E REVOLUÇÕES | 157

Porém, este quadro sombrio não revela tudo o que se passou no século XIX. Como vimos, houve um corte acentuado com o passado em finais do século XIX, em que os rendimentos reais aumentaram subitamente na Europa, facto que ocorreu muito cedo e com uma enorme magnitude na Grã-Bretanha. Como pode isto ter acontecido?

Alguns académicos sugeriram que procurássemos uma resposta nas regras com que as pessoas viviam – por outras palavras, nos seus governos. Os «institucionalistas», como são denominados estes académicos, sugeriram que as regras que regiam quem podia ser proprietário, ou a liberdade que tinham para ganhar dinheiro e investi-lo, foram elementos cruciais para o crescimento económico. A censura, os impostos elevados, um governo arbitrário ou tirânico, a autoridade religiosa e o excesso de burocracia eram obstáculos para mudar e melhorar a maneira de agir. Mas também o eram os privilégios concedidos às corporações ou aos produtores, impedindo a competitividade, ou os impostos elevados, que colocavam obstáculos ao comércio. Os institucionalistas defendiam que mercados livres e abertos, impostos baixos e uma pequena burocracia, protecção de propriedade, incentivo ao comércio e restrições à autoridade do governo, eram as chaves para um crescimento económico rápido.

Estes académicos afirmaram que compreender a ascensão do Ocidente implicava identificar as características especiais dos Estados europeus. Haveria algo especial neste grupo de Estados de média dimensão – frequentemente em guerra e sempre em competição – e na natureza dos seus governos que tivesse incentivado o progresso económico? Terá havido algo especial na governação britânica (a Grã-Bretanha arrastou a Europa para a industrialização) que tenha favorecido particularmente o progresso económico? Terão sido as revoluções políticas que depuseram os reis na Grã-Bretanha em 1640 e em França em 1789 que prepararam o caminho para a posterior

158 | HISTÓRIA GLOBAL DA ASCENSÃO DO OCIDENTE

Revolução Industrial e tudo o que se seguiu? São estas as questões que iremos explorar neste capítulo.

## Eram os Estados europeus militar e religiosamente mais competitivos do que os impérios asiáticos?

Uma das diferenças óbvias entre a história dos Estados europeus e a das principais civilizações da Ásia é a ausência de grandes impérios na Europa, sobretudo no período de 1500 a 1800. Embora o objectivo de vários monarcas europeus fosse impor a sua autoridade por toda a Europa, em momento algum a Grã-Bretanha, a França, a Alemanha e a Espanha· (os principais Estados da Europa Ocidental) foram controlados por um único governante. Napoleão, de 1800 a 1815, esteve próximo – colocou a Itália, a Espanha e a França sob o seu controlo (ou dos seus familiares). Mas foi derrotado pela Rússia e a seguir por uma coligação de forças britânicas, russas e alemãs. Sem nenhum poder dominante que pudesse impor a ordem, a Europa foi constantemente abalada por guerras entre Estados durante grande parte de 1500 a 1800 (na verdade até 1945).

Em contrapartida, de 1500 a 1800, grande parte do Norte de África e do Médio Oriente foi governado pelo Império Otomano, grande parte da Índia foi governada pelo Império Mogol, e toda a China foi governada pelos impérios Ming e mais tarde Qing. Estes impérios dominaram as regiões vizinhas e criaram um governo unificado para os territórios e as populações, comparável ou superior a qualquer governo da Europa Ocidental.

Alguns dos principais académicos europeus, como Eric Jones e David Landes, sugeriram que a presença de vários Estados competitivos tornou a Europa mais inovadora. Estes académicos chamaram a atenção para o facto de grupos de Estados competitivos – desde o tempo das cidades-Estado da

ESTADOS, LEIS, IMPOSTOS E REVOLUÇÕES | 159

Grécia antiga aos Estados do Renascimento medieval da Itália e aos Estados da Europa pré-industrial – terem sido invulgarmente dinâmicos no âmbito da arte, da política e da tecnologia militar. A concorrência entre Estados levou os governantes a aperfeiçoarem a sua organização militar e a sua tecnologia e a darem concessões aos seus súbditos, cobrando-lhes impostos mais baixos para obterem o seu apoio. Além disso, num sistema de Estados competitivos, quando um governante suprime uma ideia nova, ela desenvolve-se noutro sítio.

Por outro lado, estes académicos defendiam que num grande império unificado é mais provável o governante estar preocupado em manter o controlo do seu império do que em defender-se de ameaças competitivas. Métodos para manter um controlo apertado – como, por exemplo, insistir na estrita conformidade religiosa e na obediência ao governante ou cobrar impostos elevados para manter um Estado opressivo – eram mais importantes do que descobrir novas formas de aumentar a riqueza económica ou melhorar o poder militar. Num grande império, quando uma ideia valiosa surgia ou era introduzida a partir do exterior, podia ser suprimida e não ter hipótese de se desenvolver.

Embora esta teoria possa parecer interessante, é uma simplificação enganadora afirmar-se que de 1500 em diante a Europa tinha um sistema de Estados competitivos, enquanto a Ásia possuía impérios sem competição. É mais correcto dizer-se simplesmente que a Ásia teve vários Estados, maiores do que qualquer Estado da Europa. Se olharmos para um mapa da Ásia de cerca de 1600, quando os impérios Ming, Mogol e Otomano estavam todos bem estabelecidos, vemos que a Ásia também estava dividida em inúmeros Estados. A figura 6.1 identifica 22 Estados, pequenos e grandes (e o mapa não mostra Omã e o Iémen na península Arábica, nem Java e outros Estados na Indonésia). Vários dos maiores Estados encaixam-se exactamente nos principais concorrentes militares (os Otomanos contra a Pérsia, os

Mogóis contra a Pérsia e os Estados austrais da Índia), e o mapa como um todo não é totalmente diferente do da Figura 1.1 (página 13), que mostra a Europa em 1500.

Os Estados da Ásia estavam frequentemente em guerra. No século XVIII, os Persas invadiram o Império Mogol e saquearam Deli, a capital. Os Mogóis também estavam constantemente em guerra com a Confederação Marata. Os Otomanos estavam muitas vezes em guerra com os Persas, ora perdendo, ora ganhando, e travaram guerras contra os Austríacos, os Russos e os Polacos. Na China, os Manchus conquistaram o Império Ming em meados do século XVII e fundaram a sua própria dinastia, a dinastia Qing. Os imperadores qing passaram o século seguinte a comandar grandes exércitos equipados com armas de fogo – apoiados por um impressionante sistema logístico que se estendia por quilómetros, por montanhas e desertos – em guerras com reinos rivais na Ásia Central.

Os Estados mais pequenos também eram combatentes impressionantes. Os Vietnamitas travaram inúmeras guerras com a China e invadiram várias vezes o Camboja. Os peque-

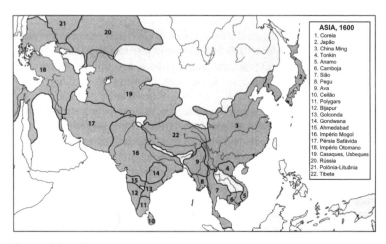

FIGURA 6.1 — ESTADOS ASIÁTICOS NO SÉCULO XVII

ESTADOS, LEIS, IMPOSTOS E REVOLUÇÕES | 161

nos Estados da Indochina – Anamo, Tonkin, Champa e Khmer (Camboja) – lutaram uns contra os outros durante séculos, do século XII ao século XX. De 1771 a 1845, Anamo, a Tailândia (na altura Sião), a China e o Camboja estiveram envolvidos em guerras entre si durante 44 desses 75 anos.

Por vezes, os historiadores europeus referem também com orgulho os castelos e as fortificações construídos desde os tempos medievais ao Renascimento e o espírito de competição militar entre os Estados europeus. Por outro lado, historiadores da China e do Japão destacam amiúde a corte altamente civilizada e a elite cultural dessas sociedades, que privilegiavam os ensinamentos confucianos, a pintura, a caligrafia e a poesia. Mas não podemos ignorar o espírito militar dessas sociedades asiáticas que, no século XVII, não só terminaram a Grande Muralha da China (uma muralha e fortaleza a uma escala inimaginável na Europa) como também produziram o aço mais puro do mundo e espadas, criaram as artes marciais mais complexas do mundo (pelo que ainda são famosos actualmente), mantiveram grandes exércitos equipados com armas de fogo e artilharia, construíram grandes e poderosos navios e puseram em funcionamento redes fantásticas de abastecimento e comunicações. No século XIV, a marinha chinesa utilizava imponentes navios de guerra de três convés com castelos blindados com ferro, cada qual com mais de 2 000 homens. Um conflito envolvia vários milhares de navios e 400 000 soldados e marinheiros. A Europa só travou guerras a esta escala muitos séculos depois ([1]). Tanto a China como o Japão foram países suficientemente poderosos em termos militares para terem conseguido manter encurralados os europeus em pequenos postos avançados longe das suas capitais, durante mais de 300 anos, até os navios de guerra a vapor da Grã-Bretanha e da América terem chegado às suas costas no século XIX.

Convém também saber que a liberdade e o pluralismo não beneficiaram da competitividade entre os Estados europeus

162 | HISTÓRIA GLOBAL DA ASCENSÃO DO OCIDENTE

– com efeito, essa competitividade levou a maioria dos governantes a revoltar-se *contra* o pluralismo nas suas fronteiras, reprimindo a inovação e a liberdade de pensamento. Em finais do século XVII, monarcas de países católicos – nomeadamente Filipe IV em Espanha, Fernando II no Império Austríaco dos Habsburgo, e Luís XIV em França – expulsaram dos seus territórios os protestantes e outros dissidentes. Muitos Estados protestantes, como os Países Baixos calvinistas e a Suécia luterana, estavam também a consolidar a religião oficial apoiada pelo Estado. Em meados do século XVIII, só a Dinamarca, a Prússia e a Grã-Bretanha é que toleravam a prática de religiões diferentes, ao contrário das práticas religiosas uniformes e cada vez menos tolerantes na maior parte da Europa.

Tal como é errado olhar para os maiores impérios da Ásia como tendo sempre dominado os seus vizinhos e não terem sido militarmente competitivos, é igualmente errado olhar para eles como impérios simplesmente fechados a novas influências e uniformes nas suas crenças. Do século XV ao século XVIII, a quantidade e a variedade de Estados da Ásia encorajaram um comércio internacional florescente de mercadorias e ideias que superou as fronteiras e enriqueceu as diferentes culturas do Norte e do Sul da Índia, da Pérsia, do Tibete, da Ásia Central, da Indochina, do Sudeste Asiático, da China, da Coreia e do Japão. Tal como na Europa, também havia concorrência entre crenças religiosas – sobretudo entre o islão, o budismo, o hinduísmo e o confucionismo – cada uma delas com as suas várias seitas e heterodoxias.

O confucionismo pode ter-se tornado mais rígido e ortodoxo na China sob o Império Qing e marginalizado o budismo, que prevaleceu nos séculos anteriores, mas uma grande variedade de crenças e práticas budistas prosperou nos Estados do Sudeste Asiático, no Tibete e no Japão. Os Otomanos, no século XVIII, podem ter favorecido uma forma do islão sunita cada vez mais ortodoxa; mas a heterodoxia xiita que floresceu na

ESTADOS, LEIS, IMPOSTOS E REVOLUÇÕES | 163

Pérsia independente (o actual Irão) e várias seitas sufis e outras foram acolhidas em zonas do Médio Oriente, na Ásia Central e no Sul da Ásia. Na Índia, o período do Império Mogol foi marcado pela co-existência do islão e do hinduísmo e também pelo florescimento de novas religiões diferentes, como a dos siques e de várias escolas de filosofia indiana. As cortes mogóis também patrocinaram sem restrições as artes e a literatura, que rivalizaram com as da Itália renascentista, levando a novos estilos de expressão artística.

Resumindo, tanto a Europa como a Ásia tiveram dezenas de Estados competitivos. Em ambas as zonas o grande número de Estados gerou uma competição militar constante e permitiu o florescimento de diferentes pontos de vista e religiões, apesar das tentativas de alguns governantes de incentivarem uma uniformidade religiosa nos seus países.

## Ciclos de revolução e rebelião na Europa e na Ásia

Outro motivo apresentado para a ascensão do Ocidente é o facto de este ter tido mais vitalidade económica do que a Ásia, uma vez que os países europeus tinham uma maior dinâmica política. Os pensadores sociais do Ocidente, de Adam Smith e Thomas Malthus a Karl Marx e Max Weber, defenderam que os impérios asiáticos não sofreram transformações políticas significativas durante séculos, desde os primórdios dos grandes impérios aos seus encontros com o imperialismo europeu. Os governantes e até as dinastias podem mudar; pode haver rebeliões e guerras civis, mas acreditavam não ter havido mudanças significativas.

No entanto, a afirmação de que a Ásia tinha uma estrutura política e uma economia inalteráveis é totalmente falaciosa. Com efeito, *todas* as grandes sociedades da Europa e da Ásia passaram por transformações periódicas de 1500 a 1800.

164 | HISTÓRIA GLOBAL DA ASCENSÃO DO OCIDENTE

O poder estatal aumentou e diminuiu, as relações de classe mudaram, o poder do governo central contra as elites locais deslocou-se, e a administração do governo sofreu uma reforma. Estas transformações na organização política, social e económica aconteciam normalmente como resposta a crises sociais e políticas existentes na Europa e na Ásia.

Desde finais do século XVI a meados do século XVII que houve guerras civis e rebeliões em França, na Grã-Bretanha, nos Países Baixos, em Espanha, em Nápoles, em Portugal e na Boémia. Houve também rebeliões no Império Otomano; revoltas nacionais frequentes derrubaram a dinastia Ming na China; e o Império Mogol começou a desintegrar-se na Índia. De finais do século XVIII a meados do século XIX, voltou a haver revoluções na Europa, em França, na Itália, na Alemanha, na Áustria e na Hungria. Este período assistiu também a rebeliões contra o Império Otomano no Egipto, na Grécia e na Sérvia; ao Grande Motim na Índia; e às maiores revoltas e rebeliões da história na China (a Rebelião de Taiping). Em todos estes casos, as rebeliões e as revoluções levaram a uma reestruturação do governo, a novas relações de classe, a transformações na organização económica e a uma mudança da estrutura ideológica dominante dessas sociedades, tanto para defender e restabelecer o antigo regime, como para criar e justificar um novo.

Por que motivo é que todos estes Estados foram assolados por rebeliões e revoluções, aproximadamente na mesma altura? A explicação é muito simples. Todas as grandes sociedades do mundo, de 1500 a 1800, dependiam principalmente da agricultura. Quando a população aumentava mais depressa do que a produtividade agrícola, o preço dos alimentos subia. Quando o preço dos alimentos subia, tanto as elites como a gente comum precisavam de ter mais dinheiro, tal como os Estados. Isto está ilustrado nas figuras 6.2 e 6.3. Nas grandes regiões da Europa e da Ásia os movimentos populacionais e os preços tinham tendência para andar a par, movendo-se na

ESTADOS, LEIS, IMPOSTOS E REVOLUÇÕES | 165

mesma direcção ao longo dos tempos. Estas simples tendências da população e dos preços tiveram consequências surpreendentemente poderosas na política dos Estados agrários.

As sociedades agrárias dependiam do equilíbrio entre a população e a agricultura. A agricultura fornecia alimentos para a pessoa viver e matérias-primas para manufactura; e os impostos sobre a agricultura garantiam a maior parte do rendimento do Estado. O aumento de preços e da população conjugado com más colheitas podia levar a enormes dificuldades. Da mesma forma, o crescimento demográfico gerava muita mão-de-obra e poucos empregos para trabalhadores, enquanto muitos agricultores – pressionados por famílias numerosas e rendas a aumentar – ficavam sem as suas terras. Uma vez que as elites eram também cada vez mais numerosas e lutavam por recursos e por uma posição, as divisões partidárias e as lutas internas também aumentaram. A combinação destas situações gerou uma situação em que bastava uma pequena faísca para atear as chamas da rebelião.

Nalguns países, as divergências religiosas ou os conflitos regionais acrescentaram ainda mais achas à fogueira, enquanto noutros os governantes se destacaram pelo seu empenho em aumentar os impostos e os rendimentos, ameaçando as elites – que acabaram por se revoltar. Estas revoltas ocorreram por toda a Europa e Ásia de 1560 a 1660, e novamente de 1770 a 1860, com a frequência e a intensidade dos picos das revoltas nas décadas de 1640 e de 1840. A Europa e a Ásia assistiram portanto a longos períodos de crises políticas que iam alternando com períodos de estabilidade, que ocorreram em toda a parte, ao mesmo ritmo das oscilações demográficas de longo prazo e de preços.

No entanto, historiadores europeus defenderam durante muito tempo que, apesar de a duração desses acontecimentos ter sido bastante semelhante, os resultados dessas revoltas foram diferentes na Europa e na Ásia. Na Europa, essas revoltas e

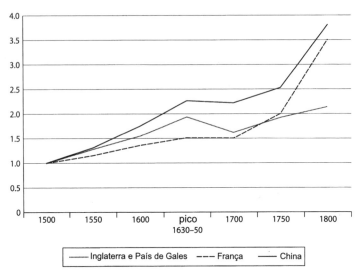

FIGURA 6.2 POPULAÇÃO NA EUROPA E CHINA, 1500-1850
(REFERENTES A 1500 = 1)

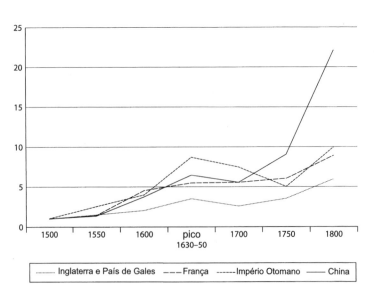

FIGURA 6.3 PREÇO DOS CEREAIS NA EUROPA, NO MÉDIO ORIENTE E NA CHINA, 1500-1850 (REFERENTES A 1500 = 1)

## ESTADOS, LEIS, IMPOSTOS E REVOLUÇÕES | 167

revoluções estavam todas relacionadas com a permissividade e a liberdade, provocando grandes mudanças no poder dos reis e no estatuto dos nobres. Na China e no Médio Oriente, pelo contrário, parecia que pouca coisa mudara – os imperadores e as elites continuavam na mesma. Porém, a ideia de que essas grandes revoltas e rebeliões mudaram tudo na Europa, e nada na Ásia, é profundamente errada. Não houve assim tanta coisa que tivesse mudado na Europa e houve muito mais coisas que mudaram na Ásia do que se julgava previamente.

### Rebelião na Europa

No século XVII na Europa, os rebeldes podem ter reivindicado algumas liberdades mas, de um modo geral, *não* se referiam às liberdades individuais em que pensamos actualmente. Referiam-se, isso sim, a privilégios para grupos específicos, que muitas vezes podiam ser extremamente opressivos com membros individuais da sociedade. Isto é, reivindicavam liberdades que permitissem ao seu grupo fazer determinadas coisas que eram negadas ao resto da sociedade – e não liberdades para indivíduos ou para a sociedade em geral.

Por exemplo, os puritanos que lideraram a Revolução Britânica de 1640 pretendiam refrear um rei que julgavam estar a empurrar, de uma maneira demasiado drástica, a Igreja de Inglaterra para a religião e para as práticas da Igreja Católica. Mas os puritanos eram famosos por oprimir aquilo que consideramos as liberdades individuais, e a revolução acabou por fazer com que o exército puritano de Oliver Cromwell implantasse um governo militar na Inglaterra, Escócia e Irlanda.

As crises do século XVII na Europa não geraram de facto qualquer mudança duradoura relativamente ao poder dos reis ou aos privilégios da nobreza. Na verdade, foi mais o contrário: na Grã-Bretanha, em 1687, o rei católico Jaime II proibiu as as-

168 | HISTÓRIA GLOBAL DA ASCENSÃO DO OCIDENTE

sembleias livres nas colónias da América do Norte e substituiu-
-as por vice-reis sob controlo real, formou um exército católico,
reprimiu os protestantes na Escócia e procurou reunir um parlamento leal que apoiasse os funcionários leais com os quais já
enchera a magistratura. Em França, Luís XIV proibiu a liberdade de religião e expulsou os protestantes do reino, tal como
o rei de Espanha expulsara os muçulmanos e os judeus do seu
reino, 200 anos antes. Até mesmo na Holanda, em tempos um
refúgio para alguns pensadores livres e representantes de muitas crenças, os líderes duros da Reforma holandesa calvinista
expulsaram do país os seus opositores.

Não admira que, de finais do século XVIII a meados do século XIX, os rebeldes tenham erguido novamente as suas vozes
para exigir liberdade e democracia. Mas, mais uma vez, com
excepção da Grã-Bretanha e das suas antigas colónias na América, as rebeliões e as revoluções geralmente não trouxeram
mudanças duradouras na liberdade e na política. Em França,
à Revolução Francesa de 1789 seguiu-se o reinado imperial
de Napoleão e mais tarde o de Napoleão III, pelo que a democracia estável foi adiada até os habitantes de Paris se terem
revoltado em 1871 e posto finalmente fim à série de reis e imperadores que governou quase continuamente desde 1801. Na
Alemanha e no Império Austro-Húngaro, a exigência de um
governo democrático foi reprimida por ministros nobres poderosos e reis que se mantinham firmemente presos às rédeas
do poder até serem depostos na Primeira Guerra Mundial. Em
Espanha e na Itália, os reis e os duques mantiveram-se no poder até ao século XIX. Mesmo na Grã-Bretanha, embora os reis
fossem restringidos pelos parlamentos eleitos após a Revolução
Gloriosa de 1688, a participação política estava muito longe da
verdadeira democracia, pois uma reduzida elite de senhorios
continuava a controlar o governo com firmeza, até a Reforma
Parlamentar de 1832 e 1867 ter alargado o número de pessoas
com direito de voto.

ESTADOS, LEIS, IMPOSTOS E REVOLUÇÕES | 169

Na verdade, os ideais de democracia e liberdade individual não tiveram repercussão na Ásia, mas também não foram muito bem-sucedidos na Europa, até finais do século XIX, quando as cidades se encheram de trabalhadores industriais que depois se juntaram aos manufactores industriais para deporem o poder das elites proprietárias e da realeza tradicional. Por outras palavras, apesar de os ideais de liberdade terem uma longa história no Ocidente, parece que o triunfo final da democracia e da liberdade individual na Europa deveu muito à emergência de economias industriais modernas, levando a um aumento do número e do poder económico dos trabalhadores comuns. Não foram as revoluções liberais que abriram caminho à indústria moderna, mas a indústria moderna que chegou a muitas nações (incluindo a Alemanha, a Rússia, o Império Austro-Húngaro e inclusive a França e a Grã-Bretanha), muito antes de estas terem conseguido uma total liberdade democrática.

**Rebelião na Ásia**

As grandes rebeliões na Ásia introduziram mudanças políticas, sociais e económicas de peso, no entanto, não geraram qualquer movimento significativo voltado para a industrialização moderna. No Império Otomano, as rebeliões do século XVII resultaram numa redução substancial e permanente no controlo que o governo central de Istambul tinha sobre o resto da Turquia. Depois das rebeliões, o governo contou com o apoio de líderes locais bastante autónomos e de elites terratenentes para manter a ordem local, e não com as forças militares que tinham estado ao serviço do sultão em troca de concessões de terras. No entanto, o Estado aumentou o recrutamento de uma infantaria profissional a soldo (os janízaros) para comandar os seus exércitos fora do país. As elites locais aumentaram assim em grande medida a sua autonomia, en-

170 | HISTÓRIA GLOBAL DA ASCENSÃO DO OCIDENTE

quanto o governo central ganhou por sua vez um exército mais eficaz e mais poderoso, que usou para recuperar a ofensiva no Sul da Europa e no Médio Oriente.

Em finais do século XVIII e princípios do século XIX, os Otomanos passaram por mais uma sucessão de reformas modernizadoras, de reorganização do Estado e do exército, e de introdução de banqueiros ocidentais para gerirem as finanças do Estado. Estas transformações – a criação de um banco estatal, o melhoramento das finanças, o combate à corrupção no exército e a racionalização da burocracia – ajudaram a manter o Império Otomano como unidade militar e administrativa até à década de 1920. Mas estas transformações não fortaleceram suficientemente a sua economia de forma a competir com as potências europeias industrializadas de finais do século XIX ou enfrentá-las no campo de batalha.

A transição da China para a governação manchu em 1644 gerou uma das maiores explosões de produtividade na história, baseada numa mudança significativa na estrutura das classes e nas relações de poder. No último século do Império Ming, os senhorios locais das regiões mais ricas da China tinham conseguido evitar impostos, com a colaboração dos funcionários, e controlar cada vez mais terras, criando propriedades vastas. Estes senhorios ofereceram-se para proteger os camponeses dos impostos, agregando as terras destes às suas propriedades; mas, na prática, quando os camponeses abriam mão das suas terras, ficavam dependentes dos senhorios e passavam a ser pouco mais do que servos.

No entanto, quando o enfraquecido Império Ming foi derrubado pelos Manchus, os novos governadores manchus tentaram reforçar o seu governo alterando radicalmente as relações entre o Estado e as elites, e entre as elites e os seus arrendatários. Primeiro, os Manchus mantiveram as suas forças militares no local para controlarem os funcionários burocráticos, que foram estritamente responsabilizados pela colecta dos im-

## ESTADOS, LEIS, IMPOSTOS E REVOLUÇÕES | 171

postos e pela obediência aos novos governantes. Segundo, os Manchus começaram a cobrar impostos muito elevados sobre propriedades com uma dimensão considerável, que deixavam na penúria quem tentasse mantê-las. Por isso, os senhorios do período final da dinastia Ming viram-se forçados a libertar os seus locatários e a vender ou alugar as suas terras por parcelas, dando origem a uma economia rural, dominada não por grandes propriedades, mas por propriedades familiares. Terceiro, os Manchus estabeleceram limites rigorosos à tributação local e esclareceram que o governo iria impedir os senhorios de pressionarem os camponeses a abrir mão das suas terras. Deste modo, garantia-se aos camponeses um controlo seguro das propriedades das suas famílias. A permissão de iniciativa privada nestas propriedades familiares ou lotes arrendados contribuiu para a expansão de culturas múltiplas, novas rotinas de fertilização, e de outras técnicas intensivas que aumentaram suficientemente a produtividade agrícola, permitindo à China triplicar a sua população nos dois séculos seguintes.

Em suma, é tão errado olhar para a história da Ásia como uma história de impérios rígidos e imutáveis ao longo de séculos, como olhar para a história da Europa como promotora da rápida e fácil ascensão da democracia e da liberdade individual. Ambas as imagens são distorções de uma realidade muito mais complexa. Com efeito, em 1750, as zonas mais prósperas da Europa e da China estavam quase ao mesmo nível económico e a Índia e os Otomanos estavam ligeiramente atrás, mas ainda orgulhosamente independentes. Nesta altura, a democracia não tinha avançado muito na Europa, apesar de transformações radicais terem alterado as relações entre produtores, elites terratenentes e civis e governantes na maior parte da Ásia. Tanto política como economicamente, só um século e meio depois é que iríamos assistir às transformações que levaram a uma grande divergência entre os destinos de diferentes regiões e à nítida ascensão do Ocidente.

172 | HISTÓRIA GLOBAL DA ASCENSÃO DO OCIDENTE

Para se perceber a origem desta divergência, convém olhar para diferenças mais subtis, e não para contrastes radicais e excessivos entre os acontecimentos e as instituições na Europa e noutras sociedades.

## Leis, impostos e instituições comerciais

Uma diferença impressionante entre as sociedades europeias e não europeias consistia nos seus sistemas legislativos. Em grande parte da Ásia, as leis eram feitas por decretos do governante e eram concebidas para regulamentar as actividades dos seus súbditos e as relações entre eles. Estas leis nem concediam direitos a esses súbditos, nem limitavam de modo algum a autoridade do governante. Um governante era avaliado consoante as suas leis gerassem prosperidade, impedissem os ricos de explorar os pobres e permitissem que o comércio e a agricultura florescessem.

Na Europa, a noção de lei era bastante diferente. Em parte, isto acontecia porque as leis da Europa se baseavam nas leis de Roma, que tinham sido criadas como leis aprovadas por um grupo dominante – o Senado de Roma – que era responsável pelos cidadãos romanos. Os fundadores de Roma tinham expulsado os reis etruscos que os governavam e fundado uma República. Uma vez que as leis eram aprovadas «pelo Senado e pelo povo de Roma», normalmente não isentavam o governante; as leis eram aplicadas a todos e concediam direitos específicos a determinados grupos e a algumas pessoas face ao Estado.

Este sistema de leis republicanas deteriorou-se e, com os últimos imperadores romanos (que se declararam deuses e governavam por decreto), deixou de haver muitas diferenças entre um imperador romano e um governante turco ou chinês. Após a queda de Roma no século V, os reis bárbaros que emergiram na Europa Ocidental, das tribos conquistadoras de

Francos e Saxões, procuraram reivindicar para si os poderes absolutos dos imperadores romanos. No entanto, num mundo regido mais por superstições e por uma coerção rude do que pela lei e pela razão, os assuntos respeitantes à lei foram rapidamente postos de parte.

Esta situação começou a mudar profundamente apenas no século XI, por influência do Papa Gregório VII. Gregório antevia um mundo no qual a Igreja Católica – incluindo não só o Papa e os seus territórios em Itália, como todos os territórios da Igreja e bispos e padres de toda a Europa – se iria unir e libertar da interferência e do controlo dos reis e imperadores da Europa.

Gregório planeava dar força e independência à Igreja, moldando-a de acordo com os preceitos do Direito Romano, que estava a ser estudado e recuperado nessa época. Com o sistema de Gregório, a Igreja Católica reivindicava ser uma entidade corporativa (literalmente, um «corpo separado») autónoma e distinta da autoridade dos reis e imperadores. Por conseguinte, os decretos do rei não se aplicavam; em vez disso, o próprio direito da Igreja – o Direito Canónico, como era denominado – tinha precedência para a Igreja, os seus padres e as suas possessões.

Nos séculos seguintes, a Igreja teve tanto sucesso com a criação do seu sistema de Direito Canónico e com a utilização dessa estrutura legal para gerir a sua vasta burocracia de funcionários (cardeais, bispos e padres, numa hierarquia de dioceses que seguia o modelo do Império Romano) e com a regulamentação das suas possessões, que até mesmo os reis, os imperadores e os príncipes começaram a admirar a sua eficiência. No século XIII, os reis europeus contratavam amiúde padres experientes para criar os seus próprios sistemas legais e, muitas vezes, para gerir a sua burocracia estatal. O cardeal-ministro tornou-se uma figura comum nas cortes da Europa e a lei estatal começou a assumir os contornos do Direito Romano.

174 | HISTÓRIA GLOBAL DA ASCENSÃO DO OCIDENTE

O princípio de que as leis vinculavam de igual modo o Estado e os seus súbditos e a noção de privilégios legais para organismos corporativos foram-se difundido de tal modo que, no século XVII, uma série de entidades – cidades, universidades, corporações e sociedades profissionais – reivindicou perante a lei o estatuto privilegiado de corporação. Grupos como o Parlamento em Inglaterra, os tribunais em França, os conselhos municipais em Espanha, e outros grupos profissionais tentaram defender, com um sentimento de inveja, os seus privilégios corporativos contra as exigências do rei, reivindicando isenção de determinados impostos e obrigações, declarando que se tratava de direitos legais e liberdades que lhes eram devidos. Mas, na Europa, os reis reagiram, afirmando o seu estatuto de governantes supremos aos olhos de Deus, e na maioria dos países os reis conseguiram ter mais poder absoluto, reduzindo gradualmente os privilégios e as isenções dos grupos corporativos.

Houve apenas uma região na Europa, a Inglaterra, onde o sistema jurídico romano não prevaleceu. Nos séculos XIII e XIV, a Inglaterra, tal como o resto da Europa, seguia o modelo de nomear cardeais-ministros e outros clérigos instruídos para desempenharem altos cargos estatais e assegurar um estatuto corporativo a vários grupos da sociedade. Mas, no século XVI, após uma disputa com o Papa sobre o direito de um rei se divorciar, o rei Henrique VIII aboliu a Igreja Católica em Inglaterra e no País de Gales. Confiscou mosteiros, igrejas, e outros bens, e declarou que ele, como rei de Inglaterra, era o único líder legal da nova Igreja Anglicana. Estes procedimentos enfraqueceram o direito canónico e romano como base de regulamentação das relações sociais na Grã-Bretanha, reforçando o papel do direito consuetudinário (*common law*) – que consistia em decisões tomadas anteriormente por juízes experientes e compiladas como orientação para juízes actuais.

O direito consuetudinário não era um conjunto sistemático de princípios e de responsabilidades do governante e dos

# ESTADOS, LEIS, IMPOSTOS E REVOLUÇÕES | 175

governados. Era, antes de mais, um conjunto de sabedoria acumulada, compilada e construída ao longo de gerações por juízes experientes que pretendiam fazer valer os princípios de lealdade e justiça entre os requerentes em acções judiciais. Porém, faltava ainda fazer valer uma força invulgarmente poderosa que criasse e preservasse liberdades individuais.

Apesar de tudo, o Direito Romano tinha tradição de ter sido subvertido por governantes, de forma a ser-lhes concedido cada vez mais poder absoluto sobre os seus súbditos. No Direito Romano, tudo o que fosse para o bem do reino podia ser justificado e imposto. Sobretudo depois das crises do século XVII, a maioria dos governantes europeus aplicou os princípios do Direito Romano para criar burocracias mais poderosas, aumentar o controlo sobre os súbditos e os seus recursos e criar um novo absolutismo burocrático que lhes concedesse directamente mais poder.

Por outro lado, o direito consuetudinário não foi facilmente adaptado aos desejos dos governantes. Insistia em que todas as partes da acção judicial – mesmo que uma das partes fosse o Estado ou o próprio governante – estivessem sujeitas à mesma lei e aos mesmos padrões de prova e princípios de justiça. No século XVII, os reis Stuarts de Inglaterra, recusando-se a aceitar o direito consuetudinário, utilizaram um tribunal real especial conhecido por Star Chamber para julgar opositores do governo. Os casos no Star Chamber eram julgados em segredo e de acordo com a vontade do rei. Mas um dos princípios pelos quais se lutou, e ganhou, nas guerras civis britânicas do século XVII, foi a abolição do Star Chamber e do primado do direito consuetudinário. Por conseguinte, houve várias características dos tribunais ingleses (e dos americanos, que seguiram o exemplo inglês) que sobreviveram e permaneceram únicos – sobretudo o princípio dos julgamentos com um conjunto de jurados.

Num julgamento com júri há um juiz que preside, tal como um árbitro numa competição desportiva, supervisionando as

# 176 | HISTÓRIA GLOBAL DA ASCENSÃO DO OCIDENTE

tentativas dos advogados concorrentes de persuadirem o corpo de jurados, composto por pessoas comuns, dos factos do caso e da culpa ou da inocência do réu. Os membros do júri são leigos, o que significa que são pessoas comuns, e não peritos ou funcionários públicos.

Este modelo contrastava acentuadamente com os tribunais na Europa, onde os advogados argumentavam perante um juiz ou um colectivo de juízes, que determinava os factos e o resultado do caso. Assim, na maior parte da Europa, os factos e o resultado de um processo judicial eram determinados unicamente por peritos que tinham cargos e autoridade oficiais. Em Inglaterra (e nos Estados Unidos e outros países com leis baseadas no modelo inglês), não eram funcionários nomeados pelo Estado, mas pessoas comuns que faziam parte do júri quem decidia sobre os factos e determinava o resultado do processo judicial. Este modelo tornava bastante mais difícil ao Estado simplesmente acusar e prender uma pessoa; enquanto que nos outros Estados europeus isto podia ser feito simplesmente com base na autoridade de um juiz nomeado pelo Estado, em Inglaterra era necessário o acordo de um júri.

Outro resultado das guerras civis britânicas foi a sobrevivência de uma assembleia eleita – o Parlamento – como contrapeso ao poder do rei. Isto baseava-se no direito consuetudinário, da época das lutas medievais entre nobres e reis ingleses, e de documentos como a Magna Carta, que limitavam o poder do rei de cobrar impostos ou confiscar propriedades ou mandar prender pessoas, a menos que estas acções estivessem de acordo com as leis aprovadas pelo Parlamento. Embora os reis Stuarts tenham tentado abolir o Parlamento ou torná-lo um instrumento ao serviço do rei, as suas tentativas falharam, e o Parlamento – ao contrário da maioria das assembleias eleitas da Europa medieval e princípios da Europa moderna, que desapareceram – continuou a ser um obstáculo sempre presente à tentativa de qualquer monarca britânico exercer uma autoridade absoluta.

ESTADOS, LEIS, IMPOSTOS E REVOLUÇÕES | 177

É fácil sermos levados a pensar, dada a natureza única dos jurados e dos parlamentos que limitavam o poder dos governantes, que os Ingleses se aproveitavam do privilégio de serem o povo a que eram cobrados os impostos mais baixos e terem o governo mais pequeno de toda a Europa ou Ásia, e que talvez tenha sido este factor o responsável pelo precoce sucesso económico da Inglaterra. Apesar de tudo, foi Adam Smith, uma sumidade no assunto, que defendeu que os impostos baixos, as tarifas baixas ou a sua isenção (impostos sobre o comércio), e a liberdade de livre iniciativa traria riqueza às sociedade se não interfeririam com o funcionamento do mercado. Muitos economistas estiveram tentados a acreditar que era este o segredo do sucesso de Inglaterra. Por outro lado, esperar-se-ia que os imperadores chineses ou os sultões turcos, cuja autoridade não estava limitada por leis que concediam direitos aos cidadãos, oprimissem e esmifrassem os seus súbditos cobrando-lhes impostos pesados e reprimindo a produção e o comércio. É portanto de certo modo chocante chegar-se à conclusão de que a Inglaterra do século XVIII era o país que tinha os impostos mais altos da Europa, provavelmente do mundo, e que tinha também as tarifas mais elevadas!

Na Turquia otomana, depois de 1660, o governo aumentou a cobrança de impostos em dinheiro para pagar as suas forças de infantaria de janízaros cada vez maiores, mas que em contrapartida davam mais autonomia aos governadores locais e elites proprietárias, permitindo-lhes inclusivamente proteger as propriedades das suas famílias por um período de tempo indefinido, criando instituições religiosas isentas de impostos e do controlo do Estado. Na China, havia sociedades abastadas de mercadores que tinham a protecção do governo e transportavam livremente grandes quantidades de prata e de mercadorias por todo o país sem praticamente cobrarem impostos internos. Tanto a China como a Turquia mantiveram uma produção florescente de têxteis e cerâmica e apoiaram

178 | HISTÓRIA GLOBAL DA ASCENSÃO DO OCIDENTE

comunidades de mercadores abastados que se introduziram no comércio local e internacional com uma grande variedade de mercadorias.

Passou-se o mesmo com a Índia que, nos séculos XVII e XVIII, era o maior produtor e exportador mundial de produtos de algodão. Na Índia, na China e na Turquia, os governantes viam os mercadores como um mal necessário, mas encorajavam-nos a gerir os seus negócios e protegiam as suas propriedades – pois os governantes dependiam dos mercadores para abastecer as cidades e os seus soldados com alimentos, cavalos, armaduras e outras provisões. Os governantes tentaram também manter as taxas em níveis moderados para proteger o bem-estar de agricultores pobres que produziam o bem mais importante – os cereais, base da alimentação, e matérias-primas agrícolas como por exemplo algodão, seda, chá e outros produtos – no centro dessas economias agrícolas.

Graças a investigações recentes, podemos calcular em quanto é que a China tributava o seu povo e comparar isto com o que os governos europeus tributavam. Calcula-se que no século XIX, o governo imperial da China qing tenha cobrado cerca de 10% do produto interno bruto (PIB) em impostos. O valor total das rendas e dos impostos locais era obviamente mais elevado, pois as elites locais também recebiam o seu quinhão; mas o total de rendas e impostos pagos pelos camponeses era de cerca de 40 a 50% da sua produção.

Parece ser um montante elevado, mas era também bastante característico nas regiões da Europa (sobretudo no Oeste de França, em regiões de Itália e no Leste da Europa) onde eram praticadas culturas partilhadas, em que os arrendatários davam aos senhorios cerca de metade da sua produção. Noutras regiões de França, a combinação de rendas, impostos reais e dízimos pagos à Igreja era bastante desigual – a Igreja recebia talvez um décimo da produção em dízimos e rendas, os senhorios um terço e os impostos reais atingiam apenas os 5 ou 8%. Mas a totalidade

ESTADOS, LEIS, IMPOSTOS E REVOLUÇÕES | 179

daquilo que era retirado aos que trabalhavam na agricultura e que produziam mantinha-se entre os 40 e os 50%. A Grã-Bretanha tinha um sistema totalmente diferente. Na China e em França, a maior parte da terra agrícola era trabalhada por famílias de camponeses que possuíam ou arrendavam as suas terras em parcelas de dimensão familiar e dependiam muito pouco, ou nada, do trabalho assalariado. Na Grã-Bretanha, no século XVIII, metade da terra arável talvez fosse trabalhada como grandes quintas, de produção comercial, em que o gestor da quinta arrendava ou possuía dezenas ou centenas de hectares, e cuja agricultura dependia em grande medida do trabalho assalariado. No entanto, se olharmos para os registos relativos ao que era retirado do rendimento britânico pelos que *não* praticavam agricultura, nem trabalho manual – a corte, a nobreza, os aristocratas, os ofícios, a marinha e o exército – percebemos que absorviam cerca de 40% da produção total da Grã-Bretanha, por volta de 1700; por conseguinte, o total dos encargos tributários e das rendas na Inglaterra nessa época era semelhante ao de outras sociedades agrárias.

Mais impressionante ainda é a distribuição dos impostos retirados pelo governo central. Vimos que os impostos do governo central na China cobravam aproximadamente 10% do PIB, enquanto no século XVIII em França, antes da Revolução Francesa, era retirado apenas 5 a 8%. Mas na Grã-Bretanha, em 1789, o governo central cobrava mais de 18% do rendimento nacional em impostos, aproximadamente duas vezes mais do que a França ou a China.

Os encargos tributários na China e em França recaíam sobretudo na agricultura. Os impostos sobre o comércio e os produtos manufacturados eram modestos. Em França, os impostos sobre o comércio e a indústria renderam cerca de 11% do valor dos bens e serviços neste sector. Na China, a maioria do comércio não era tributada pelo governo central. A maior excepção era o sal: o governo vendia o monopólio do sal aos

180 | HISTÓRIA GLOBAL DA ASCENSÃO DO OCIDENTE

comerciantes em troca do abastecimento de alimentos para as tropas imperiais destacadas nas longínquas fronteiras a Norte. Na Grã-Bretanha, se considerarmos apenas os impostos agrícolas, estes eram semelhantes aos de outras economias agrárias; em 1789, os impostos britânicos sobre a agricultura renderam aproximadamente 7% do valor do valor da produção agrícola. O que fez da Grã-Bretanha uma nação com uma tributação bastante elevada foi o nível extremamente elevado dos impostos sobre o comércio e o consumo (principalmente tarifas), que rendiam 28% do valor da manufactura e do comércio e providenciaram uns elevadíssimos 82% de todos os impostos reais.

O sistema britânico de impostos era motivo de inveja por parte dos outros monarcas. Um enorme exército de inspectores alfandegários cobrava tarifas em todos os portos principais do país. As mais lucrativas eram os impostos sobre as bebidas alcoólicas (principalmente vinhos franceses). No entanto, também eram cobrados impostos altos sobre os tecidos de algodão (que cobriam uma indústria pequena mas em crescimento, que se dedicava à produção e à tintura de tecidos de algodão na Grã-Bretanha) e a importação de cereais. No que respeita às maiores importações e exportações da Grã-Bretanha, durante grande parte do século XIX foi mantida uma série de tarifas e impostos com níveis muito elevados. Além disso, regulamentações rígidas impostas à marinha mercante garantiam que só os mercadores e a marinha mercante estavam autorizados a participar no comércio a partir de portos britânicos e com colónias britânicas.

Deste modo, a noção de que houve uma revolução industrial na economia britânica, baseada em impostos baixos e no comércio livre, é totalmente falaciosa. A Revolução Industrial verificou-se numa economia britânica que conseguiu crescer a uma velocidade extraordinária apesar de ter tido de se defrontar com as percentagens de tributação mais elevadas, as tarifas

ESTADOS, LEIS, IMPOSTOS E REVOLUÇÕES | 181

mais altas e um dos sistemas reguladores de marinha mercante mais rígidos da Europa, se não mesmo do mundo inteiro!

A grande diferença relativamente à economia britânica não consistia no nível dos impostos ou das tarifas, mas na maneira como estes eram gastos. Após 1688, o Parlamento – e o Banco de Inglaterra, a quem o Parlamento incumbiu gerir a dívida real – tinha capacidade para garantir que estas receitas fiscais não eram gastos em palácios e entretenimentos do rei e da rainha, mas utilizados para pagar as dívidas e financiar a Marinha Real. A garantia de que essas taxas seriam elevadas e utilizadas para pagar dívidas permitia ao Estado contrair empréstimos avultados, comparativamente com a dimensão da economia britânica – dinheiro esse que era utilizado sobretudo na conquista de vitórias contra opositores britânicos no campo de batalha. A Marinha Real, que se orgulhava de ser a maior e mais fantástica força do mundo, tinha capacidade para proteger a marinha mercante britânica e garantir aos comerciantes britânicos uma passagem segura à volta do mundo. O resultado foi um círculo virtuoso («virtuoso» no sentido de auto-restabelecimento), em que os impostos cobrados sobre o comércio eram utilizados em despesas navais e militares, que abriam o caminho a um comércio mais seguro e abrangente. Em meados do século XVIII, grande parte da exploração mineira de prata no Novo Mundo expandiu-se aos comerciantes britânicos, que detinham a maior parte do comércio de escravos, açúcar, tabaco, ouro e prata no Atlântico, assim como grande parte do comércio de chá, especiarias, cerâmica na Europa e tecidos de algodão e de seda na China e na Índia.

Porém, como vimos mais acima, não devemos confundir o sucesso comercial com a progressão automática para industrialização. A Companhia Holandesa das Índias Orientais também foi consideravelmente bem-sucedida em termos comerciais, inclusive quando competiu com a Companhia Britânica das Índias Orientais. Estas duas organizações comerciais beneficiaram de leis que lhes permitiriam tornar-se corporações – organismos autorizados a agir legalmente com autonomia e a angariar fundos de investidores.

No entanto, nenhuma destas companhias lucrou mais do que uma pequena fracção do rico comércio asiático, a maior parte do qual ficou nas mãos de mercadores nativos árabes, indianos e chineses. Por conseguinte, ambas as companhias voltaram-se para a conquista territorial (os Britânicos na Índia e os Holandeses na Indonésia), de modo que, além de manterem relações comerciais, também podiam cobrar impostos nos territórios conquistados e impor os termos do negócio a seu favor.

Será que a origem do mundo posterior de caminhos-de--ferro e barcos a vapor, fundições de ferro e fábricas de tecidos de algodão se deveu ao surgimento precoce destas companhias comerciais e às formas e leis corporativas ou ao Banco de Inglaterra? Alguns economistas, apercebendo-se de que estas novas formas de produção se desenvolveram durante ou logo após o êxito das companhias comerciais, presumiram que tinha de haver uma ligação entre elas.

Mas estas ligações eram difíceis de desvendar. As riquezas obtidas pelos mercadores com o comércio de escravos e de açúcar ou com o comércio asiático eram gastas em casas de campo e investidas em títulos do tesouro (empréstimos ao governo) ou despendidas em impostos – o último dos quais, como acabámos de ver, era sobretudo utilizado para reforçar o exército e a marinha e proteger o comércio britânico. O Banco de Inglaterra angariava dinheiro para o Estado, sobretudo com os senhorios abastados e mercadores, não se envolvendo em empréstimos comerciais a manufacturas. Na verdade, os banqueiros da City de Londres especializaram-se quase exclusivamente em serviços (seguros, corretagem) e investimentos estrangeiros (sobretudo gerindo títulos estrangeiros e câmbios) e mantendo-se completamente à margem daquilo que viam como um negócio arriscado e pouco rentável de empréstimo a negócios nacionais. Os investimentos de capital em transformadores de algodão, empresas de exploração de minas e oficinas metalúrgicas vinham quase inteiramente das economias dos próprios manufactores e de amigos e familiares (quase todos eles oriundos de classes de mercadores e homens de negócios) ou dos lucros reinvestidos nas suas indústrias.

Em suma, nem entre as empresas mercantis ultramarinas europeias nem nas actividades dos banqueiros de Londres podemos descortinar um caminho óbvio para as origens das novas indústrias e dos métodos de produção que dariam início ao processo da industrialização. Se olharmos para o mundo em meados do século XVIII, as leis europeias não proporcionaram condições especialmente favoráveis à acumulação de capital, nem a maioria dos governos europeus se transformou em democracias com direitos individuais assegurados durante um século ou mais. Talvez o mais surpreendente seja o facto de a economia que iria abrir caminho à evolução da produtividade no século seguinte se ter desenvolvido com impostos relativamente elevados, tarifas altas e regulamentação estrita do comércio e da marinha mercante, e sustentado um governo altamente endividado por financiar a expansão militar e naval.

É verdade que o êxito dos mercadores europeus (e sobretudo britânicos), ao terem inundado os seus mercados domésticos com excelentes produtos asiáticos, aguçou o apetite dos consumidores europeus para o consumo de tecidos, cerâmica e outros produtos de qualidade. A existência de mercados tão prósperos encorajou por sua vez os governantes e inventores europeus a descobrirem maneiras de fabricar produtos semelhantes nos seus países. Mas ainda está por explicar a capacidade dos Ingleses para superarem todas as outras regiões da Europa ao descobrir modos de manufacturarem de forma barata substitutos de qualidade e em transportarem as matérias-primas e os produtos acabados para o mercado.

184 | HISTÓRIA GLOBAL DA ASCENSÃO DO OCIDENTE

## Tolerância e pluralismo *versus* ortodoxia imposta pelo Estado

Como já dissemos, por volta de 1750 o sistema jurídico britânico era, de certa forma, único na Europa. Tinha um sistema de julgamento com jurados, apoiava-se no direito consuetudinário para orientar a maioria das decisões judiciais e tinha um Parlamento activo que controlava a conduta arbitrária do governante. Talvez o mais importante fosse o facto de a Grã-Bretanha ter dado protecção legal aos que tinham uma crença diferente da religião anglicana oficial. Os protestantes dissidentes, de muitas seitas diferentes, podiam assim seguir a sua razão e a sua crença, onde quer que esta os levasse.

Na Escócia, a religião e a cultura desenvolveram-se à margem das ideias inquiridoras e da disciplina do calvinismo. No século XVIII, os principais pensadores escoceses, embora devotamente religiosos, estavam menos preocupados com os assuntos respeitantes a rituais e à doutrina do que em compreender a natureza, tendo desenvolvido o comércio e a manufactura e promovido uma melhoria de todas as actividades humanas como forma de aumentar tanto o mérito como a prosperidade da sociedade. A Escócia teve autorização para ter a sua própria Igreja – a Igreja Presbiteriana da Escócia –, totalmente distinta da Igreja Anglicana, que dominava em Inglaterra. O resultado foi um clima de tensão frutífero, uma vez que a vida intelectual britânica não era obrigada a preservar a ortodoxia de uma Igreja específica, nem a negligenciar ou rejeitar pontos de vista alternativos. Havia debates alargados e contínuos sobre a natureza do homem, a sociedade, o Universo e o lugar de Deus no Universo.

As universidades da Escócia – Glasgow, Edimburgo, Aberdeen e St. Andrews – juntaram-se a instituições como a Royal Society de Londres e a uma série de clubes provinciais em cidades como Birmingham, Bristol e Manchester para promoverem

ESTADOS, LEIS, IMPOSTOS E REVOLUÇÕES | 185

todo o tipo de investigações no campo da ciência, da mecânica, da indústria, da filosofia moral, da história, da epistemologia e da teoria política. No decorrer do século XVIII, as universidades da Europa continental estavam cada vez mais sob a influência da autoridade da Igreja (em Espanha e na Itália) ou do humanismo renascentista (em França e na Alemanha) e as principais universidades de Inglaterra (Oxford e Cambridge) eram sobretudo utilizadas como escolas para a elite, empregando poucos investigadores académicos sérios. Por outro lado, as universidades escocesas publicaram novas investigações sérias no campo da medicina, da ciência física e da engenharia. Os seus métodos, a sua investigação e os seus diplomados espalharam-se amplamente por toda a Grã-Bretanha e América do Norte.

As ideias inovadoras foram o elemento crucial na criação de um novo nível de crescimento da produtividade e em novos tipos de actividade económica que se separaram dos ciclos das sociedades agrárias que tinham dominado os últimos dez séculos. Como veremos no capítulo 8, em 1500 a maior parte do mundo ainda funcionava num contexto intelectual estabelecido mil anos antes. Embora grande parte do progresso se tenha verificado em áreas específicas da agricultura, da gestão da água, e dos ofícios, não se verificaram grandes mudanças na compreensão fundamental da natureza ou dos métodos de aquisição do conhecimento.

Antes, as novas ideias acerca do mundo ou do conhecimento em geral eram normalmente entendidas como ameaças que poderiam perturbar a ordem social e política. Onde eram reprimidas novas ideias, o progresso tecnológico tinha tendência para enfraquecer; e onde os desafios ao pensamento ortodoxo eram punidos como crimes, as oportunidades de novas investigações e novas concepções da natureza deixavam simplesmente de existir. Podemos ver esta tendência em grande parte do mundo que não a Grã-Bretanha – e na maior parte da Europa, e não só na Ásia – nos séculos XVII e XVIII.

186 | HISTÓRIA GLOBAL DA ASCENSÃO DO OCIDENTE

Mais acima, vimos que entre 1500 e 1850 todas as grandes civilizações das regiões temperadas do mundo – a Europa, o Médio Oriente e a China – tinham passado por episódios semelhantes de crises estatais, rebeliões e revoluções, que tiveram pelo menos dois picos em meados do século XVII e meados do século XIX. Os tumultos de meados do século XVII, em especial, foram bastante assustadores para os que passaram por eles e, no seu rescaldo, a maior preocupação dos governantes consistia em descobrir maneiras de garantir estabilidade social.

Assim, os governantes introduziram reformas substanciais nas instituições estatais e nas relações sociais, de forma a melhor preservarem a ordem política e social. Como já vimos, os Otomanos substituíram o velho sistema de soldados rurais sustentados por concessões de terras da parte do sultão por uma força centralizada de soldados de infantaria a soldo, conhecidos por janízaros. Na China, a nova dinastia manchu aprovou leis para manter os Manchus separados dos Chineses e ajudar a manter os Manchus unidos e sob controlo. Na maior parte da Europa, reis e príncipes reforçaram o seu poder e expandiram a burocracia à custa de notáveis locais. Esta monarquia absolutista mais poderosa tornou-se o padrão de governação após meados do século XVII, quando os monarcas dissolveram ou questionaram as cortes independentes e as assembleias representativas locais, substituíram os seus responsáveis e tornaram as famílias nobres mais dependentes da corte e da protecção do rei. Nos finais do século XVII e princípios do século XVIII, Luís XIV da França, Pedro, *o Grande*, da Rússia, Frederico Guilherme da Prússia e os seus sucessores reforçaram ainda mais as rédeas do poder, expandiram os seus reinos e dominaram a Europa. O seu modelo de centralização do poder real foi seguido por outros monarcas, incluindo Cristiano IV da Dinamarca, Carlos XI da Suécia e Maria Teresa da Áustria, bem como por alguns príncipes e governantes menores em toda a Europa.

ESTADOS, LEIS, IMPOSTOS E REVOLUÇÕES | 187

Além disso, os governantes na Europa e na Ásia acreditavam que a consolidação da ordem social e política dependia da libertação dos seus países das cisões e controvérsias religiosas. Com efeito, muitos acreditavam que os motins de meados do século XVII os tinham atingido por as crenças fundamentais das suas civilizações terem sido abandonadas ou obscurecidas pela heterodoxia de décadas anteriores.

Os académicos e burocratas otomanos defendiam a necessidade de retomar o «círculo da virtude», em que governantes e súbditos seguiam fielmente os preceitos do Alcorão, em especial a sua tradição sunita de deferência face à autoridade do Estado. Os movimentos reformistas otomanos dos séculos XVII e XVIII fizeram então pressão para um regresso às crenças tradicionais como remédio para as enfermidades políticas e económicas. Comparativamente com os anos de tolerância anteriores, em que os Otomanos adquiriram armas ocidentais e as aperfeiçoaram e estudaram a cultura e a religião ocidentais, os Otomanos posteriores afirmaram com arrogância a superioridade absoluta do islão e afastaram-se do mundo exterior, tratando com desdém o pensamento cristão. O círculo da virtude tornou-se a base de uma ordem social rígida em que o sultão tinha a tarefa de manter as pessoas no seu devido lugar. A inovação tornou-se o alvo específico da ira dos reformistas religiosos, que condenavam as novas ideias que, segundo eles, levavam apenas ao erro e à decadência. A estabilidade social foi conseguida nestas condições rígidas, mas os grandes feitos da ciência e da cultura islâmica dos séculos anteriores (que trataremos mais pormenorizadamente no capítulo 8) deixaram praticamente de existir.

Na China, os novos governantes manchus tentaram afirmar-se como autênticos governantes chineses, apoiando um programa de cultura confuciana ortodoxa e reforçando as ideias tradicionais da China. Sob o domínio dos anteriores imperadores ming, a China seguira sobretudo as práticas

# 188 | HISTÓRIA GLOBAL DA ASCENSÃO DO OCIDENTE

confucianas, mas a vida intelectual ming era rica em variações que fugiam ao controlo do Estado e que incluíam escolas de pensamento populistas, puritanas e individualistas. No entanto, sob o domínio manchu, a academia passou a ser uma iniciativa fortemente apoiada e controlada pelo Estado. Foram nomeados vários grupos de académicos para purificarem os textos confucianos, através do estudo da sua história, e purgá-los de alterações recentes e falsas. Os testes para cargos oficiais passaram a ser mais rígidos e mais dependentes da memorização vasta dos clássicos confucianos. Por conseguinte, foi só depois do século XVII, sob o domínio estrangeiro manchu, que a China se tornou um Estado confuciano estritamente ortodoxo. Com efeito, muito do que consideramos actualmente uma governação e práticas sociais tipicamente chinesas confucianas, não eram típicas das dinastias chinesas anteriores, mas foram, isso sim, desenvolvidas sob domínio manchu.

A aplicação de uma ortodoxia rígida levou à estagnação e inclusive à perda de conhecimento. Perderam-se os avanços anteriores obtidos na área da matemática – apesar do fim da escravidão, do crescimento de cidades-mercado, da expansão da manufactura e de um aumento substancial da agricultura na China que se verificou sob domínio manchu – e as descobertas científicas e mecânicas, que marcaram todos os períodos dinásticos anteriores da história da China, praticamente deixaram de existir.

Em Espanha, em Portugal e na Itália, a Contra-Reforma católica começou também a opor-se às inovações no âmbito do pensamento e do ensino. Antes do século XVII, a Igreja Católica patrocinou de facto o ensino, apoiando inclusivamente académicos inovadores como, por exemplo, Copérnico. Mas quando os líderes protestantes criticaram a fé católica e começaram a perder força, e quando os líderes católicos concluíram que as novas descobertas científicas ameaçavam o seu controlo sobre

ESTADOS, LEIS, IMPOSTOS E REVOLUÇÕES | 189

as crenças populares, o papado e outros líderes católicos tentaram suprimir o novo conhecimento. Os padres jesuítas, que dirigiam as principais instituições académicas e as escolas, evitaram ensinar o novo sistema solar e a física newtoniana, arranjando soluções de compromisso que preservavam as ideias de uma Terra estacionária no centro do universo. Até mesmo na Holanda e na França os grupos ortodoxos estavam unidos em finais do século XVII. A Igreja Reformada Neerlandesa impôs proibições rígidas ou restrições à prática de outras crenças nos Países Baixos. Em França, Luís XIV usou o seu poder absoluto para expulsar os protestantes do seu reino e proibir o culto protestante em França.

Não admira que, no século XVIII, os Britânicos – com os seus tribunais ainda independentes, um Parlamento activo, leis que protegiam os dissidentes religiosos e inúmeras igrejas oficiais – tenham olhado para o outro lado do Canal da Mancha e continuado a ver todo o continente, da França à Turquia e à China, como um mar de despotismo e poder absoluto e a considerar-se uma ilha ditosa de liberdade e direitos individuais. Foi uma mistura especial que teve resultados surpreendentes e inesperados nos séculos seguintes.

Iremos analisá-los nos dois capítulos seguintes.

## Bibliografia complementar

BERMAN, Harold, *Law and Revolution: The Formation of the Western Legal Tradition* (Cambridge, MA: Harvard University Press, 1983).

GOLDSTONE, Jack A., *Revolution and Rebellion in the Early Modern World* (Berkeley: University of California Press, 1991).

JONES, Eric, *The European Miracle: Environments, Economies, and Geopolitics in the History of Europe and Asia* (Cambridge: Cambridge University Press, 2003).

NORTH, Douglas C., e THOMAS, Robert Paul, *The Rise of the Western World: A New Economic History* (Cambridge: Cambridge University Press, 1976).

WONG, R. Bin, *China Transformed: Historical Change and the Limits of European Experience* (Ithaca, NY: Cornell University Press, 2000).

# Capítulo 7

## Alterando o Ritmo de Mudança: Houve uma Revolução Industrial?

No século XVII, o ritmo das inovações tecnológicas na Europa aumentou repentinamente, e a seguir acelerou – especialmente na Grã-Bretanha – nos séculos XVIII e XIX. Estas transformações não elevaram imediatamente os níveis de vida, pois levou um século ou mais para as transformações se estenderem a grande parte da economia. No entanto, começando por algumas indústrias (tais como a exploração de minas de carvão, as oficinas de ferro, a cerâmica, os objectos de metal e a fiação de algodão), concentradas sobretudo na região central e nas planícies escocesas da Grã-Bretanha, novas fontes de energia e processos novos começaram a ser aplicados à produção. No final do século XIX, estas novas fontes de energia e processos novos tinham aumentado a produção, ao mesmo tempo que reduziram em dezenas ou centenas de vezes os custos nas indústrias importantes.

A invenção da máquina a vapor, dos caminhos-de-ferro, dos navios a vapor e uma grande variedade de processos de fabrico e de maquinaria foram as invenções mais surpreendentes, mas eram apenas a ínfima parte de milhares de invenções que transformaram gradualmente a vida económica. O que mudou

192 | HISTÓRIA GLOBAL DA ASCENSÃO DO OCIDENTE

realmente foi a banalização e a difusão das inovações, apesar de ter sido algo que estava previsto, uma vez que houve uma cultura britânica de inovação que facultou às pessoas possibilidades e ferramentas intelectuais e materiais para descobrirem novas maneiras de trabalhar. No início do século XIX, esta cultura da inovação estabeleceu-se por toda a Grã-Bretanha e, no final do século, já se espalhara por toda a Europa.

As nossas comparações da sociedade europeia com a asiática demonstraram que os europeus ainda não eram especialmente privilegiados nem estavam especialmente avançados no século XVIII. Nessa altura, algumas zonas da Europa (Inglaterra, Países Baixos, Bélgica) eram tão produtivas como as regiões centrais da China e da Índia, mas a maior parte delas tinha ficado para trás, como se pode ver pela figura 5.2 (p. 138). As nações europeias estavam ainda relativamente atrasadas, e tinham concorrentes em pequena escala no grande sector comercial asiático, que ia do Japão, o Sul da China e a Indonésia, atravessava o oceano Índico, até ao Golfo Pérsico e à costa leste de África. Os europeus viram-se forçados a confinar o seu comércio com o Japão e a China a um punhado de sítios distantes das capitais e mal tinham começado a penetrar o interior da Índia e do Sudeste Asiático. Só o comércio atlântico é que era dominado pela Europa, e esse comércio abastecia sobretudo de prata e ouro, que os europeus transportavam para a Ásia para obterem as fabulosas manufacturas (cerâmicas, sedas, algodões) e recursos naturais essenciais (pimenta, especiarias, pedras preciosas e pigmentos) do Extremo Oriente.

No início do século XVIII, todas as grandes civilizações eurasiáticas já há muito que seguiam uma ou duas das principais religiões de redenção instituídas na era axial, mil anos antes, ou mais (ver capítulo 3). Desenvolveram também burocracias agrárias cujos governantes, hereditários, cobravam impostos e pagavam aos funcionários para manterem a ordem e gerirem

## ALTERANDO O RITMO DE MUDANÇA | 193

TABELA 7.1 — NÚMERO DE INOVAÇÕES NO ÂMBITO DA CIÊNCIA E DA TECNOLOGIA NA CHINA, DOS SÉCULOS X AO XIX

| Século | Número de Inovações |
|--------|---------------------|
| X | 29 |
| XI | 38 |
| XII | 27 |
| XIII | 34 |
| XIV | 37 |
| XV | 18 |
| XVI | 36 |
| XVII | 43 |
| XVIII | 7 |
| XIX | 2 |

Fonte: Li Chen and Ugurlu Soylu, «Innovations in the Chinese History of Science: Compiled from Joseph Needham's *Science and Civilization in China*», in *Political Competition, Innovation and Growth in the History of Asian Civilizations*, ed. Peter Bernholz and Roland Vaubel (Cheltenham, UK: Edward Elgar, 2004), p. 92.

os seus impérios ou reinos. Estas burocracias estavam a recuperar das frequentes crises do século XVII, cujos preços elevados e crescimento populacional levaram a problemas que originaram lucros suficientes e, consequentemente, rebeliões no seio da elite e do povo. Na maioria dos reinos e impérios, o início do século XVIII foi um período de contenção e de conservadorismo, em que os governantes tentaram reforçar a ortodoxia religiosa e a conformidade, sendo que os textos sagrados e clássicos de séculos anteriores foram respeitados e elevados à condição de guias para reconquista de glórias passadas.

Embora o progresso material continuasse e nalguns sítios acelerasse – como o desenvolvimento na China de mais multiculturas espalhadas e sofisticadas, a utilização de novos fertilizantes como os bolos de feijão e a construção de celeiros geridos pelo governo para assistência pública, em caso de fome – a velocidade dos progressos técnicos e das invenções abrandou. Na verdade, o ritmo anterior de inovações e mudanças dos regimes ortodoxos e conformistas da China manchu e do

194 | HISTÓRIA GLOBAL DA ASCENSÃO DO OCIDENTE

Império Otomano praticamente parou. A tabela 7.1 mostra a quantidade de inovações tecnológicas e científicas importantes na China, do século X ao século XIX. É óbvio que um longo período de inovações, que levou à liderança tecnológica da China, acabou abruptamente com a conquista manchu nos finais do século XVII.

Mas não foi o caso da Europa, que estava tecnicamente atrasada. Antes pelo contrário. Do início do século XVII em diante, a Europa assistiu a um aumento impressionante do número de inovações científicas e tecnológicas, tendo-se tornado o centro dinamizador mundial das transformações tecnológicas. As primeiras transformações surgiram com a descoberta e expansão de instrumentos científicos – telescópios, microscópios, barómetros, termómetros, bombas de vácuo, relógios de pêndulo e outros. Mais tarde, primeiro sobretudo nos Países Baixos, mas pouco tempo depois em Inglaterra, verificaram-se melhoramentos na construção naval, no armazenamento, no fabrico de cerveja, na pesca, na reprodução e criação de animais, na utilização de moinhos de vento, na drenagem de cheias, na rotação de culturas e na transformação de alimentos. Houve também melhoramentos administrativos em áreas como as finanças públicas (empréstimos a governos), cobrança de impostos, assim como na organização burocrática, que reforçou os governos centrais. Estes melhoramentos reflectiram-se num aumento da produtividade agrícola e dos níveis de vida nos Países Baixos e na Inglaterra após 1600, tal como vimos no capítulo 5 (ver figuras 5.1 e 5.2, páginas 129 e 138).

Durante muitos anos, os historiadores ocidentais interpretaram estes melhoramentos como o início da nova era moderna da Europa. Defenderam que foram sobretudo algumas das inovações técnicas proeminentes do século XVIII – a utilização de carvão para fundir minério de ferro, em 1709, a invenção da primeira máquina a vapor em 1712, o desenvolvimento de maquinaria para produzir e alisar ferro em 1783, e a fiação de

ALTERANDO O RITMO DE MUDANÇA | 195

algodão em 1769-1779 – que levaram a uma Revolução Industrial que fez da Europa, e principalmente da Grã-Bretanha, a «oficina do mundo».

Mas, como também se verificou no capítulo 5, estas transformações não geraram grande divergência entre os níveis de vida da Europa e os de outras partes do mundo ou inclusivamente entre o passado na Europa. A maioria destas transformações permitiu simplesmente que as regiões mais avançadas da Europa alcançassem as regiões mais avançadas da China e outras regiões da Ásia. Em 1750, os salários reais em Inglaterra não eram ainda muito mais elevados do que tinham sido em 1600 na Inglaterra – ou na Índia – e não eram significativamente diferentes dos salários reais na China ou no Japão (ver tabela 5.2, página 132). Em 1800, as maiores e mais ricas cidades do mundo ainda eram na Ásia e não na Europa. A produtividade agrícola na China era praticamente a mesma da de Inglaterra e dos Países Baixos. Estas transformações positivas nos níveis de vida europeus não tiveram continuidade, pois de 1700-1749 a 1800-1849 os salários reais nas principais cidades da Europa estagnaram ou declinaram, mesmo em Inglaterra e nos Países Baixos.

Não admira, portanto, que muitos historiadores de economia, ao terem olhado para o ritmo lento de mudanças dos padrões de vida na Europa antes de 1850, se tenham questionado sobre se antes dessa data haveria alguma coisa que merecesse ser chamada Revolução Industrial. E, com efeito, se admitirmos que o termo «Revolução Industrial» é utilizado para nos referirmos a «um aumento dos níveis de vida como jamais se viu na história mundial», é porque antes de 1850 não ocorrera ainda nada semelhante. Foi só a partir de cerca de 1850 em diante que as fábricas a vapor, a maquinaria agrícola, o equipamento para construção, os caminhos-de-ferro e os barcos a vapor mudaram a imagem da produção, originando uma melhoria dos níveis de vida europeus, enquanto

196 | HISTÓRIA GLOBAL DA ASCENSÃO DO OCIDENTE

ganhavam aos outros locais na competição pela manufactura e produção. Portanto, foi apenas a partir de 1850 que as inovações nas áreas da química, das comunicações (o telégrafo e o telefone), da energia eléctrica e a gás e de novos materiais e técnicas de construção mudaram a nossa percepção acerca das possibilidades da vida material. Por fim, foi só por volta de 1850 em diante que os navios de guerra a vapor permitiram aos Estados europeus projectar o seu poder nas sociedades asiáticas da China e do Japão, e que os caminhos-de-ferro permitiram aos europeus projectar o seu poder no interior de África e da Ásia, dando origem à superioridade militar global dos Estados europeus.

Não obstante, *algo* de importante terá acontecido entre 1700 e 1850: no início deste período, até as principais regiões da Europa estavam apenas a começar a competir com as técnicas e a produtividade das sociedades mais avançadas da Ásia e, no final desse período, estavam em vias do domínio económico e militar. Se não nos referirmos à «Revolução Industrial» como um acontecimento que gerou os maiores lucros da história, mas como processo que levou a um aumento do número de inovações tecnológicas e como o princípio de um padrão onde em cada vez mais regiões a vida material era afectada por novas fontes de energia, novas máquinas e novas invenções e técnicas, nesse caso a Revolução Industrial ocorreu definitivamente na Europa, mais precisamente na Grã-Bretanha, entre 1700 e 1850.

Na verdade, se olharmos para a Europa de cerca de 1700, verificamos que o seu centro de poder é o palácio real francês em Versalhes, onde o «Rei-Sol», Luís XIV, governou durante o maior e mais poderoso reinado da Europa. Em contrapartida, a Grã-Bretanha era uma região pequena e agitada, que ainda estava dividida entre os reinos separados da Inglaterra, da Escócia e da Irlanda, esforçando-se por ajudar os Países Baixos a continuarem independentes do poder de Luís XIV.

Porém, Paris, a capital do Rei-Sol, tinha apenas 500 000 habitantes e em termos de edifícios públicos, tratamento de esgotos e condições sanitárias, estava muito aquém da glória da cidade de Roma no seu auge, cerca de mil e quinhentos anos antes, que acolhera aproximadamente um milhão de habitantes. O próprio Luís descreveu uma elaborada parede de um teatro romano que ainda se mantinha na cidade de Orange, no Sul, como a maior parede de todo o seu reino, e a Pont du Gard, o grande aqueduto próximo de Nîmes, continuava a ser uma das maiores pontes de França (ver figura 7.1).

FIGURA 7.1 — AQUEDUTO ROMANO, CONSTRUÍDO CA. 100 A.C., SOBRE O RIO CARD PRÓXIMO DE NÎMES, FRANÇA

198 | HISTÓRIA GLOBAL DA ASCENSÃO DO OCIDENTE

As viagens eram feitas a cavalo, e a agricultura e a produção tecnológica mantiveram-se inalteradas durante muitos séculos e grande parte da energia era fornecida por moinhos de vento. Embora a França produzisse o mobiliário e as pinturas mais luxuosos, bem como os tecidos mais requintados da Europa, para a sua corte real e para nobres abastados, as condições de vida do camponês médio francês não se alteraram durante centenas de anos. Um nobre romano que tivesse vivido na Gália (o nome romano para França) quinze séculos antes podia ter regressado ao Sul da França e sentir-se em casa – o «bom gosto» ainda era sobretudo uma questão de imitação da pintura e da escultura romanas.

Avancemos 180 anos, até Londres, em 1880. A capital da Grã-Bretanha é agora uma metrópole vibrante, com cerca de 4 milhões de habitantes, eclipsando de longe qualquer cidade de qualquer região do mundo em tempos anteriores. O seu perfil é delimitado por enormes edifícios novos e pontes de ferro e vidro, bem como de tijolo e pedra. Pelas suas resplandecentes estações de caminhos-de-ferro passam dezenas de milhares de passageiros e milhões de toneladas de mercadorias, enquanto o porto está cheio de barcos a vapor e veleiros. As suas ruas são iluminadas com candeeiros a gás; as casas, fábricas e escritórios estão repletos de pessoas com níveis de vida mais elevados do que os atingidos por qualquer grande sociedade do mundo antes de 1800.

No ultramar, os navios a vapor e os couraçados da Grã--Bretanha dominam os portos da China, e o seu funcionalismo público governa toda a Índia. Os caminhos-de-ferro transportam pessoas e mercadorias através dos continentes à espantosa velocidade de 80 quilómetros por hora e as linhas telegráficas conseguem enviar mensagens que atravessam os oceanos em segundos. Apesar de a França estar ligeiramente atrás da Grã-Bretanha relativamente ao poder naval e à glória imperial, está a alargar os seus impérios em África e dentro de dez anos

ALTERANDO O RITMO DE MUDANÇA | 199

irá construir a magnífica Torre Eiffel, totalmente feita em ferro fundido. Os preços de artigos básicos, como o algodão, o ferro, a energia e os alimentos, caíram por factores de 10 a 100. Como é que o mundo mudou tanto e em tão pouco tempo?

## A inovação como fonte de crescimento industrial

As transformações começaram a dar-se nalgumas indústrias concentradas, sobretudo nas regiões do Norte e Centro de Inglaterra; posteriormente estenderam-se à Escócia, à Cornualha e ao País de Gales; e mais tarde à Bélgica, Suíça, França e outras regiões da Europa. Estas indústrias incluíam produtores de tecidos de algodão, ferro e aço (incluindo artigos de metal, desde facas e fivelas, a locomotivas e caminhos-de-ferro) e cerâmica; companhias de exploração de minas de carvão e outros minerais; e empresas de transportes que construíram e puseram a funcionar canais, caminhos-de-ferro, barcos e locomotivas a vapor. Graças a todos estes elementos, a tecnologia alterou um dos princípios básicos da economia – a lei do retorno decrescente.

Ao longo de grande parte da história, quando a produção de alguma coisa aumentava, aumentavam também os seus custos. Tudo o que utilizava matéria-prima produzida na agricultura, na exploração mineira, ou florestal – que era praticamente tudo nas eras pré-industriais – tendia a ser mais caro à medida que a produção aumentava: as quintas tinham de investir mais ou expandir-se para terras menos produtivas, as minas tinham de ser escavadas em maior profundidade, e para cortar madeira tinha de se penetrar mais nas florestas. Mas em Inglaterra, em finais do século XVIII e princípios do século XIX, esta lei foi revogada por um pequeno número de indústrias, onde a produção duplicou, triplicou e quadruplicou, enquanto os custos de produção caíram para metade, e depois para três quartos

200 | HISTÓRIA GLOBAL DA ASCENSÃO DO OCIDENTE

ou mais. Como já vimos, o desenvolvimento destas novas indústrias transformadas das regiões do Norte e do Centro de Inglaterra geraram transformações na economia local, suficientemente fortes para aumentar os salários rurais em 50% de 1700 a 1850, quando estes estavam a baixar no resto da Inglaterra.

Mas antes de 1850, estas indústrias consistiam apenas numa pequena parte da economia da Grã-Bretanha. Apesar do forte aumento da indústria de algodão de quase nada para uma indústria fabril de grande escala de 1750 a 1800, em 1800 a centenária indústria de lã consumia ainda o dobro da matéria-prima da indústria de algodão. Nesse ano, as rodas hidráulicas ainda forneciam três vezes mais energia para a exploração de minas e para a indústria do que as máquinas a vapor.

Assim, as verdadeiras transformações ao longo do século XIX deram-se à medida que estas novas indústrias transformadas causavam impacto em toda a Grã-Bretanha: houve mais inovações a estender-se a outras indústrias (agricultura, processamento de alimentos, construção), surgindo indústrias totalmente novas (materiais químicos, electricidade, telefone e telégrafo, borracha). Esta situação foi complementada com desenvolvimentos nos seguros, nas finanças, na segurança e na troca de informação que mais tarde expandiu o âmbito do comércio e baixou os custos das transacções, dando origem a mercados mundiais abastecedores de uma infinidade de produtos. Quando estas novas indústrias se espalharam pela Europa e depois pelo mundo, alteraram a natureza da economia global e elevaram os níveis de vida, onde quer que viessem a dominar.

Podemos ver algumas destas transformações na tabela 7.2, que mostra o extraordinário crescimento na produção nas novas indústrias transformadas de algodão, exploração de minas de carvão, ferro, transportes e máquinas a vapor entre 1700 e 1900. A tabela mostra também o crescimento mais lento nas indústrias mais tradicionais, como as de lã e linho, e o cresci-

ALTERANDO O RITMO DE MUDANÇA | 201

mento populacional durante este período.

Se olharmos para a parte inferior da tabela 7.2, vemos que algumas indústrias cresceram imenso. A produção de algodão aumentou mais de 700 vezes entre 1750 e 1900, a produção de carvão mais de 50 vezes e a produção de ferro gusa (a produção de ferro em bruto de altos-fornos) mais de 300 vezes. A utilização da máquina a vapor aumentou cerca de 2 000 vezes, com uma potência de cerca de 5 000 cavalos em 1 750 mas de quase 10 milhões de cavalos em 1900. Os barcos e os caminhos-de-ferro a vapor, acabados de inventar no início do século XIX, subiram do nada até às milhões de toneladas no comércio marítimo e milhares de quilómetros de caminhos-de-ferro. Este período assistiu também a uma enorme expansão (que não está representada nesta tabela) da produção britânica de cerâmica (mais famosa pela Spode e pela Wedgwood); de tinturaria, branqueamento e impressão de tecidos de algodão; e de canais e pontes. Em contrapartida, a lã e o linho não aumentaram muito mais do que a população. Por conseguinte, o aumento de produção *per capita* foi sustentado sobretudo por novas indústrias transformadas.

No entanto, seria errado considerar que este aumento de produção em determinadas indústrias era suficiente para transformar de repente toda a economia. A maioria dos gastos das pessoas no início do século XIX em Inglaterra ainda era em alimentos, roupa grossa e quente (sobretudo de lã e de couro), assim como na habitação: tudo indústrias que foram pouco afectadas pelas maiores transformações nas fontes de energia ou na tecnologia de produção, até muito para lá de 1850.

Ao longo do início do século XIX, a produção de chapéus, sapatos, luvas e roupa era toda feita à mão, tal como as plantações e as colheitas e a maior parte da construção. A iluminação era ainda a candeeiros a petróleo ou com velas, e as viagens eram sobretudo feitas em carruagens puxadas a cavalo. Como se pode ver pela tabela 7.2, mesmo relativamente às novas in-

TABELA 7.2 — CRESCIMENTO DA PRODUÇÃO DE INDÚSTRIAS SELECCIONADAS DURANTE A REVOLUÇÃO INDUSTRIAL BRITÂNICA

Produção em vários sectores da economia britânica, 1750-1900 (unidades físicas)

| Ano | Algodão | Carvão | Ferro Gusa | Navios a Vapor | Caminhos-de-Ferro | Máquinas a Vapor | Rodas Hidráulicas | Lãs | Linhos | População |
|---|---|---|---|---|---|---|---|---|---|---|
| 1700 | - | 27 | 24 | - | - | - | - | - | - | 5,06 |
| 1750 | 1 | 4,7 | 27 | - | - | 5 | 70 | 37[d] | 26 | 5,77 |
| 1800 | 24 | 10,0 | 180 | 3[a] | 157[b] | 35 | 120 | 50[e] | 78 | 8,66 |
| 1850 | 267 | 50,0 | 2 250 | 168 | 9 797 | 574[c] | 195[c] | 82 | 189 | 17,93 |
| 1900 | 788 | 250,0 | 9 104 | 7 208 | 30 079 | 9 659 | 178 | 267 | 141 | 32,53 |

Produção de vários sectores da economia britânica, 1750-1900 (referentes a 1750 ou 1800 = 1)

| Ano | Algodão | Carvão | Ferro Gusa | Navios a Vapor | Caminhos-de-Ferro | Máquinas a Vapor | Rodas Hidráulicas | Lãs | Linhos | População |
|---|---|---|---|---|---|---|---|---|---|---|
| 1750 | 1 | 1,0 | 1,0 | - | - | 1,0 | 1,0 | 1,0 | 1,0 | 1,0 |
| 1800 | 24 | 2,1 | 6,7 | 1,0 | 1,0 | 7,0 | 1,71 | 1,4 | 3,0 | 1,5 |
| 1850 | 267 | 10,6 | 83,3 | 56,0 | 62,4 | 114,8 | 2,79 | 2,2 | 7,3 | 3,1 |
| 1900 | 788 | 53,2 | 337,2 | 2 402,7 | 191,6 | 1 931,8 | 2,54 | 7,2 | 5,4 | 5,6 |

**Notas e Fontes**

Algodão: consumidas milhares de toneladas métricas de algodão em bruto. De B. R. Mitchell, *European Historical Statistics 1750-1970* (New York Columbia University Press, 1978), pp. 251-254.

Carvão: Extraídos das minas milhões de toneladas métricas. De http://www.historylearningsite.co.uk/coal.htm (March 23, 2008).

Ferro Gusa: produzidas milhares de toneladas. Dados referentes a 1700-1850 de P. Riden, «The Output of the British Iron Industry before 1870», *Economic History Review* 30, 1977, pp. 443-448, 455; referente a 1900 de B. R. Mitchell, *European Historical Statistics 1750-1970* (New York: Columbia University Press, 1978), p. 218.

Navios a Vapor: deslocação de milhares de toneladas. De Simon Ville, «Transport», in R. Floud and P. Johnson, Cambridge Economic History of Modern Britain, 1700-1860 (Cambridge, UK: Cambridge University Press, 2004), p. 303. [a1820]

Caminhos-de-Ferro: quilómetros de caminhos-de-ferro. De Simon Ville, «Transport», in R. Floud and P. Johnson, *Cambridge Economic History of Modern Britain, 1700-1860* (Cambridge, UK: Cambridge University Press, 2004), p. 305 [b1830]

Máquinas a Vapor e Rodas Hidráulicas: instalados milhares de cavalos-vapor (principalmente na exploração mineira e na manufactura). De Alessandro Nuvolari, *The Making of Steam Power Technology* (Eindhoven, Netherlands: Eindhoven University Press, 2004), p. 8 [c Interoplado de 1830-1870]

Lãs: consumidas milhares de toneladas de lã em bruto. De B. R. Mitchell, *European Historical Statistics 1750-1970* (New York Columbia University Press, 1978), pp. 260-262 [d1775; e1810]

Linhos: consumidas toneladas métricas de linho e cânhamo. De B. R. Mitchell, *European Historical Statistics 1750-1970* (New York Columbia University Press, 1978), pp. 268-269.

População: milhões de pessoas em Inglaterra e no País de Gales. De E. A. Wrigley and R. S. Schofield, *The Population History of England, 1541-1871* (Cambridge, MA: Harvard University Press, 1981), pp. 528-529.

204 | HISTÓRIA GLOBAL DA ASCENSÃO DO OCIDENTE

dústrias líderes, as verdadeiras transformações em grande escala só surgiram depois de 1850. Depois, na metade do século seguinte, de 1850 a 1900, a energia a vapor e a diesel, a electricidade e as turbinas a vapor combinaram-se para gerar energia aparentemente sem limites; o ferro, o aço e o cobre baratos e os tijolos feitos em série permitiram uma nova construção em massa; os comboios e os barcos passaram a ser os principais meios de transporte; e a maioria dos artigos de consumo diário passou a ser produzida em fábricas cheias de maquinaria automática, em vez de ser feita em lojas, por artesãos que usavam apenas ferramentas manuais.

Um factor comum a todo este processo, que teve início por volta de 1700, foi a aceleração das inovações. Eram muitos os poderes que se escondiam por detrás deste grande exército de industrialização – melhoramentos no ensino e na preparação de trabalhadores, utilização das finanças e de capital para fundar novas indústrias e novas formas legais e colectivas para entidades comerciais. Mas por detrás de cada grande aperfeiçoamento técnico estavam as inovações bem-sucedidas – os resultados da procura de maneiras mais eficazes, poderosas e inovadoras de fazer coisas e pô-las a funcionar.

É claro que ao longo da história sempre houve inovações e progressos tecnológicos. Os Romanos inventaram o cimento e aperfeiçoaram o arco e o aqueduto. Os Chineses inventaram o papel, a bússola, as comportas e o ábaco. Os Indianos e as sociedades islâmicas inventaram o moinho de vento, o relógio, a universidade e o observatório. Porém, em cada um destes casos houve uma série de invenções que assinalaram uma idade de ouro ou um período de crescimento económico, que desapareceram, deixando a sociedade numa posição estável ou inclusive de declínio.

Uma expansão contínua implica mais do que algumas ideias brilhantes. Como observou o economista Nathan Rosenberg, «os melhoramentos no desempenho numa parte [de um

ALTERANDO O RITMO DE MUDANÇA | 205

sistema] têm uma importância limitada se não se verificarem simultaneamente melhoramentos noutras partes» ([1]).

O que transformou a Europa e o mundo foi um crescimento constante e um conjunto de inovações relacionadas entre si, no âmbito da agricultura, dos transportes, da manufactura, das finanças, da maquinaria, do ensino e do *marketing*. O ritmo das transformações não só começou a aumentar em finais do século XVIII e princípios do século XIX, como continua a aumentar até hoje. Quando pensamos no padrão de inovação responsável pela ascensão do Ocidente, não devemos pensar em termos de uma série de invenções discretas, mas em vagas de mudanças que estavam constantemente a progredir em muitos campos, cada uma ampliando os efeitos de outras mudanças. Como escreveu o historiador Abbott Usher, a Revolução Industrial caracterizou-se por «uma inovação emergente contínua» ([2]).

Nem devemos pensar numa inovação apenas preocupada com os novos produtos ou indústrias. A inovação foi geral, aplicada inclusive às ocupações mais humildes. Na Grã-Bretanha, o número de patentes registadas de alfaias agrícolas aumentou de cerca de 5 ou 6 por década antes de 1760, para 15, 40, 60, e a seguir 80 por década na década de 1830. Na América, onde a aceleração das inovações se deu mais tarde, a variação do ritmo de inovações não é menos notável: o número de patentes para ferraduras revela que houve um pico repentino por volta de 1840, tendo aumentado de menos de 5 por ano antes de 1840, para 30-40 por ano em 1890-1910. O historiador de economia William Parker observou que a Revolução Industrial foi assinalada por «invenções [que se tornaram um tipo] de actividade popular, feitas repetidamente, a uma escala muito pequena, por muitos intervenientes diferentes» ([3]).

Este aumento de invenções como actividade geral em expansão emergiu primeiro claramente na Grã-Bretanha. No princípio do século XIX, a Grã-Bretanha era o país do mundo inteiro que mais êxito tivera com a aplicação de novas invenções para melhorar a produção – inclusive invenções feitas noutros sítios. Por exemplo, o branqueamento com cloro, inventado pelo francês C. L. Berthollet (1785), o processo de fabrico de soda, inventado pelo belga Nicholas Leblanc (1787); a iluminação a gás, co-inventada pelo francês Phillippe Lebon e o escocês William Murdock (*c.* 1798), o processo mecânico de fiação de linho, inventado por Philippe de Girard (*c.* 1810); o famoso tear de Jacquard (patenteado em 1802); a técnica de conservação de fruta e vegetais frescos, inventada por François Appert (em 1795), e o fabrico de papel em contínuo, inventado por N. L. Robert (1798), tiveram todas a sua primeira aplicação em grande escala na Grã-Bretanha. Convém sublinhar que a liderança da Grã-Bretanha ao longo deste século «não consistia em ter as melhores técnicas, mas em ter sido das primeiras a produzir uma cultura que, através de inúmeras inovações menores [...], induziu a técnicas melhores» para se começar a expandir ([4]).

Resumindo, para explicarmos a ascensão do Ocidente não podemos identificar nenhuma «vantagem europeia» geral anterior a 1700 em termos de bem-estar material ou de tecnologia. Nem podemos referir um punhado de invenções significativas. Os progressos económicos e industriais foram, acima de tudo, mais abrangentes e profundos, tendo posto fim a modos antigo de fazer coisas.

Convém explicar que a emergência de uma notável e expansiva vontade e capacidade de inovação resultou em milhares de inovações, cuja combinação de resultados constituiu uma mudança drástica em termos de possibilidades económicas. E convém também sobretudo explicar como é que esta emergência progrediu e se enraizou na Grã-Bretanha entre 1700 e 1850.

**Foram as fábricas uma inovação crucial?**

Alguns autores dos séculos XVIII e XIX, de Adam Smith a Charles Dickens, ficaram surpreendidos com a emergência de um grande número de fábricas na Grã-Bretanha, de todo o tipos de produtos, desde tecidos de algodão a artigos de metal e cerâmica. Como se as próprias fábricas fossem a chave para a inovação que tornou possível a Revolução Industrial.

No entanto, esta seria uma conclusão errada. A fábrica não era uma nova forma de produção económica; antes pelo contrário, foram centenas de outras inovações tecnológicas de processos de produção que tornaram as fábricas um meio cada vez mais comum de manufacturar uma quantidade cada vez maior de produtos. As fábricas (locais onde dezenas de trabalhadores reuniam os seus esforços, cada um deles especializado numa parte do processo de produção, para realizar um produto acabado) existiram durante centenas, ou mesmo milhares de anos. As grandes pedreiras dos antigos Egípcios e os estaleiros da China imperial empregavam centenas de trabalhadores, para realizarem tarefas complexas e coordenadas.

O que surgiu em Inglaterra no final da década de 1760 foi a fábrica industrial, que utilizava maquinaria nova, novos processos, ou novas fontes de energia para manufacturar artigos que eram tradicionalmente produzidos ou em casa ou em oficinas muito mais pequenas. O trabalho manual foi substituído pelo trabalho das máquinas.

Por conseguinte, a invenção de uma máquina (a máquina de fiação movida a água, de Arkwright, inventada em 1769), em que as fibras de algodão eram torcidas em fios por cilindros em vez de serem torcidas manualmente, deu origem às primeiras fábricas de fiação de algodão. No espaço de algumas décadas, os constantes progressos no campo da maquinaria e das fontes de energia levaram a um aumento da produtividade de 100% e de 10% nos preços.

A utilização de cilindros para retirar as impurezas do ferro

208 | HISTÓRIA GLOBAL DA ASCENSÃO DO OCIDENTE

fundido, em vez de serem os ferreiros a fazê-lo por meio de marteladas, levou também a um grande aumento da produção e à redução de custos na produção de ferro; o trabalho com o cilindro era 10 a 15 vezes mais rápido do que com o martelo. As serrações movidas a água, que utilizavam lâminas rotativas acabadas de inventar e novas máquinas para aplainar e perfurar madeira, desenvolveram-se entre as décadas de 1790 e 1820; substituíram a serração manual e transformaram a produção de madeira para a construção civil num processo fabril. Em meados do século XIX, com a invenção de novos tipos de maquinaria, abriram centenas de fábricas novas por toda a Grã-Bretanha.

No entanto, as fábricas eram apenas uma parte da história da industrialização. Se consideramos a história de uma única inovação, a máquina a vapor, percebemos como é que uma inovação foi capaz de transformar mesmo operações não-fabris. Quando a máquina a vapor foi inventada por Thomas Newcomen, em 1712, era uma máquina grande, pesada e ineficaz. Era um desperdício de combustível, mas uma oportunidade que permitia utilizar carvão – que até ali fora utilizado apenas como fonte de calor – para produzir movimento mecânico. Nos 75 anos seguintes, as máquinas a vapor aumentaram a produtividade das minas e das oficinas metalúrgicas mas foram pouco utilizadas nas fábricas, pois eram demasiado fracas e ineficazes para substituir as rodas hidráulicas para impulsionarem as máquinas. Na década de 1770, James Watt aperfeiçoou a máquina a vapor básica, tornando-a muito mais eficaz e capaz de gerar energia fluente e rotativa. A máquina de Watt tornou-se (literalmente) a principal força motriz das fábricas britânicas no século XIX. De 1830 em diante, já havia novas máquinas de alta pressão, mais desenvolvidas. Estas novas máquinas, mais leves e mais potentes, eram utilizadas não só nas fábricas como também nos caminhos-de-ferro, na marinha mercante, na exploração de minas, nos navios de guerra, e no equipamento agrí-

ALTERANDO O RITMO DE MUDANÇA | 209

cola e de construção. Por outras palavras, a máquina a vapor não foi apenas uma mera invenção, nem teve impacto apenas nas fábricas. As *utilizações* da máquina a vapor aumentaram e sofreram alterações ao longo de 200 anos, de 1712 a 1900, e as fábricas foram apenas um dos locais onde a invenção de Watt transformou a economia.

Convém perceber o que foi revolucionário e o que foi gradual nas adaptações das máquinas a vapor à indústria e aos transportes. Na sua essência, a máquina a vapor foi uma descoberta única na história da humanidade, de certa forma quase tão importante como a descoberta do fogo. Antes de terem sido inventadas as máquinas a vapor, utilizava-se a força do vento, da água ou dos músculos para todas as tarefas que implicavam energia mecânica. Queimar carvão ou madeira gerava calor mas não servia para mover objectos. A máquina a vapor permitiu que a combustão do carvão ou da madeira fosse utilizada para gerar movimento mecânico – aumentando substancialmente o número de coisas úteis que as pessoas podiam fazer com o fogo. Este deixou de ser apenas uma fonte de calor e de luz, passando a ser uma energia mecânica para bombear água, levantar cargas pesadas, transportar mercadoria por terra e por água e pôr a funcionar as máquinas das fábricas.

Além disso, uma vez que a máquina a vapor era utilizada na exploração de minas de carvão, como meio barato de bombear água, pôr o ar a circular, ou puxar o carvão para a superfície, a máquina reduzia os custos da exploração de minas de carvão, gerando assim enormes fontes para o seu próprio combustível. Este processo deu origem a um círculo virtuoso em que as máquinas a vapor levaram a um substancial aumento da produção de carvão, a custos reduzidos. A disponibilidade de carvão barato para ser utilizado como combustível permitiu que a utilização de máquinas a vapor se estendesse a toda a economia, de forma que a energia do carvão pudesse ser utilizada em todo o tipo de processos mecânicos. Por conseguinte, a combinação

## 210 | HISTÓRIA GLOBAL DA ASCENSÃO DO OCIDENTE

de máquinas a vapor com a energia a carvão ultrapassou todas as barreiras de utilização de energia das sociedades anteriores. O célebre economista E. A. Wrigley interpretou este fenómeno como uma transição das economias orgânicas (em que toda a energia era gerada pelo vento, a força da água, e matéria viva, ou recentemente viva), para economias inorgânicas (em que a maior parte da energia despendida na manufactura, nos transportes, e na construção vinha da exploração de minas de fontes inorgânicas, principalmente carvão mas também petróleo e gás). Esta foi uma das grandes transições na história da humanidade ([5]).

Apesar de a adopção da energia a vapor ter tido impacto em termos revolucionários, não foi um acontecimento único e súbito. À medida que a máquina a vapor se foi desenvolvendo e aperfeiçoando e foi sendo aplicada a um vasto conjunto de actividades, começaram a surgir cada vez mais fontes de energia; foi um processo que se arrastou por quase dois séculos! Em suma, quando olhamos para trás e comparamos a utilização das máquinas a vapor – e dos comboios e barcos a vapor e a produção dos tecidos de algodão, do ferro e do carvão produzidos com máquinas a vapor – em 1900 com a de 1700, verificamos que a magnitude e o impacto da Revolução Industrial estavam a vacilar. Contudo, para quem viveu nos séculos XVII e XVIII, estas transformações progrediram tão lentamente que foram quase imperceptíveis para a maioria das populações.

À semelhança da máquina a vapor, que era utilizada não só em fábricas, como também na exploração de minas, nos transportes e na agricultura, surgiu também uma série de outras inovações que revolucionaram a vida económica em zonas que nada tinham que ver com fábricas. Por exemplo, o processo de repavimentação de estradas com pedra britada aumentou desmesuradamente a velocidade e a segurança das viagens de carroças puxadas a cavalo. A utilização de ferro na construção de pontes e canais possibilitou novos caminhos terrestres

ALTERANDO O RITMO DE MUDANÇA | 211

e marítimos. A descoberta do telégrafo alterou a velocidade das comunicações no século XIX. Todas estas transformações uniram a Grã-Bretanha, que passou a estar ligada ao mundo de maneiras diferentes, tornando mais rápido e barato o transporte de mercadorias e a circulação de mensagens.

Por conseguinte, o aumento de fábricas industriais foi apenas uma das vastas transformações ocorridas nos métodos e tecnologias depois de 1700.

**Estava a Revolução Industrial relacionada com os progressos científicos?**

A questão é mais complicada do que parece. Durante muitos anos, os académicos defenderam que a Revolução Industrial terá sido uma resposta a factores básicos económicos, como por exemplo a alterações na oferta e na procura. Colocaram esta hipótese, pois parecia que grande parte das principais descobertas – a máquina a vapor de Newcomen, a máquina de fiação de Arkwright movida a água e a máquina rotativa de Watt – tinham sido desenvolvidas por meros artesãos que não utilizavam conhecimento novo nem teorias científicas novas que originassem transformações técnicas. E é verdade que aquilo que pareciam ser as grandes descobertas científicas de 1600 a 1700 – desde as descobertas feitas com o telescópio de Galileu acerca da superfície da Lua ou das fases de Vénus às leis da gravidade de Newton e à sua explicação do sistema solar – estava pouco ou nada relacionado com os moinhos de vento e as siderurgias.

Mais ainda, para a maioria das sociedades, o estudo da natureza (denominado «filosofia natural») era a actividade das classes ociosas, que mantinham uma distância do mundo sujo do trabalho e da produção manuais. A filosofia natural preocupava-se com argumentos e indícios e não com a construção de máquinas ou com a engenharia. Por sua vez, os

212 | HISTÓRIA GLOBAL DA ASCENSÃO DO OCIDENTE

manufactores estavam sobretudo interessados em garantir a provisão de matérias-primas e de trabalhadores disciplinados, deixando aos mercadores a responsabilidade da compra e venda dos seus produtos ao melhor preço.

Porém, a constatação de que a Revolução Industrial não está relacionada com as transformações verificadas no conhecimento científico é falsa. Com efeito, a difusão de novas descobertas científicas e técnicas foi crucial em quase todas as fases da industrialização britânica. Como escreveu o eminente historiador de economia Joel Mokyr, «a verdadeira chave para a duração da Revolução Industrial deve ser procurada na revolução científica do século XVII» ([6]).

Voltemos à máquina a vapor. A máquina de Newcomen foi especialmente concebida para captar a força da pressão atmosférica e produzir trabalho útil, aproveitando as descobertas científicas feitas no século XVII por Robert Boyle e Denis Papin, membros da Royal Society britânica, no campo da filosofia natural. No século XVIII, James Watt aperfeiçoou a máquina a vapor de Newcomen, inventando um condensador separado (para arrefecer o vapor sem arrefecer todo o cilindro) e introduzindo melhoramentos na engrenagem de movimento rotativo. Mas estas ideias não resultaram de um mero conserto. Watt estava profundamente envolvido na construção e manutenção de instrumentos científicos e as suas invenções dependiam de novas formas de medição do calor e do frio. Watt estava constantemente em contacto com os maiores cientistas do seu tempo, tendo sido eleito membro da Royal Society em 1785.

Muitos dos outros grandes progressos da Revolução Industrial surgiram de programas experimentais baseados nas práticas e investigação da Royal Society, mas aplicadas aos processos industriais. Por exemplo, não foi por acaso que Arkwright, o inventor da máquina de fiação de algodão, descobriu esta invenção. Em meados do século XVIII, uma série de relojoeiros e fabricantes britânicos de instrumentos tentaram empenhada-

ALTERANDO O RITMO DE MUDANÇA | 213

mente descobrir maneiras de fazer máquinas para aperfeiçoar a técnica de fiação de algodão, fazendo experiências com diferentes tipos de máquinas que produzissem um fio mais forte e regular. Arkwright foi ter com um dos mais promissores inventores (John Kay) e ofereceu-se para financiar as suas investigações em máquinas de fiação. Os dois conseguiram inventar o cilindro de torção, essencial para a máquina.

O mais extraordinário foi que, a partir do final do século XVII e no decorrer dos séculos XVIII e XIX, a Grã-Bretanha criou um meio social em que as ideias dos filósofos naturais, os conhecimentos dos fabricantes de instrumentos e dos artesãos, e os objectivos dos empresários e dos industriais não eram diferentes, mas trocados e combinados activamente.

**Uma cultura de inovação**

O âmbito da extensão, velocidade e aceleração das inovações no século XVIII e princípios do século XIX da Inglaterra e da Europa era demasiado grande para ser explicado por um estímulo específico, como por exemplo a intenção de criar substitutos para a importação ou de resolver os congestionamentos em determinadas indústrias. Estas motivações existiram durante séculos sem ter gerado transformações significativas. Aquilo que causou transformações na produção foi a convicção generalizada na possibilidade, inclusive na inevitabilidade, do progresso e a convicção de que esse progresso estava ao alcance de quem seguisse um programa sistemático de observação atenta e experimental, baseado nos últimos conhecimentos científicos. Esta cultura da inovação foi o que tornou possível a «inovação emergente contínua» de Usher.

Para ser eficaz, esta cultura da inovação tinha de se difundir para lá de qualquer grupo ou classe sociais. As inovações dependiam dos conhecimentos de técnicos e artesãos letrados

# 214 | HISTÓRIA GLOBAL DA ASCENSÃO DO OCIDENTE

e instruídos, bem como do intercâmbio desses conhecimentos com as ambições dos empresários e das novas descobertas científicas. Com efeito, é surpreendente o modo como barreiras tradicionais existentes há tanto tempo, entre filósofos da classe alta, empresários orientados para o mercado, grandes industriais, e artesãos e técnicos experientes, se dissiparam e estes grupos regressaram à cultura de inovação inicial que gerou transformações contínuas e aceleradas.

Surgiu então na Grã-Bretanha do século XVII um padrão de relações e interacções sociais totalmente novo e diferente. Os filósofos naturais pretendiam desvendar os segredos da natureza, não através das práticas secretas dos alquimistas mas por meio de demonstrações fiáveis apresentadas publicamente, que revelassem as relações estáveis da natureza. Os artesãos quiseram aprender as mais recentes novidades da química e da mecânica – visitando bibliotecas «de mecânica», que proliferavam por toda a Grã-Bretanha – e utilizando estas experiências para criar novas ferramentas e máquinas e aperfeiçoar as existentes. Os empresários e os industriais procuraram juntar-se a artesãos e engenheiros experientes e instruídos para criarem novos produtos ou processos de produção. Aquilo que verificamos é uma difusão de técnicas, abordagens e percepções obtidas a partir de uma avaliação da ciência e de um empenho para com o espírito científico.

Ao longo do século XVIII e princípios do século XIX, estas interacções geraram uma corrente cada vez mais rápida de inovações técnicas em tudo, desde instrumentos agrícolas simples e tornos para fabricar parafusos, a invenções completamente novas como a maquinaria para fiação de algodão; a novas fontes de energia e de transporte, como, por exemplo, motores, barcos a vapor e caminhos-de-ferro. A quantidade de invenções importantes realizadas ao longo destes anos chega às centenas ou mesmo milhares e inclui: grandes progressos na exploração de minas e drenagem e tecnologia agrícolas; na construção de pontes e estradas; na produção em série de químicos, como a soda e o ácido sulfúrico; tendo sido aperfeiçoadas ferramentas mecânicas para trabalhar madeira e metal, a construção pesada; equipamento para remover a terra; e muitos outros. Embora tivessem sido feitas invenções importantes noutros países, como o pára-raios e o branqueamento com cloro, a Grã-Bretanha continuou a ser o centro das inovações industriais de 1700 a 1850, com outros países europeus apenas a acompanhá-la de 1850 a 1914. A Grã-Bretanha continuou a ser o líder mundial em meados do século XIX, especialmente no campo crucial das invenções, dos aperfeiçoamentos e da aplicação da tecnologia a vapor.

Podemos dizer que a Revolução Industrial que transformou o Ocidente foi impulsionada por uma aceleração das inovações tecnológicas entre aproximadamente 1700 e 1850. Mas ainda não esclarecemos como e por que motivo é que isto aconteceu. Obviamente que teve que ver com a difusão de uma cultura da inovação, que fez com que muita gente, de diversas profissões, ficasse à espera que surgisse uma inovação e tivesse insistido activamente nela. Mas como surgiu esta cultura da inovação e como se difundiu? Como é que substituiu os padrões mais tradicionais da vida económica e intelectual?

Especialmente numa época em que a maioria das grandes civilizações do mundo, depois das frequentes rebeliões e crises de meados do século XVII, fortaleceu as crenças tradicionais e reforçou a ortodoxia com base nos textos clássicos, como é que a Europa – e a Grã-Bretanha em especial – ficou tão obcecada com descobrir novos processos tecnológicos e invenções, desenvolvendo os conhecimentos e as ferramentas necessárias?

Para responder a estas questões, convém olhar mais de perto para os padrões mundiais de produção e para a utilização de novos conhecimentos e ideias.

**Bibliografia complementar**

216 | HISTÓRIA GLOBAL DA ASCENSÃO DO OCIDENTE

JACOB, Margaret. *Scientific Culture and the Making of the Industrial West* (New York: Oxford University Press, 1997).

MOKYR, Joel. *The Gifts of Athena: Historical Origins of the Knowledge Economy* (Princeton, NJ: Princeton University Press, 2002).

—, *The Lever of Riches: Technological Creativity and Economic Progress* (New York: Oxford University Press, 1992).

WRIGLEY, Edward Anthony. *Continuity, Chance, and Change: The Character of the Industrial Revolution in England* (Cambridge, UK: Cambridge University Press, 2002).

# Capítulo 8

# Trajectórias da Ciência na Ásia e na Europa

Em 1500, a ciência mais avançada do mundo encontrava-se na Ásia, especialmente nos territórios islâmicos. Porém, nos dois séculos seguintes, as sociedades asiáticas não assistiram a uma grande aceleração dos progressos científicos, nem a avanços fundamentais relativamente a novos sistemas de pensamento. Depois de 1600, as ciências na China, na Índia e no Império Otomano eram cada vez mais limitadas por um reforço das crenças tradicionais, dirigido pelo Estado.

Em contrapartida, na Europa, a chegada ao Novo Mundo e as descobertas recentes sobre a Lua, os cometas, e os planetas (em parte devido a instrumentos como o telescópio) subverterem as ideias tradicionais acerca do mundo e levaram os académicos a desenvolverem novos sistemas de conhecimento. Os europeus basearam-se nos progressos islâmicos verificados no campo da matemática e das ciências experimentais mas após 1500 foram mais longe, utilizando estes métodos para testar e rejeitar os pressupostos básicos acerca da natureza vigentes na Grécia antiga e de filosofia medieval. Ignorando a autoridade de Aristóteles, os europeus desenvolveram novas maneiras de pensar e medir a pressão atmosférica, avaliar o

218 | HISTÓRIA GLOBAL DA ASCENSÃO DO OCIDENTE

movimento de corpos terrestres e celestiais, o calor e a energia mecânica.

Além disso, sobretudo na Grã-Bretanha, os programas experimentais e demonstrações públicas com instrumentos científicos tiveram uma vasta afluência de público. Atraídos pela popularização dos últimos métodos e descobertas científicos, os artesãos britânicos e os fabricantes de instrumentos tornaram-se «engenheiros», desenvolvendo os seus próprios programas experimentais, com vista a descobrirem melhores métodos de exploração de minas, manufactura e transportes. Uma das suas experiências mais importantes foi o aperfeiçoamento de máquinas a vapor práticas, que transformavam calor em trabalho útil. Juntando-se a homens de negócios que procuravam aplicar os últimos métodos e conhecimentos científicos às suas actividades, estes novos engenheiros transformaram a indústria britânica e deram início à Revolução Industrial.

As novas tecnologias e inovações são o produto de novos conhecimentos e técnicas. Se nos perguntarmos como é que se chegou aos novos conhecimentos, voltamo-nos naturalmente para o estudo da ciência. Contudo, a ciência não é algo recente, mas sim produto de uma longa história global.

### A ciência mundial e a proeza islâmica antes de 1500

Houve uma tendência para se olhar para a ciência e a matemática modernas como invenções europeias baseadas nas ideias dos Gregos antigos entre o ano 500 a.C. e o ano 200 d.C. As obras de Gregos famosos deste período – como Euclides, Ptolomeu, Aristóteles, e Galeno – dominaram o pensamento científico e matemático europeu desde a Antiguidade à Idade Média. Após 1500, surgiu uma nova vaga de grandes cientistas: Copérnico, Galileu, Kepler, Descartes, Pascal e Newton.

TRAJECTÓRIAS DA CIÊNCIA NA ÁSIA E NA EUROPA | 219

O desenvolvimento da ciência moderna foi portanto concebido como o caminho que levava directamente das descobertas gregas à ciência europeia moderna.

No entanto, podemos constatar que esta ideia é quase totalmente falsa. Muito daquilo que os Gregos desenvolveram foi construído com base em influências do Egipto, da Babilónia e da Índia, onde a geometria e a aritmética já tinham sido inventadas em 2500 a.C. A Índia e a China também fizeram progressos bastante sofisticados no campo da astronomia, tal como os Maias no Novo Mundo.

Tomemos apenas como exemplo de sofisticação da ciência não ocidental o mapa da China apresentado na figura 8.1. Este mapa, gravado numa tábua de pedra datada de 1137 d.C., revela os principais sistemas fluviais da China com uma extraordinária precisão. Implica conhecimentos de aritmética e geometria e de topografia e medição, superiores a tudo o que fora realizado pelos Gregos.

Além disso, muitos elementos básicos da matemática moderna estavam muito para além do conhecimento dos Gregos. Os números que usamos – de um a nove e o zero – foram inventados antes do século IV d.C., na Índia. A partir daí, foram adoptados por matemáticos árabes no século IX, e transmitidos à Europa cerca de 400 anos depois, ficando conhecidos como «numeração árabe».

Os matemáticos indianos, que já beneficiavam da utilização deste sistema numérico, fizeram progressos notáveis no estudo da aritmética. Desenvolveram métodos para calcular somas de séries infinitas e calcularam o valor de pi ($\pi$) até à décima casa decimal, cerca de 300 anos antes de terem sido desenvolvidas descobertas semelhantes na Europa. Os matemáticos chineses também fizeram progressos maiores do que os europeus seus contemporâneos – tendo resolvido, no século XIII, equações polinomiais de ordem superior – e usaram a álgebra para resolver problemas geométricos de uma forma

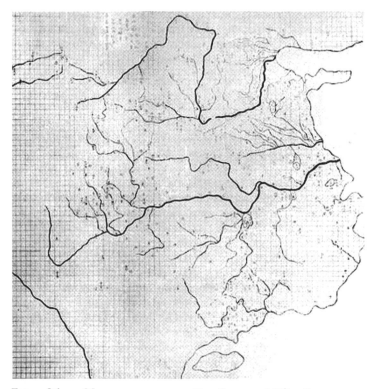

Figura 8.1 — «Mapa dos caminhos de Yu o Grande», 1137 d.C.
Os cartógrafos chineses elaboraram mapas bastante precisos antes de os europeus o terem feito. Este exemplo mostra um mapa em quadrícula com os rios Amarelo e Yang-tzé e os seus afluentes realizado com uma precisão extraordinária. O mapa foi gravado em pedra e tem cerca de um metro quadrado.

TRAJECTÓRIAS DA CIÊNCIA NA ÁSIA E NA EUROPA | 221

que só foi descoberta na Europa cerca de quatro séculos depois, por Descartes.

Antes de 1500, os maiores matemáticos, astrónomos, químicos e físicos do mundo eram provavelmente os árabes e outros muçulmanos que viviam na grande região das conquistas muçulmanas, que se estendia de Espanha, atravessava o Norte de África, e continuava pelo Médio Oriente, até à Ásia Central. Sabe-se actualmente que «muitas das ideias que se pensava terem sido novas concepções brilhantes de matemáticos europeus dos séculos XVI, XVII e XVIII, foram desenvolvidas por matemáticos arábico-islâmicos cerca de quatro séculos antes. A matemática que é estudada actualmente aproxima-se muito mais, em termos de estilo, da contribuição dos arábico-islâmicos do que dos Gregos» ([1]).

A matemática na China, na Índia e no mundo islâmico foi frequentemente moldada pelos interesses práticos que surgiram nestas sociedades altamente comerciais. O inventor da álgebra moderna, o matemático iraquiano do século IX, Al-Khwarizmi, revela-nos que desenvolveu os seus métodos para resolver equações, para ajudar as pessoas que «estão constantemente a pedir [soluções] em casos de heranças, legados, partilhas, processos judiciais e negócios» ou na supervisão de terras e escavação de canais ([2]).

A obra de Al-Khwarizmi (incluindo o seu tratado sobre *al-jabr*, de onde deriva a palavra «álgebra») fazia parte de um vasto *corpus* de investigações feitas por matemáticos muçulmanos que trabalhavam com números primos, binómios, fracções decimais, trigonometria e algoritmos (outra palavra árabe, derivada no nome de Al-Khwarizmi). As suas descobertas foram a base de todos os trabalhos mais importantes realizadas no campo da matemática na Europa, desde o Renascimento.

Os investigadores muçulmanos fizeram também um trabalho inovador na área das ciências naturais. No século IX, Jabir Ibn Hayyan da Síria revolucionou o estudo da química.

222 | HISTÓRIA GLOBAL DA ASCENSÃO DO OCIDENTE

Jabir foi o primeiro a reconhecer que os elementos nas reacções químicas estavam sempre combinados exactamente nas mesmas proporções, antecipando-se talvez mil anos à descoberta europeia baseada no mesmo princípio. Jabir escreveu tratados sobre destilação, cristalização e evaporação; descobriu os ácidos cítrico, nítrico e hidroclorídrico; e foi pioneiro de uma série de aplicações práticas de química, incluindo a liquefacção de ouro, a prevenção de ferrugem e o aperfeiçoamento da qualidade do vidro e do aço.

Jabir insistiu que o conhecimento deveria ser adquirido por meio da experiência e que a experiência deveria ser utilizada no trabalho prático. Infelizmente, quando a obra de Jabir foi traduzida para latim, os europeus estavam sobretudo interessados em descobrir novas maneiras de criar riqueza, transformando metal comum em ouro. A sua obra principal – *Kitab al-Kimya* – deu o nome à prática europeia da «alquimia». No entanto, como veremos mais adiante, a sua ênfase nas experiências acabou por se tornar um elemento crucial da tradição científica mundial.

Nos séculos X e XI, os astrónomos e os geógrafos árabes que estavam a trabalhar na Síria, na Ásia Central e em Espanha mediram a Terra e o firmamento com uma precisão sem precedentes. Por exemplo, em 1079, o astrónomo Omar Khayyam mediu a extensão do ano (correctamente) em 365,2421986 dias. Khayyam inventou também o calendário persa, que era mais preciso do que o calendário gregoriano, inventado na Europa 500 anos mais tarde.

Investigadores árabes, como por exemplo Al-Battani, Al--Biruni e Al-Zarqali corrigiram os erros de Ptolomeu acerca do movimento da Lua, da inclinação do eixo da Terra e do tamanho do mar Mediterrâneo. As suas obras, mais tarde citadas por Copérnico, influenciaram também Kepler e Galileu. Dos séculos XII ao XV, astrónomos muçulmanos, incluindo Al-Urdi, Al-Tusi, Ibn Al-Shatir e Al-Shirazi trabalharam nos melhores

TRAJECTÓRIAS DA CIÊNCIA NA ÁSIA E NA EUROPA | 223

observatórios do mundo e desenvolveram novos teoremas matemáticos, que foram essenciais para a astronomia de Copérnico. Al-Haytham e Al-Farisi tiveram estudo precursores no estudo da óptica, desenvolvendo tratamentos matemáticos da reflexão e refracção e explicando as cores do arco-íris.

O mundo muçulmano foi também pioneiro na criação de institutos de ensino e conhecimento aplicado. Cientistas e académicos islâmicos fundaram as primeiras universidades que funcionavam como centros de estudos no Norte de África e no Egipto; a universidade de Al-Azhar no Cairo, fundada em 988, e a de Al-Karaouine em Fez (Marrocos), fundada em 859, são as universidades mais antigas do mundo ainda em funcionamento. A de Al-Karaouine foi fundada por uma mulher, Fatima al-Fihri, que aplicou a sua fortuna para desenvolver o islão e a aprendizagem científica.

A universidade de Al-Karaouine desempenhou um papel crucial nos estudos muçulmanos e europeus. O Papa Silvestre II, famoso por ter introduzido os algarismos árabes na Europa, estudou aqui. O cartógrafo Mohammed al-Idrisi, o criador do primeiro globo mundial, cujos mapas ajudaram os exploradores europeus, e Ibn Khaldun, o fundador de uma história sociológica, também frequentaram Al-Karaouine. Al-Karaouine foi igualmente famosa pelos ensinamentos do matemático islâmico Ibn-al-Banna, que escreveu dezenas de tratados sobre matemática e leccionou um currículo completo de aritmética, álgebra, geometria e astronomia. Al-Banna foi o primeiro a considerar as fracções como a razão entre dois números inteiros e o primeiro a utilizar o termo «almanaque» (da palavra árabe para «tempo») para um compêndio de dados sobre astronomia e condições meteorológicas.

O mundo muçulmano fundou também os primeiros verdadeiros hospitais para tratar doentes num ambiente limpo e profissional, e os médicos muçulmanos foram os primeiros a desenvolver e aplicar a quarentena para controlar doenças

# 224 | HISTÓRIA GLOBAL DA ASCENSÃO DO OCIDENTE

contagiosas. As sociedades muçulmanas foram as primeiras a licenciar farmacólogos através de exames aos seus conhecimentos de ervas e medicamentos. Bagdad chegou a ter 862 farmacêuticos registados, tendo todos eles passado por exames formais.

Resumindo, mais ou menos entre 1000 e 1500, o conhecimento científico e a prática islâmicos estavam muito à frente da Europa. Por isso, é bastante importante e complicado colocar a seguinte questão: porque é que a ciência europeia, que esteve tão atrasada, produziu as transformações tecnológicas que levaram à industrialização, enquanto a ciência islâmica – bem como a ciência indiana e a chinesa – não o fizeram?

## Percursos da ciência: do progresso à estagnação

Como vimos, é errado pensar que a ciência sempre avançou, e que a ciência ocidental em particular é apenas produto de avanços constantes, do pensamento grego ao Renascimento e à ciência moderna. A realidade é muito mais complexa. Com efeito, o pensamento científico, tal como outros elementos da história, pode seguir vários percursos, inclusive regredir, com longos períodos de estagnação e períodos em que se perde muita coisa.

Por exemplo, na Europa não se verificaram grandes avanços na ciência durante mais de mil anos, de cerca do ano 200 a 1400. Além disso, grande parte do trabalho realizado na área da matemática e da ciência anterior ao ano 200 perdeu-se e foi simplesmente esquecido durante os séculos das conquistas bárbaras que se seguiram à queda de Roma.

No percurso da ciência o mais comum é ocorrerem avanços substanciais nos períodos em que diferentes tradições culturais e filosóficas se misturam, para depois deixar de haver transformações científicas, ou mesmo regressões, por vezes perdendo-se

TRAJECTÓRIAS DA CIÊNCIA NA ÁSIA E NA EUROPA | 225

por completo avanços importantes, quando se seguem períodos de conflito ou desordem. Como vimos, as rebeliões e as guerras civis muitas vezes só terminavam quando governos centrais poderosos impunham ordem, silenciando a oposição e reforçando as crenças ortodoxas que apoiavam o Estado, mas reprimindo o pensamento independente e as inovações.

De todas as tradições científicas pré-modernas, a do mundo islâmico de cerca do ano 1000 era a mais avançada e com maior probalidade de levar a algo como a ciência experimental moderna e a tecnologia científica. Mas, à semelhança de muitas outras, esta tradição foi vencida pela combinação de guerras intestinas, conquistas externas e exigências conflituosas da parte da ortodoxia religiosa.

Durante 200 anos, de 750 a 950, a maioria do mundo muçulmano esteve unificado sob o domínio do califado abássida, com a sua magnífica capital em Bagdad (no actual Iraque). Aí, os califas, ou governantes, juntaram não só grandes riquezas e excelentes artesãos, como também os principais estudiosos do mundo islâmico.

A academia islâmica beneficiava de enormes bibliotecas, pois os árabes aprenderam com os chineses a arte de fazer papel e criaram uma enorme indústria de edição de livros. No mundo muçulmano medieval os livros estavam bastante difundidos; só Bagdad tinha 36 bibliotecas públicas importantes, e os livreiros faziam parte de qualquer grande mercado. Uma livraria cujos registos ainda existem catalogou mais de 60 000 títulos, incluindo obras de religião, direito, matemática, ciência, astronomia, medicina, clássicos gregos, literatura indiana, poesia, fábulas, viagens e outros tópicos. Em Espanha, conquistada pelos muçulmanos no século VIII e governada pelo muçulmanos durante cerca de 400 anos, a sua capital Córdova vangloriava-se de ter mais de 70 grandes bibliotecas públicas e privadas, a maior das quais com cerca de 400 000 manuscritos.

226 | HISTÓRIA GLOBAL DA ASCENSÃO DO OCIDENTE

Os governantes muçulmanos mandaram também construir observatórios e pagaram a estudiosos para viajarem até à Índia e Bizâncio para adquirirem textos sânscritos e gregos e traduzi-los para árabe. O árabe tornou-se a língua universal dos eruditos, da Espanha à Índia, quase como o latim na Europa renascentista ou o inglês actualmente. Este cruzamento fértil de culturas e ideias – com Bagdad a acolher os primeiros intelectuais do Mediterrâneo, do Médio Oriente e da Ásia Central, que se reuniram para estudar a cultura tradicional da Grécia, da Pérsia e da Índia – deu início à grande idade do ouro da ciência islâmica. Foi uma época de pluralismo e tolerância religiosos – quando muçulmanos de muitas seitas diferentes e inclusive cristãos e judeus trabalhavam em conjunto e comunicavam numa linguagem comum – e de grandes descobertas.

A ciência islâmica evoluiu para uma tradição poderosa, tendo utilizado a matemática, a observação e a experimentação para fazer descobertas e testar ideias. Até ao século XV, os cientistas islâmicos continuaram a usar, a comentar e a superar as obras dos seus antecessores.

Esta tradição de investigação científica sobreviveu ao longo de séculos de cisões e conflitos no mundo islâmico. No século X, houve revoltas internas contra o califado abássida e conflitos violentos entre facções sunitas e xiitas do islão. Em 1055, os Turcos seljúcidas atacaram Bagdad e puseram fim ao poder político do califa. Apesar disso, o califa seljúcida mandou construir o magnífico observatório em Isfahan, no Irão, onde Khayyam trabalhou 20 anos mais tarde.

Fora do Iraque, o que restava do mundo islâmico dividiu-se em muitas dinastias regionais feudais, com governantes distintos em Espanha, no Norte de África, no Egipto e na Síria. A grande unidade do mundo muçulmano fora quebrada. Além disso, estas dinastias separadas estavam ocupadas com invasores externos porque as cruzadas cristãs invadiram a Palestina e a Espanha e os Mongóis atacaram, vindos do Leste.

TRAJECTÓRIAS DA CIÊNCIA NA ÁSIA E NA EUROPA | 227

Ainda assim, estas várias dinastias continuaram a construir observatórios e a apoiar académicos ilustres.

Em 1258, os Mongóis saquearam Bagdad e massacraram grande parte da população. Nos 200 anos seguintes, sucessivas vagas de conquistadores mongóis e turcos, além da Peste Negra, devastariam o mundo muçulmano. Muitas das grandes instituições científicas, laboratórios, escolas e até estradas e canais existentes em centros de vanguarda da civilização muçulmana foram destruídos. Consta que durante o primeiro saque mongol em Bagdad foram atirados tantos livros ao rio Eufrates que as águas ficaram pretas com a sua tinta.

A destruição de Bagdad como capital imperial acabou com um centro de apoio aos estudos do mundo muçulmano, mas nem isso impediu o avanço das investigações científicas. Do século XIII ao século XVI, surgiram outros centros no Norte de África, na Síria, na Pérsia e na Ásia Central, onde prosseguiram os avanços científicos no campo da medicina, da óptica e da astronomia. Muitos manuscritos de Bagdad foram salvos e levados para bibliotecas na Pérsia e noutros sítios. Onde governassem sultões ou outros líderes esclarecidos, continuava a verificar-se o apoio a académicos e cientistas. Estes últimos centros de investigação científica fizeram progressos em muitas áreas, que ultrapassaram inclusive os feitos realizados pelo califado abássida em Bagdad.

Depois de mais de 500 anos de desunião, do século X ao século XV, três grandes impérios passaram a dominar a maior parte do mundo islâmico após 1500: o Império Otomano, que dominou grande parte do Norte de África, os Balcãs, a Ásia Menor e o Médio Oriente; o Império Safávida, que dominou o Irão e partes da Ásia Central; e o Império Mogol, que dominou o Norte e o centro da Índia (ver figura 6.1, áreas 16, 17 e 18) ([3]).

De início, os Otomanos apoiaram determinadamente uma vasta área de estudos científicos, que incluíam o recurso

228 | HISTÓRIA GLOBAL DA ASCENSÃO DO OCIDENTE

à tecnologia militar da Europa e a sua adaptação. No entanto, após uma série de rebeliões no princípio do século XVII, os governantes otomanos concentraram os seus esforços em promover a ortodoxia sunita para reforçar o seu domínio. Esta demanda pela ortodoxia passou a ser uma característica dominante do Império Otomano, e o pensamento inovador, que acabaria por pôr em questão a fé, foi proibido. De cerca de 1650 a 1800, os Otomanos afastaram-se da tradição muçulmana em inovar e das novas ideias que emergiam na Europa, dando preferência à segurança política e à estabilidade social, reforçando a conformidade, por meio de uma abordagem ao conhecimento, tradicional e renovado, baseada em textos religiosos islâmicos.

Tendências semelhantes surgiram entre os Safávidas na Pérsia e os Mogóis no Norte e no Centro da Índia. Durante o domínio dos Ilcânidas e outros governantes anteriores, a Pérsia praticou o pluralismo e a tolerância religiosos, tendo sido, durante muitos séculos, um centro de conhecimento científico avançado. Porém, tal como os Otomanos se basearam numa religião sunita ortodoxa para sustentar o seu poder, os Safávidas acabaram por se apoiar na maior seita alternativa do islão – os xiitas – para reforçar a sua autoridade. Os Safávidas fizeram da religião xiita a religião oficial; a conversão à religião xiita tornou-se obrigatória e os clérigos sunitas foram assassinados ou exilados. Foram concedidas terras e dinheiro aos líderes religiosos xiitas em troca da sua lealdade, o que lhes permitiu aumentar paulatinamente o seu poder no ensino e no governo.

Como vimos no capítulo 3, durante o Império Mogol, ao florescimento inicial das artes e da cultura, com governantes com tolerância religiosa, seguiu-se o reinado brutalmente intolerante de Aurangzeb, que tentou aplicar uma ortodoxia sunita rígida. Por conseguinte, em 1700, os principais governantes do mundo muçulmano – à semelhança do que fizeram os governantes na China depois da conquista mogol – promoveram

TRAJECTÓRIAS DA CIÊNCIA NA ÁSIA E NA EUROPA | 229

de um modo geral a restauração de uma ortodoxia centenária como meio de reforçar o poder político.

Considerando os feitos gloriosos da tradição islâmica e de outras tradições científicas, que foram apoiadas ao longo de vários séculos, coloca-se a questão: por que motivo é que tais tradições não conduziram ao mesmo tipo de progressos em direcção à industrialização, tal como se verificou com as ciências europeias modernas?

**Variedades da ciência mundial e abordagens diferentes à compreensão da natureza**

As abordagens às ciências naturais foram variando ao longo dos tempos e de várias civilizações. Algumas tradições, tais como as da China, sofreram progressos significativos na medicina herbal, mas permaneceram frágeis nos rudimentos da anatomia. Outras tradições, como as dos índios Maias, da América Central, eram extremamente exactas no campo da astronomia observacional mas muito fracas no campo da física e da química.

Apesar de tudo, a maioria das tradições científicas pré-modernas tinha vários elementos em comum. Em primeiro lugar, a percepção científica da natureza estava normalmente inserida no contexto da percepção do universo das principais religiões ou das tradições filosóficas da sua sociedade. Embora houvesse potencial para grandes conflitos se os estudos científicos da natureza contradissessem elementos da religião, estes conflitos eram geralmente evitados reforçando-se os pontos de vista religiosos, para que as descobertas científicas se conciliassem com as crenças religiosas ou se submetessem a elas. Isto *não* significa que as religiões se opusessem à ciência – antes pelo contrário! A maioria dos líderes políticos e religiosos apoiou tanto os estudos científicos como os religiosos,

230 | HISTÓRIA GLOBAL DA ASCENSÃO DO OCIDENTE

pois acreditavam que se apoiavam mutuamente. Muitos académicos confucianos famosos, juizes islâmicos e padres católicos eram também excelentes matemáticos e cientistas. Para além do mais, a observação meticulosa da natureza, incluindo as medições exactas dos movimentos planetários e os fenómenos naturais, era preciosa, pois era avaliada como conhecimento privilegiado para as elites política e religiosa ou socialmente útil para introduzir melhorias na arquitectura, na agricultura e na medicina.

No entanto, a ciência manteve-se de um modo geral misturada com as crenças religiosas e filosóficas e qualquer inconsistência era normalmente resolvida a favor da religião institucionalizada ou de modo a preservá-la. Isto significava que qualquer trabalho verdadeiramente inovador se arriscava a ser reprimido pelas autoridades políticas e religiosas, sobretudo nos períodos de conservadorismo religioso ou de reforço estatal das concepções religiosas ortodoxas.

Em segundo lugar, a maioria das ciências pré-modernas mantinha uma separação entre a matemática e a filosofia natural (o estudo da natureza). A matemática era considerada útil para explorar as propriedades dos números (aritmética) e as relações espaciais (geometria). Também era útil para uma série de problemas práticos, como a observação, a compilação de tabelas com as posições dos planetas no céu, utilizadas para a navegação, calendários, astrologia e contabilidade. Mas grande parte das tradições científicas pré-modernas – incluindo as dos Gregos antigos, europeus medievais, Árabes e Chineses – defendia que a matemática *não* era útil para o estudo da constituição básica do universo. Este era o principal tema da filosofia natural (o estudo do mundo natural) e da teologia (os estudo dos temas religiosos, incluindo a relação do ser humano e do mundo natural com o criador) ([4]).

As questões acerca da natureza de Deus ou da alma, ou das relações entre a humanidade e Deus, ou da finalidade dos

TRAJECTÓRIAS DA CIÊNCIA NA ÁSIA E NA EUROPA | 231

animais, ou da natureza da matéria de que era feito o mundo – plantas, pedras, fogo, ar, líquidos, gases, cristais –, eram problemas que estavam relacionados com o raciocínio baseado na experiência e na lógica, e não com as equações matemáticas. A tarefa da filosofia consistia em compreender a natureza fundamental das coisas e como estas se relacionavam entre si. A medição era uma questão prática, útil, mas de preferência para topógrafos, artesãos, agiotas e outros ofícios.

Por isso, as tradições chinesas e indianas acreditavam numa força vital e oculta da natureza – *qi* na China e *prana* na Índia – que animava e imbuía o mundo. Para os cientistas chineses, o mundo estava em constante mutação e essas mudanças geravam ciclos complexos e correntes de energias opostas que funcionavam para manter a harmonia do todo. Por conseguinte, apesar dos seus enormes conhecimentos e capacidade para utilizar meticulosamente a matemática e a observação em áreas que abrangiam desde os canais e sistemas de irrigação à astronomia e aos relógios, nunca ocorreu aos cientistas chineses ortodoxos olhar para o universo como um mecanismo de relógio ou aplicar equações matemáticas para perceberem por que motivo ocorriam fenómenos naturais. O que interessava era perceber os sinais das correntes sempre em movimento do *qi* entre situações opostas – o *yin* e o *yang* – de forma a evitar excessos e manter a harmonia do todo.

Os Gregos, desde os tempos de Aristóteles, mantiveram a separação entre a matemática e a filosofia natural. A filosofia de Aristóteles acerca da natureza, que na Idade Média se tornou a filosofia natural dominante na Europa, analisava a natureza, identificando os elementos básicos que compunham todas as coisas. Para Aristóteles, havia quatro elementos básicos – terra, fogo, ar e água – que eram definidos em termos do seu comportamento. As coisas feitas de terra eram sólidas e tinham naturalmente tendência para cair na direcção do centro do Universo, razão pela qual a terra sólida debaixo de

## 232 | HISTÓRIA GLOBAL DA ASCENSÃO DO OCIDENTE

nós consiste numa esfera e todas as coisas sólidas caem na sua direcção. O fogo sobe naturalmente, por isso as coisas que ardem erguem-se. O ar é transparente e move-se pela superfície da Terra, tal como os ventos; a água corre e move-se em correntes e acumula-se e enche mares e oceanos. Uma vez que a Lua e o Sol e as estrelas e os planetas não se movem nem para cima nem para baixo, mas permanecem no firmamento, movendo-se em círculos, tinham de ser compostos por outro elemento diferente, perfeito e imutável, a que os Gregos chamaram «éter».

Estes princípios foram descobertos e demonstrados através da lógica e de argumentos baseados na experiência, e não através da matemática. Embora as fórmulas e os princípios matemáticos pudessem ajudar a identificar e a medir as relações na natureza, a verdadeira «essência» da realidade foi estabelecida pela filosofia. Por exemplo, apesar de os planetas se moverem a várias velocidades em órbitas elípticas à volta do Sol, durante mais de mil anos astrónomos islâmicos e europeus tentaram descrever as suas órbitas unicamente em termos de combinações de movimentos uniformes e circulares, pois a filosofia natural de Aristóteles decretara que era a única maneira de os corpos celestiais se poderem mover.

Na Idade Média, os académicos europeus continuaram a lidar com a matemática sobretudo como uma área prática, centrando a sua atenção na lógica e na argumentação como as chaves para o conhecimento avançado. Apesar de os académicos medievais na Europa terem feito progressos significativos relativamente ao estudo do movimento e terem assimilado muitos dos comentários críticos sobre a ciência e a filosofia gregas feitos pelo mundo islâmico, não rejeitaram nem substituíram os maiores dogmas da ciência grega clássica nem a sua teologia. Antes pelo contrário, muito do pensamento europeu na Idade Média consistiu em tentativas de conciliar e sintetizar os textos de autores gregos sobre ciência e política com

TRAJECTÓRIAS DA CIÊNCIA NA ÁSIA E NA EUROPA | 233

os preceitos da Bíblia cristã e outros textos religiosos, o que culminou na obra de São Tomás de Aquino. A tradição científica islâmica foi mais longe do que qualquer outra no uso da experiência e do raciocínio matemático, para desafiar os argumentos de Ptolomeu, Galeno e outros gregos antigos, gerando novos progressos na área da medicina, da química, da física e da astronomia. Porém, no seio do islão, o debate acerca das relações e características fundamentais da natureza estava dividido entre o ensino das ciências islâmicas, baseado em textos clássicos religiosos, e o ensino das ciências estrangeiras, que incluía todas as obras de autores gregos e indianos. Depois dos textos do crítico de filosofia Al-Ghazali no século XI, que defendeu o valor das ciências islâmicas com base em questões verdadeiramente essenciais, esta divisão foi mantida de um modo geral. Mesmo as descobertas e os progressos mais extraordinários fundados na reavaliação do ensino grego não podiam contestar a concepção do Universo expressa nas obras religiosas islâmicas.

Deste modo, em todas as principais tradições científicas, enquanto a medição exacta e a matemática sofisticada eram amplamente utilizadas, o raciocínio matemático não era um meio para contestar a percepção fundamental da natureza, presente na filosofia natural e no pensamento religioso.

Em terceiro lugar, na maioria dos contextos, as concepções e tradições dominantes da ciência eram tão diferentes e estavam tão estabelecidas que dificilmente podiam ser abaladas, inclusive através do confronto com noções e ideias diferentes. Estas tradições científicas tinham tendência para crescer progressivamente, com gerações sucessivas a modificá-las, mas a basear-se nas obras dos antecessores. Por conseguinte, desenvolveu-se ao longo dos tempos uma rica e longa tradição de descobertas utilização de métodos científicos, combinada com uma tradição religiosa instituída. Estas estruturas do pensamento tinham tendência para resistir a mudanças ou

234 | HISTÓRIA GLOBAL DA ASCENSÃO DO OCIDENTE

substituições e a marginalizar pontos de vista heterodoxos ou conflituosos.

Em 1500 havia, por conseguinte, diferentes variedades de ciência no mundo, cada uma delas com os seus pontos fortes e características diferentes. A maioria desenvolveu uma observação precisa da Terra e do firmamento e sistematizou um grande número e uma grande variedade de descobertas acerca da natureza. A maioria estabeleceu uma classificação das relações essenciais ou das características das coisas naturais. A maioria estava de certa forma relacionada com uma das grandes religiões da idade axial e, durante muitos séculos, foi acumulando conhecimento, enquanto criava estruturas compatíveis com essas religiões. Durante os dois séculos seguintes, grande parte das tradições científicas foram submetidas à ortodoxia clássica e religiosa por parte dos governantes, como reacção aos conflitos políticos e sociais que assolaram quase toda a Europa e a Ásia.

Como foi então possível que uma cultura pudesse ter progredido tecnologicamente, baseando-se em instrumentos novos e na ciência natural matemática de que falámos no capítulo 7? Para se perceber este fenómeno, temos de compreender os invulgares acontecimentos e descobertas que levaram a inesperadas transformações na abordagem à ciência na Europa.

**O percurso invulgar da Europa:**
**da adopção à fuga das suas tradições clássicas, 1500-1650**

No início do século XVI foi dado um novo rumo ao estudo das antigas escolas de pensamento. As viagens do Espanhóis para ocidente, que levaram à descoberta não apenas de uma rota alternativa para a Índia, como também de um novo continente inteiro, um «Novo Mundo» desconhecido dos geógrafos e cientistas antigos. Os navegadores começaram a aperceber-se de que quase toda a geografia grega estava bastante errada.

TRAJECTÓRIAS DA CIÊNCIA NA ÁSIA E NA EUROPA | 235

Também no início do século XVI a investigação do anatomista belga Andrea Vesálio (baseada em estudos anteriores de académicos árabes) demonstrou aos europeus que o conhecimento de Galeno acerca da anatomia humana era, de certa forma, inexacto ou deficiente, pois baseava-se em deduções feitas a partir da dissecação de animais e não no estudo empírico de cadáveres humanos. Vesálio demonstrou que muitas das constatações de Galeno (e de Aristóteles) acerca do coração, do fígado, dos vasos sanguíneos e do esqueleto estavam erradas.

Em 1543, Copérnico publicou uma obra com os seus novos métodos de cálculo dos movimentos dos planetas baseado num sistema solar com uma Terra que girava em volta do Sol. Embora alguns dos seus defensores, tentando evitar conflitos com a Igreja, tivessem afirmado que a sua obra devia ser interpretada apenas como um novo método para prever as posições planetárias, Copérnico defendeu com bastante determinação que a estrutura e a dinâmica do sistema solar fazia mais sentido, do ponto de vista da lógica e da estética, se a Terra e todos os outros planetas girassem à volta do Sol. Assim sendo, o sistema de Ptolomeu e de Aristóteles, com a Terra no centro de todo o movimento, estava errado.

Em 1573, o astrónomo dinamarquês Tycho Brahe publicou os resultados da sua observação da supernova que apareceu de repente perto da constelação de Cassiopeia em 1572. Tratava-se de um fenómeno que nunca fora registado na astronomia europeia. Com efeito, desde os tempos de Aristóteles que se presumiu que o firmamento era imutável e constante na sua perfeição. É claro que se conheciam os cometas e os meteoros. Eram considerados no entanto fenómenos atmosféricos, como relâmpagos que ocorriam próximo da Terra e não no firmamento celestial. Mas a supernova não era um cometa nem um meteorito, pois não se movia: era um corpo novo que se comportava como uma estrela fixa – algo que, de acordo com a filosofia de Aristóteles, era impossível.

236 | HISTÓRIA GLOBAL DA ASCENSÃO DO OCIDENTE

Cinco anos depois, Brahe demonstrou por meio de uma observação meticulosa dos movimentos do grande cometa de 1577, que este devia estar mais longe da Terra do que da Lua e que se movia através do firmamento celestial e não da atmosfera, abalando novamente o sistema cósmico de Aristóteles. São raras as supernovas que podem ser vistas da Terra a olho nu, mas quis a sorte que surgisse outra supernova em 1604, demonstrando conclusivamente que, apesar de tudo, o firmamento não era imutável.

Por conseguinte, em finais do século XVI e princípios do século XVII, o conhecimento de Aristóteles, Galeno e Ptolomeu, que fora aceite durante mais de mil anos, começou a ser amplamente refutado. Os académicos europeus experimentaram novas observações e novos instrumentos para estudar a natureza, que poderiam ajudar a determinar quem tinha razão, ou estava enganado, quanto às suas descrições sobre a natureza e o Universo.

Em 1609, Galileu usou o novo binóculo, o telescópio – inventado por esmeriladores de lentes flamengos e mais tarde aperfeiçoado pelo próprio Galileu – para observar o firmamento. Ao olhar para a Lua através de um telescópio e não apenas à vista desarmada, Galileu viu o que lhe pareceu serem montanhas gigantescas e crateras na superfície que, através do telescópio, pareciam ser muito semelhantes às da Terra! Descobriu-se que Júpiter tinha as suas próprias luas a girarem à sua volta, o que implicava que a Terra não podia ser o centro de todos os movimentos celestes. Havia estrelas desconhecidas em todas as direcções, e mesmo a Via Láctea revelou ser composta por milhares de estrelas minúsculas. Embora muitos críticos tenham inicialmente rejeitado as imagens observadas através do telescópio, afirmando que se tratava de falsa magia, algumas pessoas adquiriram os seus próprios telescópios e confirmaram as descobertas de Galileu, amplamente aceites. As pessoas perceberam que o Universo

TRAJECTÓRIAS DA CIÊNCIA NA ÁSIA E NA EUROPA | 237

em que viviam nada tinha a ver com aquele descrito pelas Gregos antigos. Copérnico não foi o primeiro astrónomo a sugerir que a Terra girava em torno do seu eixo e à volta do Sol, em vez de ser o centro fixo do Universo; alguns Gregos antigos e astrónomos islâmicos também sugeriram que isto fosse possível. Contudo, até as observações telescópicas às luas de Júpiter terem demonstrado o movimento em volta de outro corpo que não a Terra, não havia provas para se refutar as observações de Aristóteles. Foi só depois de 1600, com tantas observações a contradizerem o conhecimento grego antigo – de geografia, de anatomia e de astronomia – a acumularem-se em todas as direcções, que se tornou possível, mesmo imperativo, adoptar alternativas a Aristóteles, em particular, c à ciência e à filosofia gregas em geral.

De 1600 a 1638, surgiu uma série de obras que revelavam conhecimentos novos ou proclamando a necessidade de uma «ciência nova» e que continham argumentos persuasivos acerca de os conhecimentos dos antigos terem falhas graves.

1600: William Gilbert, *De Magnete, Magneticisque Corporibus, et de Magno Magnete Tellure* (*Sobre os ímãs, os corpos magnéticos e o grande imã terrestre*)

1620: Francis Bacon, *Novum Organon*

1620: Johannes Kepler, *Astronomia Nova, Harmonicies Mundi*

1626: Francis Bacon, *Nova Atlântida*

1628: William Harvey, *De Mota cordis et sanguinis* (*Do Movimento do coração e do sangue*)

1638: Galileu, *Dialogo di Galileo Galilei sopra i due Massimi Sistemi del Mondo Tolemaico e Copernicano*, por vezes abreviado para *Dialogo sopra i due massimi sistemi del mondo* (*Diálogo sobre os dois principais sistemas do mundo*)

238 | HISTÓRIA GLOBAL DA ASCENSÃO DO OCIDENTE

Gilbert defendeu que as agulhas da bússola apontavam para norte porque toda a Terra agia como um íman gigante. Francis Bacon defendeu que a lógica principalmente dedutiva de Aristóteles (reunida sob o título *Organon* – que significa «instrumento» ou «ferramenta») não podia ser interpretada como um guia para a compreensão da natureza; Bacon defendeu o uso da lógica indutiva baseando-se num programa de experiências e observação como método superior para a descoberta do conhecimento do mundo. Kepler demonstrou que os planetas viajavam mesmo em órbitas elípticas em volta do Sol e não em círculos. E William Harvey demonstrou que, ao contrário dos ensinamentos de Galeno, as veias e artérias supostamente separadas constituíam na verdade um sistema através do qual o sangue circulava por meio das batidas do coração.

Em meados do século XVII, filósofos e cientistas europeus viram-se num mundo onde a autoridade dos textos antigos já não era claramente uma base segura para o conhecimento. Outras grandes civilizações não sofreram semelhantes golpes. Para os Chineses, Indianos e muçulmanos – habituados a funcionar numa vasta esfera de comércio intercontinental, da China à Europa, e vendo-se geralmente a si próprios como o centro de tudo o que era importante – a descoberta das novas terras pouco povoadas no longínquo Ocidente pouco interessava. Mas para os europeus – que há muito se viam literalmente na orla do mundo civilizado, com tudo o que era importante situado a leste – a descoberta de terras novas e totalmente desconhecidas a ocidente alterou a sua posição fundamental no mundo.

De igual modo, astrónomos chineses e indianos já tinham observado a supernova (registando com exactidão as observações no firmamento durante milhares de anos) e há muito que haviam desenvolvido filosofias acerca da natureza, construídas em torno de ideias de mudança constante, como o curso natural das coisas no Universo. Ao contrário dos Gregos e dos europeus, não tinham noções rígidas acerca de um firmamento

TRAJECTÓRIAS DA CIÊNCIA NA ÁSIA E NA EUROPA | 239

perfeito e imutável, separado da Terra, que levassem as suas tradições clássicas a ser contestadas na sua essência por novas observações feitas a cometas e estrelas.

Além disso, numa altura em que os europeus começaram com os seus debates acesos acerca destas novas observações e apresentaram as suas ideias alternativas, os impérios otomano, mogol e chinês estavam ocupados com questões internas, procurando recuperar das rebeliões, evitando as influências externas e reforçando as crenças ortodoxas tradicionais.

Deste modo, os europeus, mais do que qualquer outra grande civilização, perceberam finalmente que a tradição clássica que procuraram adoptar tinha de ser abandonada se queriam perceber a verdadeira natureza do seu mundo e do seu universo. Isto levou os europeus a procurarem novos sistemas filosóficos e novos caminhos para estudarem e descreverem a natureza.

**Em busca de novos caminhos na ciência europeia: o raciocínio cartesiano e o empirismo britânico, 1650-1750**

Até 1650, todas as grandes civilizações apoiaram-se em quatro princípios básicos para justificar o seu conhecimento e a sua autoridade (que de um modo geral estavam estreitamente relacionados), e que eram os seguintes:

1. Tradição – conhecimento que era respeitado pela sua longevidade e longa utilização.
2. Religião ou revelação – conhecimento que era baseado em textos sagrados ou em ditos de profetas, santos e outros líderes espirituais.
3. Razão – conhecimento que era obtido por meio da demonstração lógica, tanto na área da aritmética como da geometria, ou pelo raciocínio dedutivo a partir de premissas básicas.

240 | HISTÓRIA GLOBAL DA ASCENSÃO DO OCIDENTE

4. Observação e experiência repetidas – conhecimento que era confirmado por observações amplamente partilhadas e repetidas e por experiências do dia-a-dia, como, por exemplo, que ao dia se segue a noite, que o Sol nasce a oriente, que os objectos caem, que o calor sobe. Isto também inclui as várias técnicas agrícolas e de manufactura que foram provadas pelo seu próprio uso.

Vimos que nos princípios do século XVII, na Europa, novas descobertas, observações e conceitos acerca da Terra e do Universo começavam já a minar as tradições e crenças religiosas, impondo-se como princípios orientadores do conhecimento acerca do mundo natural. Além disso, o século XVII foi um período de acentuadas cisões religiosas e conflitos na Europa, culminando com a Guerra dos Trinta Anos (1618-1648). Durante estes anos, católicos, luteranos, calvinistas e outras seitas religiosas declaravam todas estar a corrigir os erros de outras interpretações da fé cristã. Vários grupos religiosos revoltaram-se e envolveram a Europa em grandes guerras civis e internacionais. A ausência de uma autoridade religiosa aceitável e de um caminho para optar entre propostas antagónicas parecia não contribuir com nada a não ser com a perspectiva de conflitos intermináveis.

Como já vimos, problemas idênticos levaram os impérios asiáticos a incentivar o regresso às crenças ortodoxas tradicionais, com vista a acabar com estes conflitos. Alguns Estados europeus tentaram fazer o mesmo. Em Espanha e Itália e em parte da Alemanha e Polónia, a Contra-Reforma pôs fim às heresias e às concepções não-ortodoxas e reforçou as crenças católicas tradicionais. Estes Estados proibiram livros que ameaçassem a ortodoxia católica e reprimiram os actos de autores «perigosos», como por exemplo Giordano Bruno e Galileu (Bruno foi queimado na fogueira pelas suas heresias; Galileu, mais prudente e bem relacionado, foi autorizado a viver em

TRAJECTÓRIAS DA CIÊNCIA NA ÁSIA E NA EUROPA | 241

prisão domiciliária). A França e os Países Baixos, embora menos severos, e a Grã-Bretanha em 1640, tentaram também restaurar uma religião estatal uniforme e obrigar os dissidentes à clandestinidade ou ao exílio. No entanto, nalguns Estados – incluindo a Grã-Bretanha depois de 1689, a Dinamarca e a Prússia – continuava a haver tolerância religiosa e na Europa Ocidental uma série de Estados seguia religiões diferentes – católica, calvinista, luterana. Por toda a Europa, a ascensão e difusão do protestantismo nos séculos XVI e XVII levou a um substancial enfraquecimento da autoridade da Igreja Católica – e da obra filosófica e científica que estava estreitamente associada aos ensinamentos da Igreja. Esta situação deu uma oportunidade aos filósofos de lutarem pela descoberta de novas bases para um conhecimento mais exacto.

Por conseguinte, os pensadores europeus afastaram-se da primeira e da segunda maiores fontes de conhecimento e autoridade – a tradição e a religião – para procurarem novos sistemas de conhecimento. Após 1650, foram propostos dois grandes caminhos para resolver este dilema – o racionalismo e o empirismo.

Uma maneira de pôr de lado conceitos tradicionais e baseados em revelações foi tentar chegar a conclusões mais básicas, raciocinando apenas a partir da lógica. A figura que liderou esta abordagem foi o filósofo e matemático francês René Descartes, que resolveu começar por pôr tudo em questão – os ensinamentos dos antigos, da Igreja, e inclusive as suas próprias experiências. Desenvolveu a sua dúvida, até ficar apenas com a certeza de uma coisa – da sua própria dúvida! Este facto podia então ser a base das deduções lógicas. Apesar de tudo, se Descartes não podia fugir à sua própria dúvida, era porque ele – como entidade que duvida e pensa – tinha que existir! Esta conclusão foi revelada na sua famosa afirmação «Penso, logo existo.»

Descartes foi ainda mais longe com o seu argumento. Se duvidava, não podia ser perfeito. Mas se tinha consciência da

242 | HISTÓRIA GLOBAL DA ASCENSÃO DO OCIDENTE

sua imperfeição, é porque tinha de haver um ser perfeito, ou Deus. E como só podemos conceber a perfeição em Deus, seria totalmente lógico que o Universo construído por Deus seguisse também uma lógica perfeita. Descartes argumentou ainda que só podemos entender logicamente o espaço se houver qualquer coisa que se prolongue no espaço (Descartes defendeu que o espaço vazio era uma contradição lógica). O espaço seria então preenchido por partículas invisíveis, cujos movimentos e interacções causariam tudo o que vemos.

Deste modo, Descartes criou um modelo, logicamente coerente, de um Universo mecânico no qual todos os fenómenos são explicados pelos movimentos e pelas colisões de partículas em movimento. Isto levou-o a várias descobertas valiosas, como por exemplo a noção de que vemos coisas porque as partículas invisíveis de luz que se deslocam dos objectos que vemos chegam aos nossos olhos. Mas também o levou a deduzir coisas que sabemos não serem verdade, como a noção de que os planetas giram à volta do Sol porque são apanhados em turbilhões ou redemoinhos de partículas rodopiantes invisíveis.

Este racionalismo cartesiano deu à filosofia aristotélica, que estava desacreditada, uma alternativa bastante apelativa. Parecia que por detrás das suas ideias se escondia o poder da demonstração puramente lógica. Como todos os fenómenos estavam reduzidos aos movimentos das partículas, estava implícita a promessa da aplicação de princípios matemáticos a toda a natureza – já desenvolvida por Galileu para muitos tipos de movimentos de partículas. Por fim, permitia explicar quase tudo, atribuindo--lhe algumas características das partículas. Por exemplo, podia sugerir-se que os sabores picante ou doce eram os resultados respectivos de partículas fortes ou suaves que chegavam à língua, ou que diferentes cores de luz eram produzidas por partículas de luz girando a velocidades diferentes.

No entanto, o racionalismo cartesiano também tinha os seus defeitos. Ao colocar a razão acima da experiência, os car-

TRAJECTÓRIAS DA CIÊNCIA NA ÁSIA E NA EUROPA | 243

tesianos desprezavam a experimentação, limitando o que podia ser aprendido ou descoberto e levando muitas vezes a erros significativos. As suposições de Descartes conduziram-no a fazer um mau juízo acerca de como os corpos agiam em colisões, afastando os investigadores que partilhavam das suas ideias do estudo das propriedades do vácuo (uma vez que o espaço vazio não podia existir, devia haver distorções ou erros da parte dos experimentalistas). Descartes rejeitou também peremptoriamente a possibilidade da existência de forças a agirem directamente através do espaço entre corpos materiais, como, por exemplo, a gravidade. Com todas as suas virtudes, o racionalismo cartesiano impôs aos seus seguidores uma variedade de erros e explicações falsas acerca da mecânica do movimento na natureza.

O movimento da Terra, o peso da atmosfera e as propriedades do vácuo foram descobertas cuja prova se baseava na utilização de instrumentos científicos (telescópios, barómetros, bombas de vácuo) para obter informação que não era normalmente captada pelos sentidos. A utilização desses instrumentos foi a principal característica do plano de Bacon para a evolução do conhecimento científico por meio da experimentação.

O programa experimental atingiu a sua organização mais sistemática com o trabalho da Royal Society de Londres, dirigida por Robert Boyle e mais tarde por Isaac Newton. A Royal Society baseou as suas investigações em experiências com instrumentos e aparelhos científicos realizadas publicamente em reuniões da sociedade e por relatos destas experiências que eram amplamente publicados. A Royal Society usava bombas de ar, telescópios, microscópios, geradores electrostáticos, prismas, lentes e uma série de outras ferramentas para realizar as suas experiências. Na verdade, a sociedade acabou por depender de artesãos especializados para dar resposta à procura cada vez maior de instrumentos científicos para os seus membros.

244 | HISTÓRIA GLOBAL DA ASCENSÃO DO OCIDENTE

A fama da Royal Society na Grã-Bretanha aumentou desmesuradamente com os feitos de Isaac Newton. Foi ele o primeiro a demonstrar que tanto os movimentos na Terra – o movimento de maçãs a cair, de balas de canhão, ou das marés, por exemplo – como os movimentos dos planetas através do firmamento, podiam *todos* ser explicados pela acção de uma força da gravidade universal. Esta força que atraía mutuamente os corpos materiais aumentava consoante a massa, mas diminuía com o inverso do quadrado da distância entre eles. A teoria da gravidade de Newton permitiu explicar pela primeira vez o trajecto exacto que os planetas descreviam no firmamento e a velocidade a que o faziam, bem como o movimento da Lua e das marés.

Newton também descobriu as leis exactas da força mecânica – que a força era necessária para todas as mudanças de direcção e velocidade do movimento de um corpo material, proporcional à massa do objecto e à magnitude da mudança. As leis da força de Newton tornaram possível calcular facilmente a quantidade de energia fornecida, por exemplo, pelo volume de uma queda de água, com base na altura da queda, ou da quantidade de energia necessária para levantar um determinado peso a uma distância pretendida. Newton descobriu também o princípio-chave da óptica: que a luz branca era composta por uma série de cores distintas, cada uma delas curvando-se de um modo ligeiramente diferente quando se deslocava através de água ou de lentes de vidro, formando arco-íris no céu e padrões de cores em prismas e lentes.

Embora do início a meados do século XVII a experimentação e o racionalismo cartesiano tivessem seguidores por toda a Europa, em finais do século XVII e princípios do século XVIII, estes conflitos entre cartesianos e newtonianos revelaram uma diferença cada vez mais evidente na maneira como a ciência avançava na Europa continental em comparação com a Grã-Bretanha. A abordagem cartesiana tomou de rompante a maioria dos intelectuais da Europa continental, que estavam convencidos de que o poderoso movimento dos turbilhões de partículas mantinha a Terra em rotação e os planetas a girar em volta do Sol. Uma série de outros fenómenos, como o calor, o frio, o paladar e a dor foram também explicados pelos movimentos, disposição e colisões de vários tipos de partículas – suaves ou fortes, rápidos ou lentos.

A abordagem cartesiana, colocando em primeiro lugar o raciocínio matemático como fonte do conhecimento, encorajou também o florescimento de matemáticos europeus, juntando a álgebra, a geometria e a teoria numérica. Isto era útil onde a análise matemática de muitas partículas a mover-se pelo espaço se assumia como um modelo exacto do mundo físico – como com a mecânica de fluidos ou a difusão de calor. Matemáticos franceses, suíços e alemães fizeram grandes progressos nestas áreas e na da matemática aplicada, como as equações diferenciais, as séries infinitas e muitos outros tópicos.

Em contrapartida, a abordagem empírica britânica inspirada em Bacon era bastante impopular fora da Grã-Bretanha e mesmo ridicularizada e criticada no país. Os valiosos resultados empíricos das experiências de Boyle com o vácuo perderam-se nos vigorosos argumentos metafísicos, no continente, sobre se existiria mesmo um verdadeiro vácuo. As descobertas de Newton quase não foram ensinadas no continente durante o século XVIII. Mesmo no seu país, a Grã-Bretanha, filósofos como Thomas Hobbes censuraram severamente Boyle e os seus seguidores, afirmando que a filosofia implicava provas lógicas e que fazer experiências para o público era apenas uma forma de entretenimento, de preferência para artesãos e actores vulgares.

Resumindo, a Europa do Norte e a Europa Ocidental foram casos únicos no século XVII, por não reforçarem o conhecimento tradicional e religioso e experimentarem novas formas de abordagem ao uso da razão e da observação. Apesar de tudo,

246 | HISTÓRIA GLOBAL DA ASCENSÃO DO OCIDENTE

surgiram duas abordagens muito distintas por volta de 1700. Na Grã-Bretanha, o estudo da natureza era um programa de descobertas experimentais e de medições baseado em aparelhos cada vez mais sofisticados, instrumentos e demonstrações públicas. No continente, as experiências fugiram ao domínio dos estudos privados ou tornaram-se objecto de entretenimento, em vez da base de trabalho científico, enquanto a matemática e a lógica formavam a base da investigação científica.

Pode dizer-se que no continente Descartes criou um novo sistema de conhecimento, baseado no raciocínio lógico e matemático, que ameaçava afastar todo o conhecimento que restava da tradição clássica (os Gregos) e da religião (os ensinamentos da Igreja Católica). A combinação de novas descobertas com os enormes conflitos dos últimos 150 anos pôs em questão a autoridade da tradição e da religião como orientadoras do conhecimento; nestas condições, a difusão do sistema de Descartes revelou-se irresistível.

Por outro lado, na Grã-Bretanha, os empiristas da Royal Society pegaram na quarta e supostamente mais fraca forma de aquisição de conhecimento – as experiências do quotidiano – e transformaram-na em algo de novo. Seguindo os ensinamentos de Francis Bacon, mantiveram-se cépticos face à dedução lógica. Concentrando os seus esforços para criarem conhecimento científico com base em programas experimentais com instrumentos e aparelhos científicos, desenvolveram uma *quinta* fonte de conhecimento à qual nunca fora dada a primazia. Ou seja, os empiristas britânicos defendiam que as observações demonstradas publicamente com instrumentos como telescópios, microscópios, prismas, bombas de vácuo e outros aparelhos, forneciam conhecimento mais exacto e fiável do que o conhecimento obtido dos tempos antigos, adquirido a partir de dogmas religiosos, da dedução lógica por si só, ou da observação do quotidiano. Actualmente, esta afirmação é tida como normal. Mas no contexto da história mundial, e

TRAJECTÓRIAS DA CIÊNCIA NA ÁSIA E NA EUROPA | 247

em particular do século XVII na Europa, era uma afirmação bastante original e extraordinária.

## A era do engenho: da ciência experimental mecânica à indústria mecânica, 1700-1800

Afinal, as descobertas newtonianas e o programa experimental da Royal Society eram precisamente aquilo de que a Revolução Industrial precisava para arrancar. Rapidamente isto aconteceu na Grã-Bretanha, deixando o resto da Europa – ainda na fase do racionalismo cartesiano – quase um século para trás.

A separação da ciência cartesiana no continente da ciência newtoniana e experimental na Grã-Bretanha foi em parte causada, e obviamente reforçada, pelas acções de autoridades religiosas em ambos os sítios. Quando Descartes começou a publicar as suas obras na década de 1630, as autoridades religiosas ficaram imediatamente alarmadas. A ideia de um universo mecânico de partículas em movimento sem a intervenção activa de Deus era perturbadora. Descartes teve de viajar pela Europa para evitar autoridades hostis, tanto da parte de católicos, como de protestantes. Mas havia uma coisa que os católicos italianos, espanhóis e franceses, calvinistas flamengos e pietistas alemães tinham em comum: uma profunda crença no poder de Deus e na fidelidade da história por si acentuada, tal como vem escrita na Bíblia. Porém, em apenas umas décadas, os intelectuais da Europa encontravam-se profundamente empenhados na ciência cartesiana e, em finais do século XVII, a Real Academia das Ciências francesa (a rival continental da Royal Society de Londres) estava totalmente imbuída do pensamento cartesiano.

Os jesuítas católicos, que controlavam grande parte do ensino primário em França, Espanha, Itália e Sul da Alemanha,

248 | HISTÓRIA GLOBAL DA ASCENSÃO DO OCIDENTE

decidiram fazer as pazes com o cartesianismo. Estavam dispostos a ensinar a matemática de Descartes e alguma da sua física, e adoptaram a sua abordagem lógica. No entanto, insistiam que Deus podia intervir à sua vontade no Universo para fazer milagres, e que a alma e o Espírito Santo não faziam parte do mundo material, gerido por partículas. Os jesuítas adoptaram também um modelo do sistema solar, inicialmente desenvolvido por Tycho Brahe, que aceitava que os planetas giravam todos em volta do Sol, mantendo a Terra no centro do Universo, e que o Sol fazia girar todos os outros planetas em volta da Terra. Esta teoria foi suficiente para a Igreja Católica, passando a ser, durante muitas décadas, o modelo transmitido pelos jesuítas.

Os católicos também acharam conveniente os cartesianos usarem a lógica em vez da experimentação para testar hipóteses. Os jesuítas tornaram-se mestres no argumento lógico e conciliaram com facilidade muitos dos elementos da nova ciência mecânica com as necessidades da Igreja. No entanto, condenavam totalmente o modelo newtoniano. Achavam que a misteriosa força da gravidade estava demasiado próxima da magia e que a abordagem experimental à descoberta e ao conhecimento era demasiado imprevisível.

Verificou-se praticamente a reacção contrária na Grã-Bretanha, onde Newton foi adoptado pela Igreja Anglicana. Como vimos no capítulo 6, as guerras políticas e religiosas na Grã-Bretanha não resultaram numa única Igreja oficial que impunha uma ortodoxia rígida, mas em duas Igrejas oficiais – a Anglicana em Inglaterra e a Presbiteriana na Escócia – tolerantes para com católicos e outros dissidentes protestantes como os quacres, os puritanos e outros.

Quando Newton publicou o seu *Princípios Matemáticos da Filosofia Natural* em 1687, houve poucas pessoas que o tivessem entendido totalmente. Mas, poucos anos depois, as popularizações criaram a simples imagem de um universo mecânico, posto em movimento por um criador sábio e mantido em har-

TRAJECTÓRIAS DA CIÊNCIA NA ÁSIA E NA EUROPA | 249

monia por todos os corpos regidos por leis simples. A gravidade não era vista como uma força mágica ou misteriosa, mas como a criação atenta do criador omnisapiente, que utilizava uma simples lei da gravidade para colocar as marés, a Lua, os planetas e todos os corpos terrestres nos seus devidos lugares. Para incentivar a harmonia entre pessoas de diferentes crenças sob o domínio do rei, a Igreja Anglicana começou a utilizar o universo newtoniano como modelo para uma sabedoria e harmonia divinas, com cada planeta e cada lua seguindo o seu próprio percurso sob um conjunto de leis naturais. A Igreja incentivou inclusivamente o estudo de versões simplificadas das leis de Newton como base para uma vida moral e produtiva.

No século XVIII, apoiando-se na Igreja e no prestígio de Newton, a Royal Society beneficiou de uma vaga de apoio e veneração a nível nacional. Este fenómeno levou a um interesse generalizado pelas suas práticas experimentais. Os instrumentos científicos começaram a vender-se dentro e fora do país e, em meados do século XVIII, Londres tornou-se o centro mundial de produção desses instrumentos. Houve um florescimento de conferências e demonstrações públicas e de sociedades científicas provinciais, às quais afluíram pessoas de todos os estratos sociais – cavalheiros, damas, artesãos e homens de negócios.

Como vimos no capítulo 7, artesãos, homens de negócios, fabricantes de instrumentos e nobres (incluindo clérigos) levaram a cabo os seus próprios programas experimentais e encomendaram observações, na esperança de fazerem as suas próprias descobertas e fazerem avançar conhecimento útil. Esta cooperação, bem como várias investigações complexas dos processos industriais, foram cruciais para o seu êxito. Porém, apesar de Denis Papin, assistente de Robert Boyle e curador de instrumentos da Royal Society, ter concebido um dos primeiros desenhos para uma máquina a vapor com êmbolo, Papin nunca chegou a construir um modelo funcional (embora tenha criado outra in-

250 | HISTÓRIA GLOBAL DA ASCENSÃO DO OCIDENTE

venção prática – a panela de pressão). Foi um artesão, Thomas Newcomen, que concebeu as partes funcionais e desenvolveu o complexo sistema de válvulas de entrada e saída de vapor, quem pôs a funcionar a máquina a vapor.

Através das publicações da Royal Society e de conferências realizadas por todo o país, Newcomen investigou a possibilidade de construir uma máquina atmosférica, desenvolver os princípios básicos da pressão atmosférica e criar vácuo por meio da condensação de vapor. Mas foi a sua experiência na indústria mineira e a sua competência como artesão que lhe permitiram inventar uma máquina a vapor funcional.

Umas décadas mais tarde, o fabricante de instrumentos James Watt pegou nas ideias científicas desenvolvidas por Joseph Black e por outros sobre o aquecimento latente e a energia, baseadas na mecânica aplicada ao trabalho de Newton, e utilizou-as na construção de uma máquina a vapor melhorada. Watt mudou-se voluntariamente do mundo dos artesãos, dos fabricantes de instrumentos e dos engenheiros de minas (que construíram máquinas à escala real baseadas nos seus desenhos, pois precisavam delas), para o mundo dos cientistas na Universidade de Glasgow e da Royal Society e para o mundo de empresários e industriais, tais como John Roebuck e Mathew Boulton (os seus sócios de comercialização e de produção de máquinas a vapor). Foi esta combinação fluida de pessoas que reuniu os talentos de pessoas inventivas, especialistas em mecânica e com conhecimentos de mercado – todas elas interessadas em seguir programas experimentais para criarem novos produtos e novos processos – que fizeram da invenção da máquina a vapor, e mais tarde da Revolução Industrial, uma realidade.

Houve dois factores cruciais para o progresso da engenharia científica prática, tanto por terem sido adoptados por industriais e empresários, como por se terem difundido entre milhares de artesãos e técnicos – factores únicos na Grã-Bretanha e que provavelmente nunca foram difundidos em mais sítio ne-

TRAJECTÓRIAS DA CIÊNCIA NA ÁSIA E NA EUROPA | 251

nhum. O primeiro foi a elevação da investigação experimental baseada em instrumentos e a descoberta e demonstração das relações empíricas ao estatuto de método de conhecimento, independente e superior. O segundo foi a adopção do método experimental, o uso de instrumentos científicos e a consciencialização da investigação científica corrente como elementos adequados à educação e à vida das pessoas comuns – sobretudo para quem procurava trabalho na indústria.

Estes dois elementos faziam parte da lógica de Francis Bacon, filósofo e Lord Chancellor, isto é, magistrado supremo de Inglaterra, no início do século XVII. Bacon defendia que as experiências públicas eram o melhor caminho para se obter conhecimento novo. Além disso, Bacon argumentou também que o conhecimento experimental levava ao aperfeiçoamento da manufactura, da produção, da medicina, dos ofícios e de todas as artes úteis, superior a qualquer conhecimento obtido por meio da lógica ou da consulta de tradições antigas.

A Royal Society adoptou Bacon como um dos seus heróis. A sociedade não só proclamou as suas ideias sobre investigação experimental e instrumental, entendidas como o verdadeiro caminho para o conhecimento, como também promoveu o ponto de vista de Bacon quanto ao facto de os programas experimentais levarem ao conhecimento *útil*, trazendo mais riqueza e prosperidade. Foi esta perspectiva – de que o conhecimento experimental seria útil para os homens de negócio, artesão, manufactores, mercadores e outras pessoas envolvidas em actividades úteis – que explica o interesse da sociedade em publicar e publicitar as suas obras. Foi também esta crença que levou à fundação de bibliotecas de mecânica e a uma série de conferências com vista a difundir o conhecimento daquilo a que a sociedade chamava Nova Filosofia ou Filosofia Experimental.

Foi sobretudo na Escócia, onde surgiram novas oportunidades após a sua união com a Inglaterra em 1707, que académicos, médicos, advogados, clérigos e homens de negócios se

252 | HISTÓRIA GLOBAL DA ASCENSÃO DO OCIDENTE

prepararam para introduzir progressos no seu país atrasado, criando um ensino novo e moderno para os seus colegas escoceses, mais centrado no conhecimento novo e nas descobertas científicas do que nos textos antigos. Ao longo do século XVIII, as universidades escocesas de Glasgow, Edimburgo, Aberdeen e St. Andrews desenvolveram o currículo mais moderno e empírico do mundo.

As universidades escocesas prepararam muitos dos principais médicos, cientistas e pensadores políticos e económicos da Europa e da América do início do século XVIII (o presidente da Universidade de Princeton durante a Revolução Americana, John Witherspoon, era um escocês que estudara em Edimburgo). A Escócia – que até 1700 fora um dos territórios mais pobres da Europa – tornou-se rapidamente um dos principais centros intelectuais do mundo e, em 1800, um dos principais centros de inovação industrial, exploração de minas e manufactura. Conseguiu-o, adoptando as novas descobertas, os métodos experimentais e as abordagens de Newton à ciência e defendendo que o ensino destas descobertas e destes métodos eram uma parte fundamental da bagagem intelectual de todos, desde mecânicos a grandes industriais. Não terá sido por acaso que o escocês James Watt começou a ter sucesso a trabalhar com máquinas a vapor na Universidade de Glasgow, ou que tantos outros engenheiros escoceses, como John McAdam, William Murdoch e Thomas Telford tivessem tido papéis de relevo na Revolução Industrial.

Além disso, os últimos métodos experimentais e descobertas científicas foram amplamente divulgados na Grã-Bretanha através de conferências públicas, demonstrações e opúsculos e manuais disponíveis nas bibliotecas de mecânica que proliferavam por todo o país. Foi criada uma pequena indústria que proporcionava introduções simplificadas e fórmulas práticas derivadas dos últimos trabalhos científicos. Qualquer pessoa, desde artesãos à classe alta, podia adquirir facilmente, se qui-

TRAJECTÓRIAS DA CIÊNCIA NA ÁSIA E NA EUROPA | 253

sesse, um conhecimento prático sobre as últimas investigações, e muitos assim o fizeram.

As mulheres também se juntaram ao entusiasmo generalizado pela aprendizagem, e muitas delas tornaram-se grandes cientistas e inventoras. Entre elas encontravam-se, na Grã-Bretanha, a paleontóloga Mary Anning, a botânica Anna Atkins, a matemática Lady Augusta Ada Byron Lovelace, a astrónoma Caroline Herschel e a física Mary Sommerville; em Paris, Madame de Chatelet, influenciada pelos Britânicos (traduziu a obra de Newton para francês) e a astrónoma Maria Mitchell nos Estados Unidos.

A adopção do método experimental e a divulgação das últimas descobertas científicas transformaram os artesãos e os fabricantes de instrumentos em engenheiros modernos. A familiaridade que os homens de negócios e os industriais tinham com as vantagens da investigação experimental e científica – e o potencial de investigação para criar novas e valiosas invenções – levou-os a contratar e financiar engenheiros com vista a aperfeiçoarem o seu trabalho. Durante aproximadamente um século após a grande obra de Newton (em 1687), a Grã-Bretanha incentivou artesãos, engenheiros e homens de negócios a aprenderem e utilizarem o método experimental e a mecânica de Newton, encorajando todos estes grupos a juntar-se aos grandes investigadores científicos e inclusive a seguirem os seus próprios programas de investigação e descoberta. Foi a Grã-Bretanha, à sua maneira, a primeira a fazer da engenharia científica uma parte normal e esperada da produção económica e da manufactura.

Em contrapartida, até finais do século XVIII, na maior parte da Europa as distinções entre artesanato, negócios e trabalho científico eram ainda muito fortes. Os industriais e os manufactores continuaram a centrar-se no conhecimento dos seus produtos, nos segredos do comércio e nos mercados e não no conhecimento científico ou em métodos que poderiam levar a

## 254 | HISTÓRIA GLOBAL DA ASCENSÃO DO OCIDENTE

novos produtos ou métodos de desenvolvimento. Entretanto, cientistas matemáticos europeus prosseguiram as suas investigações sem dar muita atenção à sua aplicação prática. Os experimentalistas e os teóricos da Real Academia Francesa continuavam a ser um grupo elitista envolvido em debates internos; o seu trabalho não foi muito divulgado, debatido ou transmitido ao público francês no século XVIII. Os debates nos principais salões franceses centravam-se muito mais na política e nas reformas das instituições reais do que na ciência experimental.

É impressionante que, mesmo em finais do século XVIII e princípios do século XIX – depois de os erros da mecânica de Descartes serem bem conhecidos e de o cientista francês Antoine Lavoisier ter feito uma revolução experimental no campo da química – a aplicação das descobertas científicas à manufactura e aos processos industriais em França ainda estivesse bastante atrasada comparativamente à Grã-Bretanha. Muitos cientistas franceses ainda lidavam com a mecânica como um conjunto de problemas da matemática abstracta e não como o estudo empírico do mundo real. O que teria acontecido se a engenharia e a manufactura britânicas não tivessem tido o êxito que tiveram, incentivando os Franceses e outros europeus a desenvolverem a sua própria engenharia prática e científica? É possível que os matemáticos da Europa tivessem acompanhado os feitos de gerações anteriores de matemáticos chineses, indianos e muçulmanos. Tal como eles, talvez o seu trabalho tivesse tido pouco ou nenhum impacto na produção industrial.

## Conclusão: percursos da ciência e o mistério da industrialização

Muitas das principais civilizações mundiais realizaram grandes feitos no âmbito da ciência e da tecnologia. Os Indianos fizeram progressos significativos na matemática muito cedo e,

TRAJECTÓRIAS DA CIÊNCIA NA ÁSIA E NA EUROPA | 255

na Idade Média, a matemática e a astronomia dos Chineses e dos muçulmanos estavam bastante avançadas em relação à Europa. A química e a óptica islâmicas anteciparam-se vários séculos às descobertas europeias. Nessa altura, todas estas civilizações possuíam tecnologias poderosas – desde moinhos de vento à produção de têxteis e cerâmica, à construção naval e às técnicas de navegação – que os europeus não tinham. É um grande mistério nenhuma destas grandes civilizações ter feito progressos na indústria movida a vapor e nos transportes ou em milhares de outras inovações técnicas que aceleraram o ritmo das transformações económicas, originando uma revolução industrial no Ocidente.

A resposta reside no facto de a matemática avançada, por si só, ou o punhado de progressos técnicos alcançados não terem gerado uma aceleração da economia. Além disso, na maioria das grandes civilizações os progressos científicos muits vezes foram parados ou, inclusivamente, perderam-se em período de crises políticas, enquanto as sociedades se voltavam normalmente para uma recuperação das tradições ou da religião ortodoxa para as ajudar a restabelecer a ordem

No Ocidente, no século posterior a 1500 realizou-se uma série de descobertas que levaram os pensadores a fugir às tradições antigas e religiosas do conhecimento e a concentrar-se nas abordagens matemáticas e lógicas e empíricas para compreenderem a natureza. No entanto, a menos que estas abordagens estivessem praticamente integradas num programa de investigação experimental, em si mesmas a matemática e a lógica avançadas podiam continuar a produzir erros na maneira de pensar sobre a natureza e a não conseguir fornecer a base para uma revolução científica ou industrial. A investigação experimental tinha de ser amplamente divulgada na sociedade e a engenharia científica devia tornar-se parte integrante de um bom negócio para permitir a transformação da indústria. Foi na Grã-Bretanha do século XVIII que todas estas transformações

## 256 | HISTÓRIA GLOBAL DA ASCENSÃO DO OCIDENTE

geraram vagas consecutivas de inovações técnicas inspiradas na ciência, dando origem a um crescimento industrial moderno.

### Bibliografia complementar

HENRY, John. *The Scientific Revolution and the Origins of Modern Science* (Nova Iorque; Palgrave, 2002).

SALIBA, George. *Islamic Science and the Making of the European Renaissance* (Cambridge, MA: MIT Press, 2007).

# Conclusão

## A Ascensão do Ocidente: uma Fase Temporária?

**Da era da energia a vapor à era espacial:
a ascensão de uma sociedade industrial e militar moderna**

A evolução da engenharia científica moderna como parte normal da produção económica transformou para sempre a lógica do crescimento económico. Em finais do século XVIII, o economista pioneiro Adam Smith observou que, em termos históricos, o crescimento económico se verifica quando os países fazem uma utilização mais eficaz dos seus recursos tradicionais, entre eles a mão-de-obra, especializando-se em produtos e tarefas específicas. No entanto, no início do século XIX era evidente que se podia obter maiores lucros com o crescimento económico utilizando-se programas de experimentação e invenções para a criação de novas máquinas, de novos processos e de novos produtos. A inovação tornou-se assim a principal força condutora do crescimento económico moderno.

Dois outros grandes economistas – Karl Marx e Joseph Schumpeter – foram mais exactos nas suas observações acerca do crescimento económico moderno. Marx, que escreveu sobre o assunto na década de 1840, foi o primeiro economista

258 | HISTÓRIA GLOBAL DA ASCENSÃO DO OCIDENTE

a referir que as inovações contínuas podiam levar a um crescimento ilimitado que transformaria o mundo. Antes dele, os economistas concentraram-se na questão da diminuição de retornos, argumentando que quando se alcançava uma utilização mais eficaz dos recursos existentes, deixava de haver crescimento. Foi esta teoria que deu à economia a alcunha de «ciência lúgubre». O grande erro de Marx foi ter afirmado que os ganhos obtidos com o crescimento económico moderno iam para uma percentagem ínfima de industriais, passando os artesãos e outros trabalhadores a ser vítimas de uma desigualdade cada vez maior. Com efeito, todo o processo de invenções e inovações impede que se verifique esta situação. Enquanto os trabalhadores, os artesãos e os empresários puderem ser preparados e forem livres de abrir um negócio ou vender as suas ideias, as suas inovações podem ser um desafio ao poder das grandes empresas, e levá-los a criar a sua própria riqueza. Bill Gates não se tornou um dos homens mais ricos do mundo por controlar as grandes empresas da década de 1960, mas pela inovação − e por contratar engenheiros para prosseguirem com as inovações − e por ter criado novos produtos que superaram totalmente as principais empresas de computadores da década de 1960.

No mundo industrial a história é semelhante. Quando as pessoas são livres de abrir novas empresas, baseando-se em ideias novas, aparecem novas pessoas nas fileiras dos ricos. São criados milhares, ou milhões, de postos de trabalho em novas indústrias. Howard Hughes na aviação, Thomas Edison na electricidade, Alexander Graham Bell nos telefones, Charles Goodyear na borracha e recentemente Bill Gates, Michael Dell e outros na informática, todos criaram novas indústrias a partir de inovações nos produtos e nos processos. Os países com os maiores níveis de desigualdade e pobreza são normalmente os que têm pequenas indústrias e ausência de inovação − tanto por falta de formação de engenheiros, como de oportunidades

CONCLUSÃO — A ASCENSÃO DO OCIDENTE | 259

para abrirem novos negócios – razão pela qual a pobreza e a riqueza são controladas pelos que possuem terras ou outros recursos naturais, impedindo aos outros o acesso a oportunidades económicas.

Schumpeter defendeu, com razão, que o crescimento económico moderno se deveu à destruição criativa do que era antiquado e de empresas obsoletas, levada a cabo por novas ideias e indústrias. Quando os automóveis substituíram o cavalo e a carroça, os fabricantes de carroças ficaram sem negócio; mas aqueles que adquiriram conhecimentos na área da engenharia automóvel desenvolveram uma indústria nova e mais volumosa que deu trabalho a muito mais gente (e pagou salários mais elevados).

O erro de Schumpeter foi ter afirmado que havia muito poucos empresários (pessoas que abriam novos negócios ou agarravam novas oportunidades) mas abundância de ideias para criar novos produtos ou processos. Com efeito, durante séculos, os empresários criaram riqueza em muitas indústrias tradicionais no mundo inteiro. Os empresários levaram tabaco americano e chá chinês para a Grã-Bretanha, açúcar das Caraíbas para a Europa e cavalos árabes para a China. As épocas áureas de Veneza, da Holanda e da China manchu deveram-se a empresários que reformularam os padrões de produção e de comércio nos continentes.

No entanto, para os empresários inovarem verdadeiramente, precisam dos frutos dos programas de investigação e descoberta experimental e do conhecimento científico que permitia aos engenheiros criarem novas fontes de energia, novos materiais e novos processos. Este enquadramento foi mais raro ao longo da história do que a iniciativa dos empresários! Com efeito, o padrão típico ao longo da história tem sido as sociedades respeitarem e regressarem às suas fontes de conhecimento e de autoridade tradicionais e religiosas. Os programas de investigação experimental desenvolveram-se em locais onde

260 | HISTÓRIA GLOBAL DA ASCENSÃO DO OCIDENTE

estas fontes eram normalmente preservadas por um pequeno número de elites que quase não tinha ligação com o trabalho prático (o trabalho de Jabir no campo da química foi uma excepção notável). O facto de a experimentação e as descobertas se terem tornado a actividade de muitos indivíduos – entre vários ofícios e grupos sociais, todos eles interessados em relacionar as descobertas científicas com os benefícios económicos em termos práticos – foi verdadeiramente excepcional. Esta situação, que se verificou no século XVIII na Grã-Bretanha, deu início a uma trajectória de progresso científico e crescimento económico que se difundiu por todo o mundo e que ainda se mantém.

Durante mais de um século, de 1710 a 1850, a Grã--Bretanha foi o local dominante das invenções no campo da engenharia, e da aplicação dessas invenções na criação de novos produtos e processos. Embora em finais do século XVIII e princípios do século XIX, americanos como Eli Whitney (tratamento de algodão) e Ben Franklin (fogão, pára-raios, lentes bifocais), franceses como Berthollet (branqueamento com cloro) e italianos como Alessandro Volta (bateria eléctrica) tenham também criado invenções importantes, a Grã-Bretanha teve uma liderança decisiva, especialmente em áreas como a energia a vapor, a exploração de minas, maquinaria têxtil e na construção de ferramentas mecânicas para trabalhos em madeira e metal.

O resultado foi a Grã-Bretanha ter atingido uma posição dominante na produção mundial de energia, nos tecidos de algodão, na energia a vapor, nos navios a vapor, nos caminhos--de-ferro, nos produtos de metal e nas ferramentas mecânicas. Inclusive artigos simples como o autoclismo, os alfinetes de segurança e os elásticos foram inventados na Grã-Bretanha durante este período. Os engenheiros britânicos foram também pioneiros no aperfeiçoamento de tudo, desde estradas a gabardinas.

CONCLUSÃO — A ASCENSÃO DO OCIDENTE | 261

Uma forma de se ter consciência de quão importante foi a ascensão da indústria moderna para a economia da Grã-Bretanha é perceber-se como a energia disponível para a indústria britânica cresceu comparativamente com a de outros países, sobretudo a China. De 1750 a 1900, a energia utilizada na indústria britânica cresceu de cerca de 75 000 cavalos (desta, mais de 90% de energia hidráulica) para quase 10 milhões de cavalos (desta, mais de 95% da energia das máquinas a vapor). Uma vez que a população da Grã-Bretanha só aumentou cerca de cinco vezes e meia durante este período, quer dizer que a energia industrial total por pessoa disponível na Grã-Bretanha aumentou quase vinte e cinco vezes.

A energia para abastecer as máquinas a vapor vinha principalmente do carvão. O total da energia produzida em Inglaterra utilizada a partir de combustíveis de carvão e madeira em 1700 foi calculado em apenas um dozeavo da totalidade da energia derivada desses combustíveis consumida na China dos Qing nessa mesma altura. Mas, em 1850, após um aumento de quase vinte vezes da produção de carvão, os 18 milhões de habitantes de Inglaterra usavam cerca de metade da energia abastecedora que era utilizada pelos 400 milhões de habitantes de toda a China qing. Ou seja, a média dos habitantes de Inglaterra tinha aproximadamente dez vezes mais energia disponível por ano do que os habitantes da China. Mas isto não ficou por aqui. Em 1900, provavelmente o auge do poder global inglês, o carvão britânico abastecia cerca de um quarto do total da produção mundial de energia fóssil para uma população que era composta por menos de 3% da população do mundo ([1]).

Não admira que as vantagens tecnológicas britânicas, que foram seguidas nos Estados Unidos e noutras partes da Europa depois de 1800, tivessem sido aplicadas noutro importante uso – armas militares de qualidade superior. Os navios de guerra a vapor e os barcos fluviais desequilibraram a longa luta das so-

# 262 | HISTÓRIA GLOBAL DA ASCENSÃO DO OCIDENTE

ciedades ocidentais na conquista das concessões dos principais Estados asiáticos da China e do Japão.

As frotas britânicas enviadas para a China durante as Guerras do Ópio tinham muitos navios de guerra convencionais, mas os navios a vapor com casco de ferro, acabados de inventar, foram decisivos. O navio britânico *Nemesis* foi o primeiro navio a vapor com casco de ferro com rodas propulsoras laterais enviado para combater na China. Com um calado de apenas 5 pés, este navio podia operar em águas costeiras baixas, com praticamente qualquer vento ou maré. «A Guerra do Ópio de 1839-42 assinalou um momento histórico importante [...] de inovação na tecnologia e nas tácticas militares do Ocidente: [a] emergência de navios a vapor como força decisiva nas batalhas navais [...] Na campanha de Xangai, [o *Nemesis*] rebocou navios com artilharia pesada até ficarem ao alcance de fogo da cidade e serviu como meio de transporte para deixar as pessoas directamente nas docas. Muito antes do fim da guerra foram enviados para os mares da China novos navios a vapor com um desenho semelhante.» (²) Incapazes de reagir à capacidade de manobra e à versatilidade dos navios a vapor com casco de ferro, os Chineses viram-se obrigados a capitular, perdendo pela primeira vez uma guerra com as forças do Ocidente.

O Japão teve um destino semelhante. Foi obrigado a abrir as portas do seu comércio por uma força naval americana liderada pelo comandante William Perry. Até à expedição de Perry em 1853, os Japoneses tinham repelido todos os estrangeiros e expulsado os navios europeus da suas costas. Mas os navios de Perry venceram a resistência japonesa precisamente porque não velejaram até ao porto de Tóquio (na altura Edo); navegaram a vapor. Perry comandava uma frota liderada por três fragatas modernas a vapor, cujas enormes chaminés pretas impulsionavam rodas de pás que permitiam à sua frota desafiar ventos e marés e utilizar as suas armas para se defender dos Japoneses. Estes, literalmente, nunca tinham visto nada igual.

CONCLUSÃO — A ASCENSÃO DO OCIDENTE | 263

Foi o espanto provocado por estas novas tecnologias, bem como a demonstração de força, que persuadiram os Japoneses a abrir os seus portos e a assinar um tratado. Foi a nova tecnologia que alterou o equilíbrio entre o Oriente e o Ocidente no século XIX.

De 1850 aos nossos dias, novas invenções continuaram a alterar o equilíbrio económico e militar no mundo inteiro. Trabalhos realizados pelos cientistas britânicos Humphrey Davy e Michael Faraday, sobre electrólise, e por Faraday, pelo dinamarquês Hans Christian Oersted e pelo francês Andre Marie Ampere sobre correntes eléctricas e magnetismo, no início do século XIX, conduziram à criação de motores eléctricos e à produção de electricidade a partir de quedas de água e turbinas a vapor, umas décadas mais tarde. Em finais do século XIX, os Alemães investiram em peso em escolas técnicas e institutos de investigação. Como resultado, a liderança das descobertas no campo da química, especialmente da química orgânica, que foi crucial para a evolução dos pigmentos químicos, dos fertilizantes sintéticos e de novos medicamentos, deixou de estar nas mãos dos Britânicos. Os engenheiros alemães foram também pioneiros no desenvolvimento de motores de combustão interna. No início do século XX, engenheiros químicos e mecânicos alemães fundaram empresas como a Bayer, a BASF, a Bosch e a Daimler-Benz. Entretanto, o químico sueco Alfred Nobel inventou a dinamite, os Franceses inventaram os esquemas das turbinas a água e a vapor e os Italianos fizeram descobertas importantes no campo da electrónica e da rádio. Os americanos Wilbur e Orville Wright desenvolveram o primeiro aeroplano que funcionou. Infelizmente, passado pouco tempo, este último investigador ficou associado a outra invenção do século XIX, princípio do século XX – a metralhadora.

O século XX assistiu a progressos ainda mais rápidos quando a «I&D» (investigação e desenvolvimento) se tornou parte normal de operações empresariais e cada vez mais cientistas e

264 | HISTÓRIA GLOBAL DA ASCENSÃO DO OCIDENTE

engenheiros tiveram formação e conseguiram colocação na indústria. Europeus e americanos conceberam e aperfeiçoaram motores, máquinas agrícolas e equipamento para a construção, remoção de terras e exploração de minas; criaram também novas fontes de energia, como os motores a diesel e a gasolina e, mais tarde, os motores a jacto e de turbina. Automóveis, aviões e comboios passaram a ser os meios normais de transporte: telefones, computadores e televisão passaram a ser os meios normais de comunicação e de entretenimento. A luz e a energia eléctricas iluminaram cidades inteiras. A refrigeração e os transportes baratos permitiram que a fruta e a carne de países do mundo inteiro fosse servida nas mesas dos Estados Unidos e da Europa, enquanto eram utilizadas traineiras gigantescas para pescar peixe dos oceanos, a uma velocidade maior do que aquela a que se reproduziam.

Estudos científicos acerca das forças que ligavam os átomos levaram à descoberta da energia nuclear, mas também das armas nucleares, utilizadas primeiro na Segunda Guerra Mundial e actualmente na posse de oito nações do mundo. Nos últimos doze anos, graças à Internet, aos computadores baratos e aos telemóveis as pessoas podem comunicar instantaneamente em qualquer parte do mundo e criar as suas páginas web para fins ilimitados, desde leilões *on-line* e blogues, descarregar música e vídeos, a recrutar engenheiros para novos empregos e terroristas para novas causas.

Onde levará tudo isto?

A principal mensagem deste livro tem sido que a ascensão do Ocidente *não se baseou de modo algum* numa superioridade geral europeia relativamente a outras regiões ou civilizações mundiais. Os europeus não eram mais ricos, não estavam mais avançados técnica ou cientificamente, nem tinham uma manufactura e um comércio superiores ao das principais sociedades asiáticas. Até 1500, a Europa estava de certa forma atrasada em termos de riqueza, tecnologia e ciência. Em 1700 ainda tentava

CONCLUSÃO — A ASCENSÃO DO OCIDENTE | 265

alcançar as regiões mais avançadas da Ásia no que respeitava à produtividade agrícola e ainda não tinha capacidade para manufacturar algodão, seda ou porcelana com tanta qualidade como a Índia e a China. Com efeito, a maior parte da Europa ainda passava por um declínio dos níveis de vida durante grande parte do século XIX. Não existe qualquer referência anterior a 1700 relativamente à religião, tecnologia, comércio, ou inclusive a leis e formas de governação na Europa que lhes conferisse qualquer vantagem especial em relação ao futuro.

Apesar de tudo, em meados do século XVII, a Europa partilhou com a China e o Império Otomano as mesmas crises, provocadas por um aumento populacional e por conflitos sociais e políticos. No século seguinte, quase todos as principais potências da Europa, com excepção da Inglaterra, seguiram o mesmo percurso da China, reforçando a ortodoxia estatal da religião para restaurar a ordem e fortalecer o poder central à custa das elites locais. A expansão comercial na Europa a partir de 1500 não foi um sinal de superioridade, mas da ligação da Europa a uma rede já activa do comércio oceânico centrado na Ásia. Na verdade, nos 300 anos seguintes, o volume da expansão comercial europeia tinha como objectivo importar os produtos manufacturados de melhor qualidade da Ásia, em troca de um grande volume de exportações de prata, transportada em navios vindos do Novo Mundo.

Foi a combinação de seis factores pouco comuns que levou a Europa a seguir um caminho diferente.

*Primeiro, uma série de novas e extraordinárias descobertas levaram a Europa a questionar e, por fim, a rejeitar a autoridade dos seus textos antigos e religiosos a níveis nunca vistos em qualquer outra grande civilização.* Estas descobertas incluíam desde a existência de um Novo Mundo do outro lado do Atlântico às supernovas no firmamento e às luas em volta de Júpiter. Embora outras regiões e civilizações também tivessem conhecimento deste fenómeno, não edificaram a sua civilização com base em textos

266 | HISTÓRIA GLOBAL DA ASCENSÃO DO OCIDENTE

de referência que excluíssem essas descobertas. A religião e o estudo de textos clássicos sobreviveram na Europa, mas sobreviveram como orientadores do comportamento moral e espiritual e não como uma imposição do mundo natural.

*Segundo, os europeus desenvolveram uma abordagem à ciência que combinava a investigação experimental com a análise matemática do mundo natural.* Esta combinação foi demonstrada de uma forma muito clara, sobretudo no trabalho realizado por Galileu, Kepler, Huygens e Newton, que se afastaram das tradições científicas mais antigas (incluindo a de Aristóteles) e, em vez disso, basearam-se no trabalho realizado pela ciência islâmica. No entanto, foram mais longe do que os seus antecessores, aplicando a abordagem experimental-matemática ao estudo do movimento e das forças impulsionadoras de objectos, utilizando telescópios para estudar o firmamento e barómetros e bombas de vácuo para estudar o vácuo e o estado gasoso. Foi este estudo que levou aos novos princípios do movimento e da astronomia de Galileu e Kepler, às leis da mecânica de Newton, à descoberta da pressão atmosférica de Torricelli e Pascal, e à descoberta de Boyle da «mola» ou da pressão de ar sob o efeito de alterações de temperatura ou de compressão.

*O terceiro factor foi a introdução das ideias do britânico Francis Bacon relativamente ao indício, à demonstração e ao objectivo da investigação científica.* No que diz respeito às tradições científicas, o objectivo da ciência era acumular informação sobre o mundo real, fazê-lo ter sentido utilizando a lógica e aplicando-a na criação de ideias religiosas e filosóficas. Este conhecimento foi posteriormente utilizado pelas elites para se distinguirem, acedendo a um conhecimento privilegiado e pouco partilhado com artesãos e manufactores comuns. Os ensinamentos de Bacon – que defendia que os cientistas, à semelhança dos advogados que apresentam os factos perante um júri, deviam reunir os factos e apresentar as suas provas em público e construir as suas explicações acerca da natureza a partir desses factos, e

CONCLUSÃO — A ASCENSÃO DO OCIDENTE | 267

não a partir da filosofia tradicional – encorajaram os cientistas a reunir o maior número possível de factos e que esses factos e suas observações os conduzissem a conclusões.

Bacon defendeu que a observação e a investigação experimental – e não apenas a tradição ou a lógica – eram os verdadeiros testes do conhecimento. Os seguidores de Bacon subverteram assim o poder da autoridade tradicional e da argumentação lógica acerca da observação, que, de um modo geral, prevalecera no pensamento medieval. Bacon defendeu também que as descobertas científicas com base na experimentação trariam vantagens materiais às pessoas e encorajou-as a continuar a retirar vantagens práticas da investigação sempre que possível.

*Um quarto factor-chave foi o desenvolvimento de uma abordagem instrumental à experimentação e à observação.* Esta abordagem foi claramente baseada no trabalho do químico islâmico Jabir. Mas, combinada com um programa proposto por Bacon de demonstrações públicas e investigações empíricas abrangentes sobre a natureza, tornou-se muito mais poderosa. Nesta notável mudança de rumo, a prova obtida a partir de observações feitas com instrumentos científicos adquiriu mais importância, por ser mais fiável, do que aquela obtida a partir de uma percepção sem assistência, *ou* apenas do raciocínio lógico ou matemático.

A investigação instrumental foi conduzida sobretudo por Robert Boyle e Robert Hooke em Inglaterra, mas também por Evangelista Torricelli, em Itália, Anders Celsius na Suécia, Daniel Fahrenheit na Alemanha e por muitos outros. À medida que foram sendo desenvolvidos novos instrumentos – termómetros e barómetros, micrómetros, telescópios, microscópios, cronógrafos, sextantes, calorímetros, bombas de vácuo, geradores electrostáticos – a análise instrumental ganhou cada vez mais força.

A investigação instrumental permitiu a proliferação de novas descobertas, precisamente porque revelou coisas que

268 | HISTÓRIA GLOBAL DA ASCENSÃO DO OCIDENTE

permaneceram desconhecidas durante milhares de anos de observação da natureza a partir de uma percepção não assistida. Quando uma pessoa se convence de que o microscópio, por exemplo, lhe dá um conhecimento do mundo exacto e superior, pode utilizá-lo no estudo de plantas, animais (pulgas, insectos), cristais de neve, pele, bactérias – de praticamente tudo! Se a pessoa também perceber que ao utilizar o microscópio aumenta o seu conhecimento do mundo e que este lhe traz vantagens económicas, vale a pena investir em microscópios mais potentes e com mais capacidade de focagem o que, por sua vez, levará a mais descobertas. O êxito da investigação instrumental estimulou a invenção de instrumentos novos e mais potentes, que deram origem a novas descobertas e que, por sua vez, levaram à invenção de novos instrumentos e por aí fora, num padrão cada vez mais rápido de descobertas.

*Um quinto factor-chave foi a existência de um clima de tolerância e pluralismo, em vez de um clima de conformidade e de ortodoxia imposto pelo Estado. Na Grã-Bretanha foi fundamental o apoio que a Igreja Anglicana deu à nova ciência.* A Grã-Bretanha, à semelhança de outros centros antigos de inovação, transformou-se num território para grupos diferentes, graças à tolerância consagrada na Lei da Tolerância de 1689. Anglicanos ingleses, protestantes irlandeses, presbiterianos escoceses, calvinistas franceses (que fugiram da perseguição religiosa em França) e uma série de outros grupos como os quacres, todos tiveram um papel relevante nos progressos científicos de engenharia dos séculos XVIII e XIX.

Além disso, na Grã-Bretanha do século XVIII, foi extraordinário a Igreja Anglicana não só ter tolerado como apoiado e pregado activamente a nova ciência newtoniana e experimental, encorajando os pontos de vista de Newton como forma de equilibrar a religião e a tolerância. Este apoio fortuito não foi automático e nem sempre se manteve. No final do século XVIII, uma multidão de apoiantes da «Igreja e do rei» destruiu o laboratório do químico e teólogo radical britânico Joseph

CONCLUSÃO — A ASCENSÃO DO OCIDENTE | 269

Priestly. No entanto, durante grande parte do século XVIII, a Grã-Bretanha viveu num clima religioso em que o estudo da obra de Newton foi encorajado e pessoas de crenças muito diferentes puderam participar na vida intelectual e económica, tendo-lhes sido concedida protecção oficial.

*O sexto factor principal consistiu no apoio a empresários e na proximidade das relações sociais entre empresários, cientistas, engenheiros e artesãos.* Na maioria das sociedades a ciência era um passatempo de cavalheiros ociosos ou de cientistas da corte. Os engenheiros que tiravam partido da percepção matemática e científica para as suas construções eram geralmente empregados pelo Estado na edificação de fortificações e equipamento militar ou de estradas e pontes. A noção de que os cientistas se deveriam juntar aos artesãos e aos homens de negócios e de que os engenheiros deveriam trabalhar para industriais ou tentar criar invenções novas e úteis eram excepções às noções de comportamento social adequado da maioria das sociedades.

No entanto, na Grã-Bretanha, embora as classes sociais continuassem a ter um papel crucial nas relações sociais, as demonstrações públicas e o interesse empírico que estava no centro da abordagem de Bacon incentivou uma abertura de espírito à concretização de novos feitos. Na verdade, a Royal Society dava o estatuto de membro a qualquer pessoa que contribuísse com invenções úteis ou instrumentos científicos inovadores, inclusive a empresários como Matthew Boulton (o sócio de Watt na invenção da máquina a vapor de Watt). Ao contrário da Real Academia das Ciências Francesa, muitos membros da Royal Society não eram cientistas profissionais.

A ampla circulação de ideias e contactos entre cientistas e artesãos, técnicos e engenheiros na Grã-Bretanha significa que os desenhos abstractos, as descobertas, ou os princípios básicos, desenvolvidos muitas vezes por cientistas, podiam ser transformados em máquinas úteis ou processos de grande escala, por pessoas com competência mecânica e experiência na

270 | HISTÓRIA GLOBAL DA ASCENSÃO DO OCIDENTE

construção de máquinas. Além disso, um interesse amplamente partilhado nos progressos científicos e as crenças comuns nos valores económicos das descobertas entre homens de negócios significava que os inventores e os engenheiros podiam contar com apoio para prosseguirem os seus objectivos. Por conseguinte, James Watt teve o apoio do industrial escocês do carvão John Roebuck, mas quando Roebuck foi vítima de uma recessão financeira e deixou de o poder apoiar, Watt fez sociedade com Matthew Boulton, o fabricante de fivelas e botões de Birmingham. Os exploradores de minas de carvão financiaram vários engenheiros que aperfeiçoaram os métodos de exploração de minas, a extracção e o transporte de carvão e manufactores da província financiaram a construção de canais para introduzirem os seus produtos nos mercados. Inventores como Watt, que queriam proteger os seus mercados, à medida que iam criando as suas invenções, com patentes ou impostos, conseguiram-no através do Parlamento – embora precisassem também de algum apoio de pessoas influentes, o que só aconteceu porque inventores, homens de negócios e cientistas juntaram forças.

Na Revolução Francesa de 1789, um dos lemas dos revolucionários exprimia o desejo de criarem uma sociedade de «carreiras abertas a talentos» em vez de uma obstruída por privilégios nobres. A Grã-Bretanha já tinha criado uma sociedade com carreiras abertas a pessoas competentes no início do século XVIII – sobretudo a cientistas e engenheiros, que vieram a ser a base de algumas fortunas substanciais.

### Os alicerces do crescimento económico moderno

Uma vez que era necessário reunir tantas condições diferentes, não admira que a Revolução Industrial tenha arrancado apenas numa única época e num único sítio. Na verdade,

CONCLUSÃO — A ASCENSÃO DO OCIDENTE | 271

talvez não se tivessem reunido essas condições, nem na Grã-
-Bretanha, se os acontecimentos políticos tivessem evoluído
de outra forma. Se a carreira de direito de Francis Bacon não
tivesse acabado mal tão cedo, dando-lhe assim tempo para es-
crever sobre filosofia e ciência, ou se Guilherme III não tivesse
prevalecido sobre Jaime II e instituído a tolerância religiosa na
Grã-Bretanha, muito provavelmente não teria ocorrido uma
conjugação de todas as causas. Por conseguinte, a evolução do
crescimento económico moderno na Grã-Bretanha deve ser
vista como um processo *contingente* – algo que era certamente
evitável e que poderia não ter acontecido de todo.

Se a abordagem racionalista cartesiana tivesse prevalecido
por toda a Europa e não tivesse sido concedida uma posição pri-
vilegiada a Newton e à ciência experimental na Grã-Bretanha,
talvez a ciência europeia se tivesse tornado domínio da matemática e da lógica, mas permanecido à parte das questões do
trabalho prático e dos negócios. Se não houvesse supernovas
no firmamento da Europa em 1572 e 1604, claramente visíveis para qualquer pessoa, a descoberta de outros prodígios
no firmamento, visíveis apenas com o telescópio, teria sido
tão convincente? O conhecimento clássico teria sido mais seguro? Por fim, se os clássicos gregos não tivessem estado tão
rigidamente presos à sua geometria e às noções de firmamento
«perfeito», a tradição clássica ocidental teria sido mais flexí-
vel, não tendo sido necessária uma fuga para os novos sistemas
de conhecimento lógico ou empírico, com vista a remediar os
seus defeitos? Resumindo, teve de ser reunida uma série de
acontecimentos específicos numa ordem específica para que
surgisse, fosse difundida e consolidada uma nova abordagem
ao conhecimento, que substituísse os sistemas de ideias mais
antigos.

A evolução da engenharia científica moderna e a sua
aplicação à indústria não foi apenas *contingente*. Foi também
*cumulativa* – consequência de muitos passos dados ao longo

272 | HISTÓRIA GLOBAL DA ASCENSÃO DO OCIDENTE

de séculos de uma evolução longa e global. Convém sempre lembrarmo-nos de que a ascensão do Ocidente, na medida em que se apoiou na engenharia científica e na aceleração das transformações tecnológicas, *não* foi apenas um processo europeu, nem um processo que ocorreu em toda a Europa.

Quase tudo o que entendemos como ciência e matemática europeias dos séculos XVI e XVII foi baseado na evolução da matemática, da física, da química e da medicina islâmicas de 800 a 1400. O mundo islâmico expandiu-se a partir da Espanha e dos reinos africanos abastados do Mali e de Marrocos, abrangendo centros de erudição de Córdova a Fez e ao Cairo, e do Iraque e da Pérsia à Índia. Em Bagdad, o califa reuniu os mais conceituados académicos e o conhecimento matemático e científico de Gregos, Árabes, Persas e Hindus para a realização de debates e descobertas. O produto desta civilização cosmopolita, que se reflectiu nos textos árabes e que mais tarde foram traduzidos para latim, foi o que forneceu a base, primeiro do Renascimento, e posteriormente da evolução da ciência experimental e matemática modernas na Europa. Assim sendo, as raízes da ciência moderna foram essencialmente globais e não europeias.

Além disso, quase todos os primeiros feitos técnicos alcançados na Europa foram inspirados na tentativa de acompanhar a tecnologia asiática, de qualidade superior. Em 1500, tanto no que diz respeito à produção de aço, tecidos de algodão, cerâmica, embarcações, ou inclusive ferro fundido, os europeus apenas podiam sonhar em produzir bens que se aproximassem da qualidade dos bens asiáticos. Tentativas para concretizar esses sonhos levaram por fim à criação de máquinas e invenções que permitiram aos europeus alcançar, e por fim ultrapassar, os feitos realizados na Ásia. Porém, em 1750 ainda parecia impossível a Europa vir a conquistar a qualidade e os preços dos bens asiáticos. As invenções e as técnicas asiáticas – desde o uso do compasso na navegação, ao fabrico de papel e à fundição

CONCLUSÃO — A ASCENSÃO DO OCIDENTE | 273

de metais – foram directamente integradas na tecnologia europeia, estabelecendo os alicerces das futuras transformações tecnológicas.

Por fim, enquanto em 1800 quase todos os países europeus começaram a contribuir com invenções importantes, a evolução da cultura de inovação que acelerou as transformações técnicas não foi um fenómeno presente em toda a Europa. Em 1700, uma série de países europeus, sobretudo na Europa do Sul e do Leste, retraiu-se para a religião e para governos autoritários, o que poderá ter abrandado ou impedido o aparecimento da industrialização. As características invulgares da vida social, política, religiosa e intelectual britânica – muitas delas que se têm vindo a revelar ao longo de vários séculos, desde a Magna Carta à Lei da Tolerância de 1689 – criaram uma alternativa às tendências dominantes no continente e criaram a primeira sociedade em que a inovação e a engenharia científica se expandiram e se integraram solidamente nas rotinas diárias de produção.

Só depois de os Britânicos terem demonstrado a importância, para o avanço económico do pluralismo, do ensino técnico, da ciência experimental e das inovações empresariais baseadas na engenharia científica é que o resto da Europa decidiu seguir-lhe os passos. Começou a difundir-se o crescimento económico moderno baseado numa mão-de-obra especializada, na liberdade de pensamento, na inovação tecnológica e na aplicação da engenharia científica à indústria.

Durante a Revolução Francesa, os revolucionários tentaram acompanhar a Grã-Bretanha garantindo tolerância religiosa, carreiras abertas a pessoas competentes, e modernizando o ensino científico. Em finais do século XIX foram enviados japoneses para o estrangeiro em busca de europeus que reformassem o seu sistema de ensino e os Alemães tornaram o ensino técnico no núcleo do seu programa de fortalecimento da sociedade.

274 | HISTÓRIA GLOBAL DA ASCENSÃO DO OCIDENTE

Uma vez que a Revolução Industrial tinha amplas raízes globais e foi o resultado de uma combinação de factores específicos – e não de circunstâncias gerais da história europeia ou das características sociais ou culturais europeias –, o crescimento económico moderno teria sido possível para outros países não-europeus se tivessem combinado as mesmas características específicas.

Nesse caso, por que motivo terá sido tão difícil a sua concretização? Por que motivo, com apenas algumas excepções – o Japão, a Coreia do Sul, o Chile, Singapura, Taiwan – foi tão difícil para países fora da Europa, da América do Norte e da Austrália/Nova Zelândia acompanharem os níveis de vida europeus?

## Obstáculos ao crescimento económico moderno

As principais razões para o crescimento económico moderno não se ter alargado a mais nações foram a falta de formação científica e de oportunidades empresariais, ou ambas.

Em primeiro lugar, a dependência da venda de recursos naturais pode amarrar países a baixos níveis de desenvolvimento. Muitas sociedades conseguiram breves explosões de crescimento económico e níveis médios de prosperidade por venderem recursos naturais a outros países mais industrializados. A Argentina vendeu lã e carne bovina; Cuba vendeu açúcar; a Zâmbia vendeu cobre; a Nigéria e o México venderam petróleo; o Brasil e a Malásia venderam borracha. Mas existem muitos outros exemplos. Enquanto as suas mercadorias puderem ser vendidas por um preço elevado corre tudo bem para esses países. Mas quando o mundo industrial entra em crise económica e a procura desce, ou outro produtor entra no mercado, ou é descoberto um substituto artificial, os mercados entram em queda. Quando os países dependem da venda de mercadorias e não da

CONCLUSÃO — A ASCENSÃO DO OCIDENTE | 275

venda dos seus próprios produtos manufacturados aos mercados mundiais sucede-lhes o que sucedeu com a Europa quando comercializou a sua prata americana em 1500: podem ter êxito durante algum tempo se as coisas estiverem de feição, mas este aspecto por si só não os torna líderes da economia mundial.

Isto sucede porque as mercadorias não seguem um percurso que lhes permita maior crescimento. Produzir açúcar ou café ou cobre ou diamantes não implica uma mão-de-obra mais qualificada ou grandes avanços na tecnologia. Além disso, os ganhos reais obtidos em valor e em rendimento não beneficiam os países que produzem essas mercadorias, mas sim os processadores que os transformam em rebuçados ou em bebidas criativas à base de café ou fio de cobre ou jóias com diamantes. Os maiores lucros financeiros provêm do processamento e da criação de produtos valiosos e não da produção de matérias-primas.

No entanto, em sociedades bastante desiguais com elites privilegiadas que beneficiam da venda de mercadorias não é fácil criar mudança. As elites com necessidade de trabalho não qualificado para sustentar economias de mão-de-obra barata não podem oferecer um ensino técnico alargado. Nem precisam de industriais para criarem novas indústrias que possam tornar-se fontes de poder ou de apoio que ameacem o controlo político e económico das elites. É a história infeliz das regiões muito ricas da América Latina do século XVIII – a ilha do açúcar do Haiti, a borracha e as plantações de açúcar do Norte e do Centro do Brasil, as regiões de exploração mineira de alumínio da Bolívia – que são das regiões mais pobres do mundo actual. Uma desigualdade acentuada e elites egoístas que dependem sobretudo da produção de mercadorias para enriquecer são um dos motivos pelo qual as regiões não se conseguem modernizar ou industrializar.

Um segundo obstáculo ao crescimento económico moderno consiste no investimento em tipos de ensino errados. Muitos

276 | HISTÓRIA GLOBAL DA ASCENSÃO DO OCIDENTE

países que assistiram ao sucesso do Ocidente não se aperceberam em que medida é que esse sucesso dependia de um ensino alargado, da liberdade de pensamento, da formação técnica dos artesãos, e de engenheiros cientificamente qualificados. Antes pelo contrário, estavam convencidos de que qualquer tipo de ensino universitário servia. Por conseguinte, gastaram milhões de dólares em formação de professores universitários de direito tradicional, administração, ciências sociais, artes, humanidades, medicina, contabilidade e até teologia – sem cultivarem competências de engenharia e talento empresarial que criassem uma economia moderna, com capacidade para empregar inúmeros humanistas e profissionais. O resultado foi um desemprego em massa de homens e mulheres com excesso de habilitações, provocando mais agitação social do que progresso económico.

Muitos países em vias de desenvolvimento gastaram também demasiado dinheiro no ensino universitário – que formava uma elite avançada (e muitas vezes criava um excedente de juventude sobrequalificada, mas desempregada e irrequieta) – e muito pouco no ensino básico, secundário e técnico que permitiria a muito mais pessoas terem melhores condições de vida. Os gastos confinados e mal direccionados com o ensino talvez tenham prejudicado tanto os planos de crescimento como a falta de investimento no ensino.

Um terceiro obstáculo ao crescimento económico moderno é a falta de oportunidades existentes para pessoas com formação, ideias e capacidade para criar novas indústrias. Os países socialistas – tanto comunistas (como Cuba) como não comunistas (como a Índia) – desenvolveram sistemas modernos de ensino e formaram milhares de cientistas excelentes e engenheiros competentes. Contudo, foi-lhes destinado trabalhar em fábricas estatais com vista a alcançarem quotas de produção, não lhes tendo sido dada oportunidade para criarem novas indústrias ou lucrarem com as suas ideias. Estes cientistas

CONCLUSÃO — A ASCENSÃO DO OCIDENTE | 277

e engenheiros competentes atingiam frequentemente metas de produção e industrialização, importando e copiando modelos desenvolvidos noutros sítios. Mas, não dando oportunidade aos seus engenheiros e industriais para abrirem as suas empresas e indústrias com base na criação de novos produtos e processos, as sociedades socialistas só podiam seguir os passos dos líderes de economia mundiais, nunca juntar-se a eles.

Um quarto caminho para a pobreza consiste em criar economias fechadas. Muitos países prósperos, incluindo os Estados Unidos, a Grã-Bretanha e o Japão, impuseram restrições de mercado ou tarifas para proteger indústrias específicas ou ajudar determinadas empresas e indústrias a aumentar a sua competitividade relativamente à economia mundial. No entanto, o objectivo dessas políticas foi sempre aumentar os lucros obtidos com o comércio e competir de uma forma mais eficaz e não impedir o comércio no geral. Em contrapartida, houve uma série de países em vias de desenvolvimento que reagiram à diferença entre o Ocidente e o resto do mundo tentando fechar as fronteiras dos seus países aos bens manufacturados ocidentais e manufacturar os seus próprios produtos industriais. Inicialmente, poderá ter sido uma boa ideia. No entanto, ao manterem as suas economias fechadas, estes países retiraram também oportunidades e incentivos de inovação e concorrência aos seus engenheiros. À semelhança dos países socialistas, ficaram presos a tecnologias de produção obsoletas. Só quando as suas economias se abriram à concorrência é que começaram a crescer.

Por fim, mais um caminho para a pobreza, embora mais raro no mundo actual mas bastante comum na maior parte da história, prende-se com o facto de a ortodoxia religiosa reprimir a inovação, ou o ensino religioso dominar ou substituir o ensino científico e técnico. Quando as novas ideias são encaradas como pecados e não como algo a ser respeitado, ou quando o estudo ou as crenças tradicionais são bastante mais

278 | HISTÓRIA GLOBAL DA ASCENSÃO DO OCIDENTE

prestigiadas e recompensadas do que o estudo da ciência moderna, torna-se difícil a inovação ser a base da vida económica de todos os dias!

Os economistas também devem arcar com alguma responsabilidade por uma ortodoxia nociva. Durante muitos anos, os economistas europeus não entenderam a sua própria história e não avaliaram a necessidade de um governo tolerante, a qualidade de um ensino técnico e iniciativas inovadoras com vista a um crescimento económico moderno. Preferiram acreditar que uma utilização mais eficaz dos recursos de um país, ou a acumulação de capital, ou a disponibilidade de crédito, eram suficientes para haver crescimento e que o investimento e o ensino viriam a seguir e gerariam progresso técnico. Estes pontos de vista errados deram origem a uma política que estimulava a exploração dos recursos naturais de um país, ou a despesas excessivas de capital e de dívidas em países em vias de desenvolvimento, mas não geraram crescimento. Países que seguiram o seu próprio caminho, como por exemplo, o Japão e a Coreia do Sul, saíram-se muitas vezes melhor do que países que foram persuadidos a seguir o conselho económico de organizações internacionais de desenvolvimento.

Actualmente, os economistas defendem cada vez mais que qualquer país com um governo tolerante e eficaz, um ensino técnico sólido e uma economia aberta a iniciativas, e que as apoie, pode gerar uma economia moderna e acompanhar o Ocidente.

**A futura ascensão do resto do mundo**

Embora estes obstáculos tenham gerado muita pobreza no mundo, há esperança de que não persistam. Cada vez mais países no mundo inteiro, desde a China e a Índia à Polónia e ao Botsuana, acabaram por perceber que o caminho para o crescimento

CONCLUSÃO — A ASCENSÃO DO OCIDENTE | 279

económico moderno implica simplesmente que se crie um ensino técnico moderno totalmente disponível e se facilite aos empresários e engenheiros a combinação das suas competências com vista a abrirem novos negócios. Para começar, estes novos negócios podem lucrar se tirarem partido da oferta interna dos recursos naturais ou de uma mão-de-obra especializada barata. No entanto, para impulsionarem o crescimento moderno, têm de deixar que os trabalhadores e as empresas singrem usando mão-de-obra cada vez mais especializada e se tornem cada vez mais competitivos nos mercados internacionais. Finalmente, para competirem inclusivamente com os líderes do mundo industrial, têm de desenvolver novos produtos e métodos de fabrico em que sejam líderes na inovação.

Quando esta situação se verificar, o resto do mundo prosperará e o Ocidente – com o seu volume de rendimentos e produção mundiais – entrará inevitavelmente em declínio. O que já se está a verificar. Em 1980, o produto interno bruto (PIB) dos Estados Unidos era *cinco vezes* superior ao produto interno bruto da China e da Índia juntos. Em 2000, o PIB total dos EUA era apenas o dobro do da Índia e da China (³) · Isto não sucedeu por o consumo dos EUA ter sofrido uma queda. Com efeito, quase duplicou. A produção na China cresceu muito mais rapidamente, triplicando na Índia e aumentando seis vezes na China, reduzindo assim a quota global dos Estados Unidos. Em 2030, se as taxas do crescimento actual nestes países se mantiverem, o PIB dos Estados Unidos será apenas metade do total do da China e da Índia juntos, criando um novo equilíbrio económico mundial (⁴).

O crescimento das maiores economias fora dos Estados Unidos e da Europa provocará alguns ajustes e causará sem dúvida ansiedades e rivalidades, sobretudo entre aqueles que ainda vêem o crescimento económico como uma questão de sociedades diferentes a competirem por um «bolo de crescimento» fixo, que só alguns poderão partilhar. Esta ilusão deve

280 | HISTÓRIA GLOBAL DA ASCENSÃO DO OCIDENTE

ser posta de parte. Se o crescimento deriva da inovação e de melhor engenharia os lucros podem chegar a todos. A descoberta da iluminação a gás na Grã-Bretanha, de fertilizantes químicos na Alemanha, do telefone nos Estados Unidos e do transístor no Japão não empobreceu outros países; pelo contrário, ao disponibilizarem esses produtos, acabaram por beneficiar toda a gente no mundo. Só os países que deixam de criar invenções (ou que nunca começaram) é que se arriscam a empobrecer.

Nas próximas décadas, a ascensão do resto do mundo deverá acelerar, enquanto outras nações aprendem a remover os seus obstáculos ao crescimento e se juntam ao número de países que tiveram um crescimento rápido, baseado na difusão do conhecimento técnico e na liberdade de inovação. À medida que o crescimento económico se expande, a ascensão do Ocidente – um acontecimento que durou apenas dois breves séculos, de 1800 a 2000 – será vista como uma fase temporária, mas transformadora, da história mundial.

# Notas

**Jack Goldstone: da sociologia histórica das revoluções
à história global da Europa**

(1)  J. Goldstone, "The Comparative and Historical Study of Revolutions", *Annual Review of Sociology*, vol. 8 (1982), pp. 187-207; *idem*, "Capitalist Origins of the English Revolution: Chasing a Chimera", *Theory and Society*, vol. 12 (1983), pp. 143-180; *idem* (org.), *Revolutions: Theoretical, Comparative, and Historical Studies*, 2.ª ed. (Fort Worth: Harcourt Brace College Publishers, 1994; 1.ª ed., 1986); *idem*, "State Breakdown in the English Revolution: A New Synthesis", *American Journal of Sociology* , vol. 92 (1986), pp. 257-322; *idem*, "East and West in the Seventeenth Century: Political Crises in Stuart England, Ottoman Turcky, and Ming China", *Comparative Studies in Society and History*, vol. 30, (1988), pp. 103-142; *idem, Revolution and Rebellion in the Early Modern World* (Berkeley e Los Angeles: University of California Press, 1991); *idem*, "An Analytical Framework", (com Ted Robert Gurr), "Comparisons and Policy Implications", in Jack A. Goldstone, Ted Robert Gurr, Farrokh Moshiri (orgs.). *Revolutions of the Late Twentieth Century* (Boulder: Westview Press, 1991), pp. 37-51, 324-352; *idem*, "Is Revolution Individually Rational? Groups and Individuals in Revolutionary Collective Action", *Rationality and Society*, vol. 6 (1994), pp. 139-166; *idem*, "Predicting

282 | HISTÓRIA GLOBAL DA ASCENSÃO DO OCIDENTE

Revolutions: Why We Could (and Should) Have Foreseen the Revolutions of 1989-1991 in the U.S.R.R. and Eastern Europe", in *Debating Revolutions* (org.) Nikki Keddie (Nova Iorque: New York University Press, 1995), pp. 39-64; *idem*, "Toward a Fourth Generation of Revolutionary Theory," *Annual Review of Political Science*, vol. 4 (2001), pp. 139-187.

(2) Como, aliás, já o propusera Robert Michels, *Political Parties. A Sociological Studiy of the Olibarchic Tendencies of Modern democracy*, trad. Eden & Cedar Paul (Nova Iorque: Dover Publications, 1959; 1.ª ed., trad., 1915), pp. 3-4.

(3) J. Goldstone e Bert Useem, "Prison Riots as Microrevolutions: An Extension of State-Centered Theories of Revolution", *The American Journal of Sociology*, vol. 104, n.º 4 (Janeiro, 1999), pp. 985-1029.

(4) J. Goldstone, "The Weakness of Organization: A New Look at Gamson's *The Strategy of Social Protest*", *American Journal of Sociology*, vol. 85 (1980), pp. 1917-1942; *idem*, "Social Movements or Revolutions? On the Evolution and Outcomes of Collective Action", in *From Contention to Democracy*, (orgs.) Marco G. Guigni, Doug McAdam, e Charles Tilly (Lanham, Md.: Rowman and Littlefield, 1998), pp. 125-145; Ronald R. Aminzade, Jack A. Goldstone *et al.*, *Silence and Voice in the Study of Contentious Politics* (Cambridge: Cambridge University Press, 2001); Jack Goldstone, (org.), *States, Parties and Social Movements* (Cambridge, Cambridge University Press, 2003).

(5) Para um estado da questão sobre esta linha de inquérito, com referência aos trabalhos de Goldstone, veja-se Charles Tilly, "Contentious Choices", *Theory and Society*, vol. 33, números 3-4 - *Current Routes to the Study of Contentious Politics and Social Change* (Junho-Agosto, 2004), pp. 473-461.

(6) J. Goldstone *et al.*, *State Failure Task Force Report: Phase III Findings* (McLean, VA: SAIC, 2000); *idem* e Adriana Kocornick-Mina, "Democracy and Development: New Insights from Dynagraphs", George Mason University, Center for Global Policy, Working Paper, n.º 1 (2005); David L. Epstein, Robert Bates, Jack Goldstone, Ida Kristensen, Sharyn O'Halloran, *American Journal of Political Science*, vol. 50 (2006), pp. 551-569.

NOTAS | 283

(7) J. Goldstone, "Methodological Issues in Comparative Macrosociology", *Comparative Social Research*, vol. 16 (1997), pp. 107-120; *idem*, "Comparative Historical Analysis and Knowledge Accumulation in the Study of Revolutions", in *Comparative Historical Analysis in the Social Sciences*, (orgs.), James Mahoney e Dietrich Rueschemeyer (Nova Iorque: Cambridge University Press, 2003), pp. 41-90; *idem*, "Reasoning about History, Sociologically...", *Sociological Methodology*, vol. 34 (2004), pp. 35-61.

(8) J. Goldstone, "Urbanization and Inflation: Lessons from the English Price Revolution of the Sixteenth and Seventeenth Centuries", *American Journal of Sociology*, vol. 89 (1984), pp. 1122-1160; *idem*, "Gender, Work, and Culture: Why the Industrial Revolution Came Early to England but Late to China", *Sociological Perspectives*, vol. 39 (1998), pp. 1-21; *idem*, "The Problem of the 'Early Modern' World", *Journal of the Economic and Social History of the Orient*, vol. 41 (1998), pp. 249-284. Ver outros títulos de Goldstone citados *infra*, notas 14, 18, 21.

(9) William H. McNeill, *The Rise of the West: A History of the Human Community* (Chicago: University of Chicago Press, 1991; 1.ª ed. 1963); Joseph Needham, *The Grand Titration. Science and Society in East and West* (Londres: George Allen & Unwin Ltd, 1969); Eric L. Jones, *The European Miracle: Environments, Economies and Geopolitics in the History of Europe and Asia* (Cambridge: Cambridge University Press, 1981) [edição portuguesa: *O Milagre Europeu, 1400-1800: Contextos, Economias e Geopolíticas na História da Europa e da Ásia* (Lisboa: Gradiva, 1987)]; idem, *Growth Recurring: Economic Change in World History* (Oxford: Oxford University Press, 1988); Ernest Gellner, *Plough, Sword and Book: The Structure of Human History* (Londres: Collins Harvill, 1988); David Landes, *The Wealth and Poverty of Nations* (Londres: Little Brown, 1998) [edição portuguesa: *A Riqueza e a Pobreza das Nações: Por que São Algumas Tão Ricas e Outras Tão Pobres* (Lisboa: Gradiva, 2001)]. Veja-se ainda Charles Tilly, (org.), *The Formation of National States in Western Europe* (Princeton: Princeton University Press, 1975); John A. Hall *Powers and Liberties. The Causes and Consequences of the Rise of the West* (Berkeley: Basil Blackwell, 1985); Michael Mann, *The Sources of Social Power*, vol. I: *A History of Power from the*

284 | HISTÓRIA GLOBAL DA ASCENSÃO DO OCIDENTE

*Beginning to AD 1760* (Cambridge: Cambridge University Press, 1986), e o conjunto de ensaios em Jean Baechler, John A. Hall e Michael Mann, (orgs.). *Europe and the Rise of Capitalism*, (Oxford: Basil Blackwell, 1988).

(10) Oswald Spengler, *The Decline of the West*, 2 vols. (Nova Iorque: Knopf, 1934); Arnold J. Toynbee, *The Decline of the West; A Study of History* (Nova Iorque e Londres: Oxford University Press, 1957); Walter W. Rostow, *The Stages of Economic Growth: A Non--Communist Manifesto* (Cambridge: Cambridge University Press, 1960); Cyril E. Black, *The Dynamics of Modernization: A Study in Comparative History* (Nova Iorque: Harper & Row, 1966); Daniel Lerner, *The Passing of Traditional Society* (Glencoe, Ill.: Free Press, 1958); Reinhard Bendix, *Nation-Building and Citizenship: Studies of Our Changing Social Order* (Nova Iorque: John Wiley and Sons, 1964), idem, *Kings or People: Power and the Mandate to Rule* (Berkeley: University of California Press, 1978).

(11) Fernand Braudel, *Civilização Material, Economia e Capitalismo (Séculos XV-XVIII)* (Lisboa: Teorema, 1979-1993); Immanuel Wallerstein, *The Modern World-System* (Nova Iorque: Academic Press, 1974); Andre Gunder Frank, *Dependent Accumulation and Underdevelopment* (Nova Iorque: Monthly Review Press, 1979) e o trabalho colectivo em Andre Gunder Frank e Barry K. Gills, (orgs.). *The World System: Five Hundred Years or Five Thousand?* (Nova Iorque: Routledge, 1993).

(12) Patrick Manning, *Navigating World History* (Nova Iorque: Palgrave Macmillan, 2003); A. G. Hopkins, (org.), *Globalization in World History* (Londres: Pimlico, 2002); idem (org.)., *Global history. Interactions between the universal and the local* (Basingstoke: Palgrave Macmillan, 2006); Christopher Bayly, *The Birth of the Modern World 1780-1914: Global Connections and Comparisons* (Malden, MA: Blackwell Pub., 2004); Marnie Hughes-Warrington, (org.), *Palgrave Advances in World Histories*, (Basingstoke: Palgrave Macmillan, 2005); Bruce Mazlish, *The New Global History* (Nova Iorque: Routledge, 2006). Para terminar, veja-se o artigo programático de Patrick K. O'Brien no primeiro número do *Journal of Global History*, "Historiographical Traditions and modern imperatives for the restoration of global history", *Journal of Global History*, vol. 1 (2006), pp. 3-39.

NOTAS | 285

(13) Marshall G. S. Hodgson, *Rethinking World History: Essays on Europe, Islam, and World History,* (org.) Edmund Burke III (Nova Iorque: Cambridge University Press, 1993); (org.) Edmund Burke III (Nova Iorque: Cambridge University Press, 1993); James M. Blaut, *The Colonizer's Model of the World* (Nova Iorque: Guilford, 1993); A. Gunder Frank, *ReOrient: Global Economy in the Asian Age* (Berkeley: University of California Press, 1998); Jack Goody, *Capitalism and Modernity: The Great Debate* (Cambridge: Polity Press, 2004); Patrick O'Brien, "European Economic Development: The Contribution of the Periphery", *Economic History Review*, vol. 35, n.º 1 (1982), pp. 1-18; "Intercontinental Trade and the Development of the Third World Since the Industrial Revolution", *Journal of World History*, vol. 8, n.º 1 (1997), pp. 75-134; Roy Bin Wong, *China Transformed: Historical change and the limits of the European experience* (Ithaca: Cornell University Press, 2000); Kenneth Pomeranz, *The Great Divergence: China, Europe and the Making of the Modern World Economy* (Princeton: Princeton University Press, 2000); Angus Maddison, *The World Economy: A Millennial Perspective* (Paris: OECD, 2001); Robert B. Marks, *The Origins of the Modern World: A Global and Ecological Narrative* (Lanham: Rowman & Littlefield, 2002); John M. Hobson, *The Eastern Origins of Western Civilisation* (Cambridge: Cambridge University Press, 2004); P. Vries, *Via Peking back to Manchester: Britain, the Industrial Revolution, and China* (Leiden: Leiden University, CNWS Publications, 2003); *A World of Surprising Differences: State and Economy in Early Modern Western Europe and China* (Leiden: Brill, 2008). Para as críticas ao eurocentrismo e ao orientalismo, veja-se, entre outros, Edward Said, *Orientalism* (Londres: Penguin, 1978); Samir Amin, *L'Eurocentrisme. Critique d'une idéologie* (Paris: Anthropos, 1988); J. M. Blaut, *Eight Eurocentric Historians* (Nova Iorque: Guilford Press, 2000); John A. Hall, "Confessions of a Eurocentric", *International Sociology*, vol. 16, n.º 3 (2001), pp. 488-97, reproduzido em S. A. Arjomand e E. A. Tiryakian, (orgs.)., *Rethinking Civilizational Analysis* (Londres: Sage, 2004), pp. 192-200, que responde com brilhantismo às acusações de Bin Wong, *op. cit.*, p. 14, e de S. R. Epstein, *Freedom and Growth: The Rise of States and Markets in Europe, 1300–1750* (Londres: Routledge, 2000), p. 12.

286 | HISTÓRIA GLOBAL DA ASCENSÃO DO OCIDENTE

(14) Jack A. Goldstone, "Cultural Orthodoxy, Risk, and Innovation: The Divergence of East and West in the Early Modern World", *Sociological Theory*, vol. 5 (1987), pp. 119-135; *idem*, "The Rise of the West-Or Not? A Revision to Socio-Economic History", *Sociological Theory*, vol. 18, n.º 2 (Jul., 2000), pp. 175-194; *idem*, "Efflorescences and Economic Growth in World History: Rethinking the 'Rise of the West' and the Industrial Revolution", *Journal of World History*, 2 (2002), pp. 323-389; *idem*, "Europe vs. Asia: Missing Data and Misconceptions", *Science & Society*, vol. 67 (2003), pp. 184-194; *idem*, "Knowledge – Not Capitalism, Faith, or Reason – was the Key to the Rise of the West", *Historically Speaking*, vol.7 (2006), pp. 6-10; *idem*, "Capitalist Origins, the Advent of Modernity, and Coherent Explanation", *Canadian Journal of Sociology/Cahiers canadiens de sociologie*, vol. 33 (2008), pp. 119-133; e a obra aqui traduzida, idem, *Why Europe? The Rise of the West in World History, 1500-1850* (Nova Iorque: McGraw-Hill, 2008), que é um primeiro passo para uma outra, de maior fôlego, que desenvolverá a argumentação nesta exposta, *The Rise of the West 1500-1850: Entrepreneurship, Culture, and the Birth of Modern Economic Growth* (Cambridge, MA: Harvard University Press, no prelo).

(15) Sobre a questão do racionalismo, veja-se, por todos, Wolfgang Schluchter, *The Rise of Western Rationalism, Max Weber's Developmental Theory* (Berkeley: University of California Press, 1981).

(16) Para uma síntese clara destes aspectos veja-se o clássico de Chris Wickham, "The Uniqueness of the East", *Journal of Peasant Studies*, vol. 12, n.º 1 (1985), pp. 166–96 e Joseph M. Bryant, "The West and the Rest Revisited: Debating Capitalist Origins, European Colonialism, and the Advent of Modernity", *Canadian Journal of Sociology*, vol. 31, n.º 4, pp. 403-444, *maxime* p. 408, 419. Para o binarismo veja-se o clássico de Reinhard Bendix, "Tradition and Modernity Reconsidered", *Comparative Studies in Society and History*, vol. 9, n.º 3. (Apr., 1967), pp. 292-346; Peter Gran, *Beyond Eurocentrism. A New View of Modern World History* (Nova Iorque: Syracuse University Press, 1996); Victor Lieberman, (org.), *Beyond Binary Histories: Re-imagining Eurasia to c. 1830* (Ann Arbor: University of Michigan Press, 1999); Jack Goody, *The East in the West* (Cambridge: Cambridge University Press,

NOTAS | 287

1996); Rajani Kannepalli Kanth, (org.), *The challenge of Eurocentrism: global perspectives, policy, and prospects* (Nova Iorque: Palgrave Macmillan, 2009). Veja-se ainda os artigos, directamente associados aos problemas aqui abordados, de Ricardo Duchesne, "Beyond Sinocentrism and Eurocentrism" *Science & Society*, vol. 65, n.º 4 (2001), pp. 428-463, e de Kenneth Pomeranz, "Beyond the East-West Binary: Resituating Development Paths in the Eighteenth-Century World", *The Journal of Asian Studies*, vol. 61, n.º 2 (2002), pp. 539-590.

(17) Sobre a próspera região chinesa, veja-se Robert Brenner e Christopher Isett, "England's Divergence from China's Yangzi Delta: Property Relations, Micro-economics, and Patterns of Development", *Journal of Asian Studies*, vol. 61, n.º 2 (2000), pp. 609-662. Veja-se ainda Pomeranz, *The Great Divergence, op. cit.*, pp. 7-24.

(18) Jack Goldstone, "Capitalist Origins, the Advent of Modernity, and Coherent Explanation", *Canadian Journal of Sociology/Cahiers canadiens de sociologie*, vol. 33 (2008), p. 119, 120. Veja-se ainda, sobre a importância do carvão, a análise crítica de Peer Vries, "Are Coal and Colonies Really Crucial? Kenneth Pomeranz and the Great Divergence", *Journal of World History*, vol. 12, n.º 2 (2001), pp. 407-46. Veja-se ainda Wong, *op. cit.*, Parte I, intitulada "Economic history and the problem of development", pp. 9-70, e Pomeranz, *The Great Divergence,* Parte I, com o informativo título de "A World of surprising resemblances", pp. 29-108.

(19) Para os principais estudiosos da revolução industrial que são questionados pela escola revisionista, veja-se Joel Mokyr, (org.), *The British Industrial Revolution: an Economic Perspective* (Boulder: Westview Press, 1993). Para inspiração maior veja-se E. A. Wrigley, *Continuity, Chance and Change: The Character of the Industrial Revolution in England* (Cambridge: Cambridge University Press, 1988). Para os processos de expansão europeia antes do período dos descobrimentos, veja-se Robert Bartlett, *The Making of Europe: Conquest, Colonization and Cultural Change, 950 -1350* (Princeton: Princeton University Press, 1993). Para o período posterior, veja-se, entre muitos outros, David B. Abernethy, *The Dynamics of Global Dominance: European Overseas Empires, 1415- -1980* (New Haven: Yale University Press, 2000).

(20) Joel Mokyr, *The Gifts of Athena. Historical Origins of the Knowledge Economy* (Princeton: Princeton University Press, 2002), *maxime* pp. 31, 18-19, 29-77. Jack Goldstone, "Efflorescences and Economic Growth in World History", *op. cit.*, *maxime* pp. 330, 334, 360, 365-366, 373-377, cit. pp. 373, 374. Veja-se ainda Ricardo Duchesne, "Max Weber is the Measure of the West: A Further Argument on Vries and Goldstone", *World History Connected*, vol. 4, n.º 1 (Novembro, 2006).

(21) Jack Goldstone, "Europe's Peculiar Path: Would the World be 'Modern' if William III's Invasion of England in 1688 had Failed?", in N. Lebow, G. Parker e P. Tetlock, (orgs.), *Unmaking the West: What-if? Scenarios that Rewrite World History* (Ann Arbor, MI: University of Michigan Press, 2006), pp. 168-196.

(22) Sobre a *escola da Califórnia* veja-se por exemplo o esclarecedor debate, intitulado "Scholarly Exchange: The 'Rise of the West'", in Historical Perspective", entre Ricardo Duchesne, "Peer Vries, the Great Divergence, and the California School: Who's In and Who's Out?" e Peer Vries, "Is California the measure of all things global? A rejoinder to Ricardo Duchesne, 'Peer Vries, the Great Divergence, and the California School: Who's in and who's out?'", ambos em *World History Connected*, vol. 2, n.º 2 (Maio, 2005); e ainda a visão do próprio Goldstone ("The Received Wisdom vs. The 'California' school"), elencando os principais contributos da "escola", em "The Rise of the West-Or Not?", *op. cit.*, pp. 178-181. Sobre as *múltiplas modernidades* veja-se S. E. Eisenstadt, "Multiple Modernities", *Daedalus*, vol. 129, n.º 1 (2000), pp. 1-29; Idem, *Múltiplas Modernidades: Ensaios* (Lisboa: Livros Horizonte, 2007); Bjorn Wittrock, "Modernity: One, None, or Many? European Origins and Modernity as a Global Condition", *Daedalus.* vol. 129, n.º 1 (2000), pp. 31-60; Dominic Sachsenmaier e Jens Riedel, eds., *Reflections on Multiple Modernities: European, Chinese and Other Interpretations* (Leiden: Brill, 2002).

(23) Goldstone, nesta edição, pp. 265-269. O problema da contingência da mudança histórica já fora abordado no interior da sociologia histórica a propósito do estudo das revoluções e opunha Theda Skocpol a Arthur L. Stinchcombe, Charles Tilly e

NOTAS | 289

D. E. H. Russel. Veja-se Theda Skocpol, *Estados e revoluções sociais: análise comparativa, da França, Rússia e China* (Lisboa: Presença, 1985), p. 17-18, *maxime* nota 6, p. 17.

(24) Além das obras já citadas nas notas 9 e 10, veja-se o determinismo ambientalista de Jared Diamond, *Guns, Germs, and Steel: The Fates of Human Societies* (Nova Iorque: W.W. Norton & Company, 1997).

(25) Theodor W. Adorno, e Max Horkheimer, *Dialectic of Enlightenment* (Londres: Verso, 1997; 1.ª ed., 1944); Margaret Mead, (org.), *Cultural Patterns and Technical Change* (Nova Iorque: A Mentor Book, 1955); Barrington Moore Jr., *Reflections on the Causes of Human Misery and upon Certain Proposals to Eliminate Them* (Londres, Allen Lane The Penguin Press, 1972; Boston: Beacon Press, 1973); Idem, *Moral Aspects of Economic Growth, and Other Essays* (Ithaca, NY: Cornell University Press, 1998).

**Prefácio**

(1) Estes historiadores incluem Kenneth Pomeranz, R. Bin Wong, Jack Goldstone, James Lee, Dennis Flynn, Robert Marks, o falecido Andre Gunder Frank, o falecido James Blaut, John Hobson, e Jack Goody, entre muitos outros. Por vezes são denominados «Escola Califórnia», pois muitos destes académicos trabalharam em universidades na Califórnia.

**Introdução — Terra: uma Visão Global**

(1) Estes dados referem-se a 2004. Os dados sobre geração de electricidade foram retirados do site United Energy Information Administration, Tabela 6.3 (Time Series) World Total Net Electricity Generation, July 7, http://www.eia.doe.gov/iea/elec. html. Os totais populacionais são do United Nations Population Fund, State of World Population 2004 (Nova Iorque: United Nations, 2004), 106-109.

**1 — O Mundo cerca de 1500**

(1) Quinhentos anos antes do período quente medieval, marinheiros Viquingues atravessaram o Norte do Atlântico, fundaram colónias na Gronelândia, e percorreram a costa do Canadá.

290 | HISTÓRIA GLOBAL DA ASCENSÃO DO OCIDENTE

No entanto, essas colónias não cresceram, e quando se fizeram sentir as temperaturas globais no século XIV, as colónias falharam. Em 1500, os Viquingues abandonaram a Gronelândia, deixaram de viajar para a América do Norte, e os relatos sobre o contacto com terras a oeste passaram à história.

### 2 — Padrões de Transformação na História Mundial

(1) A história da população mundial é um tópico fascinante, embora seja por vezes minada por longos debates baseados em provas escassas. As imagens de Inglaterra aqui apresentadas foram retiradas de Michael E. Jones, *The End of Roman Britain* (Ithaca, NY: Cornell University Press, 1996); John Hatcher, *Plague, Population, and the English Economy 1348-1530* (Londres: Macmillan, 1977); e E. A. Wrigley and Roger Schofield, *The Population History of England, 1541-1871: A Reconstruction* (Cambridge: Cambridge University Press, 1989).

(2) Karl Marx e Friedrich Engels, *The Communist Manifesto* (publicado originalmente em 1848), ed. David McLellan (Oxford, UK: Oxford University Press, 1998).

(3) David Levine, *At the Dawn of Modernity: Biology, Culture, and Material Life in Europe after the Year 1000* (Berkeley: University of California Press, 2001); Alfred Crosby, *The Measure of Reality: Quantification in Western Europe 1250-1600* (Cambridge: Cambridge University Press, 1997); Jan de Vries e Ad van der Woude, *The First Modern Economy: Success, Failure, and Perseverance of the Dutch Economy 1500--1815* (Cambridge: Cambridge University Press, 1997).

(4) John Hajnal, «Two Kinds of Pre-Industrial Household Formation Systems», *Population and Development Review*, 8 (1992): 449--494; Wrigley and Schofield, *Population History of England*.

(5) James Lee e Wang Feng, *One Quarter of Humanity: Malthusian Mythology and Chinese Realities* (Cambridge, MA: Harvard University Press, 1999).

(6) David Hackett Fischer, *The Great Wave: Price Revolution and the Rhythm of History* (New York: Oxford University Press, 1996).

(7) Wrigley e Schofield, *Population History of England*, 528.

(8) Chris Galley, *The Demography of Early Modern Towns* (Liverpool: Liverpool University Press, 1998), 5.

## NOTAS | 291

(9) Robert Allen, «Agricultural Productivity and Rural Incomes in England and the Yangtze Delta, c. 1620-c. 1820», *Economic History Review*, 2008); Jack A. Goldstone, «Feeding the People, Starving the State: China's Agricultural Revolution of the 17th/18th Centuries» (texto apresentado no Global Economic History Network, Irvine, Califórnia, 2003); Kenneth Pomeranz, *The Great Divergence* (Princeton, NJ: Princeton University Press, 2000).

(10) Para mais informações sobre Zheng He, ver Louise Levathes, *When China Ruled the Seas* (New York Oxford University Press, 1994).

(11) É confuso, mas necessário, falar em «Inglaterra» e «Grã--Bretanha». Quando descrevo acontecimentos ou movimentos que ocorreram sobretudo em Inglaterra (e no território mais pequeno do País de Gales), refiro-me às condições «inglesas» (ver figura 1.1). No entanto, quando descrevo acontecimentos ou movimentos que envolvem não apenas a Inglaterra e o País de Gales, como também a Escócia e a Irlanda – como por exemplo, as guerras civis do século XVII, o crescimento do império ultramarino, ou a propagação da industrialização – refiro-me aos acontecimentos «britânicos». Em 1707 a Escócia uniu-se à Inglaterra e ao País de Gales para formar o reino da Grã-Bretanha, portanto, dizemos normalmente «Grã-Bretanha» ou «britânico» para nos referirmos a acontecimentos e movimentos do século XVIII em diante.

(12) Mark Overton, *Agricultural Revolution in England: The Transformation of the Agrarian Economy 1500-1850* (Cambridge: Cambridge University Press, 1996), 82.

(13) Mark Elvin, *The Pattern of the Chinese Past* (Stanford, CA: Stanford University Press, 1973).

### 3 — As Grandes Religiões e Transformações Sociais

(1) S. N. Eisenstadt, *The Origins and Diversity of Axial Age Civilizations* (Albany, NY: SUNY Press, 1986).

(2) Em chinês o nome é Kong Fu Zi, que significa «Mestre Kong». O nome Confúcio é uma versão latina atribuída pelo missionário jesuíta Matteo Ricci no século XVII, quando escreveu aos europeus acerca das crenças chinesas.

292 | HISTÓRIA GLOBAL DA ASCENSÃO DO OCIDENTE

(3) Weber realizou vários estudos comparativos das religiões mundiais, mas o mais famoso é *A Ética Protestante e o Espírito do Capitalismo*, publicado pela primeira vez em 1904.

(4) Randall Collins, «An Asian Route to Capitalism: Religious Economy and the Origins of Self-Transforming Growth in Japan», *American Sociological Review* 62, nº 62 (1997): 843-865.

**4 — Comércio e Conquista**

(1) De *Book of Useful Information on the Principles and Rules of Navigation*, escrito em 1490: http://www.saudiaramcoworld.com/issue/200504/the navigator.ahmad.ibn.majid.htm (acedido a 8 de Março, 2008).

(2) John M. Hobson, *The Eastern Origins of Western Civilization* (Cambridge: Cambridge University Press, 2004), 149; Sushil Chaudhury, «The Inflow of Silver to Bengal in Global Perspective, c. 1650-1757», in *Global Connections and Monetary History, 1470-1800*, ed. Dennis O. Flynn, Arturo Giraldez, and Richard von Glahn (Aldershot, UK: Ashgate Publishing, 2003), 167.

**5 — Vida Familiar e Padrões de Vida**

(1) Massimo Livi-Bacci, *A Concise History of World Population* (Oxford, UK: Blackwell, 1992), 31.

(2) Para Inglaterra (incluindo o País de Gales): E. A. Wrigley and Roger Schofield, *Population History of England, 1541-1871: A Reconstruction* (Cambridge: Cambridge University Press, 1989), 529. Para a Rússia: Livi-Bacci, *ibid.* Para a China: James Lee and Wang Feng, *One Quarter of Humanity: Malthusian Mythology and Chinese Realities* (Cambridge, MA: Harvard University Press, 1999), 28.

(3) Nikola Koepke and Joerg Baten, «The Biological Standard of Living in Europe during the Last Two Millenia», *European Review of Economic History* 9 (2005): 61-95.

(4) Gregory Clark, «Farm Wages and Living Standards in the Industrial Revolution: England, 1670-1869», *The Economic History Review* 54 (2001): 496.

NOTAS | 293

### 6 — Estados, Leis, Impostos e Revoluções

(1)  Peter Lorge, *War Politics and Society in Early Modern China, 900--1795* (London: Routledge, 2005), p. 103. Comparativamente, a Armada espanhola enviada para atacar a Inglaterra em 1588, tinha a maior frota jamais vista na Europa até à data, com 150 navios e 30 000 homens. Pela escala das guerras asiáticas, esta foi apenas uma pequena escaramuça.

### 7 — Alterando o Ritmo de Mudança

(1)  Nathan Rosenberg, *Inside the Black Box: Technology and Economics* (Cambridge, UK: Cambridge University Press, 1982), 59-60.

(2)  Abbott Payson Usher, «The Industrialization of Modern Britain», *Technology and Culture* 1 (1960): 110..

(3)  William N. Parker, *Europe, America, and the Wider World, Essays on the Economic History of Western Capitalism* (Cambridge, UK: Cambridge University Press, 1984), 33.

(4)  Ian Inkster, «Technology as the Cause of the Industrial Revolution, Some Comments», *Journal of European Economic History* 12 (1983): 656.

(5)  E. A. Wrigley, *Continuity, Chance, and Change* (Cambridge, UK: Cambridge University Press, 1988).

(6)  Joel Mokyr, *The Gifts of Athena: Historical Origins of the Knowledge Economy* (Princeton, NJ: Princeton University Press, 2002), 29.

### 8 — Trajectórias da Ciência na Ásia e na Europa

(1)  John J. O'Conner and Edmund F. Roberts, «Arab Mathematics: Forgotten Brilliance?» *The MacTutor History of Mathematics Archive* (School of Mathematics and Statistics, University of St. Andrews, Scotland: 1999), http://www-history.mcs.st-andrews.ac.uk/HistTopics/Arabic_mathematics.html (acedido a 3 de Abril, 2008).

(2)  *Ibid.*

(3)  A figura 6.1 mostra também uma região muçulmana (19) designada «Cazaques, Usbeques». Não foi um império, nem sequer um simples Estado, mas uma região povoada por grupos tribais sob várias lideranças transitórias. Em 1700, esta região ficou sob o domínio da Rússia, a norte, e dos Safávidas a sul.

# 294 | HISTÓRIA GLOBAL DA ASCENSÃO DO OCIDENTE

(4) Um grupo de académicos gregos – os alexandrinos, entre os quais o mais famoso era Arquimedes – utilizou a matemática para estudar materiais como o funcionamento de máquinas simples (alavancas e roldanas) e as propriedades de espelhos curvos e de corpos submersos em fluidos. No entanto, não foi fácil estudarem o movimento: a tentativa dos Gregos em aplicar a matemática ao movimento levou a paradoxos, como por exemplo ao paradoxo de Zenão, que afirmava que uma seta nunca poderia chegar ao seu alvo pois tinha de percorrer metade da distância, a seguir a metade da distância restante, e depois metade dessa distância restante, e por aí fora, *ad infinitum*. Estes problemas só foram resolvidos depois da invenção do cálculo, muitos séculos depois. Mais importante ainda, nem os estudos matemáticos dos alexandrinos conseguiram afastar a maioria dos seus seguidores da filosofia de Aristóteles, que continuou a ser o guia dos princípios básicos do Universo mais amplamente seguido. Até mesmo o grande astrónomo Ptolomeu, que escreveu vários livros sobre o sistema solar, continuou a defender a perspectiva aristotélica de esferas concêntricas de material celestial, denominado éter, que se moviam em círculos uniformes e infinitos. Quando a matemática do próprio Ptolomeu lhe exigiu que postulasse relações que violavam a física de Aristóteles, Ptolomeu aceitou a física e tratou a sua matemática como um sistema de contabilidade aplicado aos movimentos de corpos celestiais, através de várias combinações de movimentos circulares. Mais tarde, astrónomos árabes aperceberam-se da impossibilidade de a física de Aristóteles ser compatível com a descrição matemática de Ptolomeu dos movimentos planetários – mas reagiram corrigindo e substituindo a matemática de Ptolomeu, e não corrigindo e substituindo a física de Aristóteles!

### Conclusão — A Ascensão do Ocidente: uma Fase Temporária?

(1) Vaclav Smil, *Energy in World History* (Boulder, CO: Westview, 1994), 186-187.

(2) Jonathan Spence, *The Search for Modern China* (Nova Iorque: W.W. Norton, 1990), 158.

## NOTAS | 295

(3)  World Bank Development Indicators on-line, http://mutex. gmu.edu:3965/ext/DDPQQ/member.do?method=getMember s&userid=1&queryld=6 (consultado a 4 de Abril, 2008). Este foi o PIB adaptado ao protocolo ponto a ponto (PPP), aos preços constantes de 2005.

(4)  Esta projecção começa nas imagens do PIB adaptado ao PPP de 2005 apresentada no *World Bank International Comparison Program, Tables of Final Results* (Washington, DC: International Bank for Reconstruction and Development, 2008) e nas projecções para 2030, utilizando 3 por cento do crescimento anual para os Estados Unidos e 8 por cento do crescimento anual para a Índia e China.

# Índice Remissivo

África, 4, 8-10, 12, 14-17, 19, 27, 38, 47, 48, 72, 73, 75, 77, 79-81, 85-90, 92, 93, 95-97, 99, 100, 103, 107, 111, 112, 117, 150, 158, 192, 196, 198, 221, 223, 226, 227

Agricultura, 18, 21, 24, 26, 32, 36, 37, 45, 49-52, 72, 73, 116, 143-151, 164, 165, 172, 179, 180, 185, 188, 198-200, 205, 210, 230
  "rotação de Norfolk", 50
  comercialização da, XXV, 33
  de subsistência, 44, 107
  inovação na, XXIV, 51
  padrões de precipitação e, 20, 22
  sistemas de rotação de talhões, 143, 144, 147, 194

Akbar, 80

Alcorão, 60, 187

Alemanha, 30, 39, 44, 51, 70, 75, 82, 83, 109, 110, 111, 129, 130, 136, 150, 158, 162, 164, 168, 169, 185, 186, 240, 241, 247, 267, 280

Allen, Robert, 44, 129f, 132f, 133, 138f

Anning, Mary, 253

Antigo Testamento, 59-61

Appert, François, 206

Aristóteles, 60, 217, 218, 231, 232, 235-238, 266

Aristóteles, 60, 217, 218, 231, 232, 235, 236, 237, 238, 266, 294

Arkwright, Richard, 207, 211--213

# 298 | HISTÓRIA GLOBAL DA ASCENSÃO DO OCIDENTE

Ásia, XXII, XXVI, 4, 10-12, 14-20, 22-25, 27, 32, 35, 38, 48, 54-56, 72-74, 77, 80, 85, 86, 88, 91-97, 99, 100, 105, 116, 117, 128, 129, 132-134, 137, 139, 141, 144, 147, 148, 152, 153, 155, 156, 159, 162--165, 167, 169, 171, 172, 177, 185, 187, 192, 195, 196, 217, 221, 222, 226, 227, 234, 265, 272
  civilizações asiáticas, 16, 117,135, 153, 158
  clima, solo, e zonas agrícolas da, 18
  comércio asiático (ou com a Ásia), 12, 16, 17, 24, 27, 55, 85, 86, 87, 91--97, 106, 182, 192, 265
  estados asiáticos, 85, 86, 91, 159, 160, 162, 163, 262
  impérios asiáticos, 70, 156, 158, 159, 162, 163, 240
  países asiáticos,2 4, 111,
  povos asiáticos, 23, 24
  sociedade asiática, XXVI, 4, 5, 22, 26, 33, 34, 71, 83, 84, 90, 106, 112, 115, 124, 128, 132, 153, 161, 163, 192, 196, 217, 264
  transformações tecnológicas, 34, 35, 36, 272
  *ver* população asiática

Astecas, 100, 101, 102, 105, 106
  império asteca, 102, 105, 106
Astronomia, 219, 223, 225, 227, 229, 231, 233, 235, 237, 255, 266
Atkins, Anna, 253

Bacon, Francis, XXVIII, 237, 238, 243, 245, 246, 251, 266, 267, 269, 271
Bélgica, 75, 109, 110, 111, 129, 130, 138, 139, 140, 143, 153, 154, 192, 199
Boulton, Matthew, 250, 269, 270
Boyle, Robert, 76, 212, 243, 245, 249, 266, 267
Bruno, Giordano, 240
Buda (Sidarta Gautama), 60

Calvinismo, 70, 77, 184
China, XIII, XXI, XXII, XXIV, XXVI, XXVII, 3, 8, 11, 15--19, 21-26, 30, 33, 35, 36, 38, 40, 41, 47, 52-55, 60-64, 68, 71-75, 77, 78, 80, 81, 85, 88, 92, 94-97, 100, 109-113, 115-118, 120, 121, 124, 126--128, 132, 135-137, 139-142, 144-147, 150, 153, 154, 156, 158, 160- 162, 164, 166, 167, 170, 171, 177-179, 181,

ÍNDICE REMISSIVO | 299

186- 189, 192-196, 198, 207,
217, 219, 221, 228, 229,
231, 238, 259, 261, 262,
265, 278, 279
dinastia Ming, 80, 92, 158,
159, 160, 164, 170, 171,
187
dinastia Qing, 63, 74, 80,
158, 160, 162, 178, 261
dinastia Song, 62, 78, 80
governo manchu na, 80,
160, 170, 171, 186- 188,
193, 194, 259
*ver também* impérios asiáticos
Cidade, XV, 14, 15, 22, 27, 29-
-33, 36, 40-42, 49, 75, 79,
101, 123, 125, 126, 128-
-132, 134-137, 139, 143,
144, 149, 169, 174, 178,
184, 188, 195, 197, 198,
262, 264
centros urbanos, 40, 42,
125, 135, 138
cidade-estado, 15, 142, 158
conflito urbano, XVI
mercados urbanos, 135,
144
sociedade urbana, XX
trabalhadores urbanos, 22,
53, 135
urbanização, XXIV, XXVI,
30, 31, 33, 35, 40, 137,
153

*ver* cidades europeias
*ver* população urbana
Ciência, XXVII, XXIX, XXX,
4, 33, 71, 76, 79, 185, 187,
193, 214, 217-219, 224,
230, 232-234, 237, 244,
247, 252, 254, 256, 264,
266, 269, 271, 272, 278
europeia, 224, 229, 239, 271
experimental, 217, 225,
247, 254, 268, 271, 272,
273
grega, 232
hindu, 79
islâmica, 224, 226, 233, 266
natural, 79, 221, 229, 234
política, XIII, XIX
social, XXII, XXVII, 276
*ver* Revolução científica
Clima, XXII, 3, 18-20, 23,
36-39, 42, 50, 52, 55, 107,
140, 141, 144
de monção, 18-23, 52, 90,
141
Oscilação Sul-El Niño
(OSEN), 22
variações climáticas, 4, 37,
40
Colombo, Cristóvão, 11, 15,
16, 17, 24, 26, 27, 37, 39,
47, 87, 105, 139
Comércio, XV, XXIV, 5, 11,
14, 16, 17, 23, 26, 27, 30,
35, 37, 40, 42, 43, 46, 48,

300 | HISTÓRIA GLOBAL DA ASCENSÃO DO OCIDENTE

53-55, 67, 72, 73, 75, 77, 80, 81, 84-86, 88-101, 128, 134, 135, 143, 147, 157, 162, 172, 177-184, 192, 200, 201, 138, 253, 259, 262, 264, 265, 277
circuitos comerciais, XXIV, 16, 27
Companhia Francesa das Índias Orientais, 93, 94
Companhia Holandesa das Índias Orientais, 93, 94, 98, 99, 181, 182
Companhia Inglesa das Índias Orientais, 93, 94, 96, 98, 99, 181, 182
Companhias comerciais, 86, 93, 96, 98, 182
de escravos, 85, 99, 108, 181, 182
produtos comercializáveis, 22-24, 42, 55, 90
*ver* Rota da Seda
*ver também* Economia
Companhia Britânica das Índias Orientais
*ver* Comércio
Companhia Francesa das Índias Orientais
*ver* Comércio
Companhia Holandesa das Índias Orientais
*ver* Comércio

Confucionismo
*ver* Religião
Copérnico, 76, 188, 218, 222, 223, 235, 237
Cortés, Hernán, 39, 101-103, 105, 106
Cristianismo
*ver* Religião

Descartes, René, 76, 218, 221, 241-243, 246-248, 254
Dickens, Charles, 207
Direito
Canónico, 173, 174
consuetudinário, 156, 174--176, 184
Romano, 173-175
Doença, 17, 31, 36-40, 42, 99, 103, 104, 123, 125, 126, 128, 223
Peste Negra, 38, 39, 42, 43, 79, 103, 227

Economia, XIII, XX, XXVI, 4, 23, 55, 64, 94, 99, 111, 151, 163, 170, 183, 191, 195, 199, 201, 205, 209, 210, 212, 255, 258, 275, 277, 278, 279
aberta, 278
actividade económica, 185
agrícola, XX, 137, 149, 150, 178, 180
britânica, 74, 149, 180, 181, 200, 202, 261

comercial, 94, 149
crescimento económico, 34, 55, 57, 69, 72, 77, 78, 83, 108, 110, 112, 113, 114, 151, 157, 204, 257, 258, 259, 260, 270, 271, 273, 274, 275, 276, 278, 279, 280
crise económica, 274
declínio económico, 35, 72, 110
desenvolvimento económico 77, 113
equilíbrio económico, 263, 279
esclavagista, 108
explosão económica, 40
fechada, 277
global, 150, 200, 275
história económica, XXV, 10, 44, 73, 156
industrial, 149, 169
integração económica, 113
local,107, 200
moderna, 276, 278
mudanças económicas, 169, 255
mundial, 83, 153, 156, 275, 277
organização económica, 88, 164
poder económico, 169
pré-moderna, 117

produção económica, 27, 207, 253, 257
progresso económico, 74, 75, 83, 157, 206, 276
rural, 171
sucesso económico, 113, 177
vida económica, 117, 150, 191, 210, 215, 278
Elite, XIV-XVI, 22, 33, 62-64, 68, 82, 146, 155, 161, 164, 165, 167-171, 177, 185, 193, 230, 260, 266, 275, 276
local, 23, 156, 164, 169, 178, 265
religiosa, 62, 64, 65, 67, 68, 80, 229, 230
Escócia, XXII, 15, 75, 167, 168, 184, 196, 199, 248, 251, 252
Escravatura, 17, 106, 108-111, 153
Escravos, 33, 105, 107, 108, 110
*ver* Comércio de escravos
Espanha, 11, 15, 47, 70, 73--75, 78, 79, 81, 93, 94, 101, 105, 109, 110, 129, 130, 133, 138, 139, 144, 152, 153, 158, 162, 164, 168, 174, 185, 188, 221, 222, 225, 226, 240, 247, 272
Esperança de vida, 44, 115, 124, 125-128, 152
Estados europeus
*ver* Europa

302 | HISTÓRIA GLOBAL DA ASCENSÃO DO OCIDENTE

Euclides, 218

Eurásia, 18, 38, 39, 41, 44, 46, 96, 118, 124
civilizações eurasiáticas, 192
comércio eurasiático, 12, 89, 90, 96
mercados eurasiáticos, 95

Europa, XXI-XXIX, 3-5, 7, 8, 11-18, 20, 21, 23-27, 29, 31, 32, 34-36, 38-41, 44, 47-49, 53-56, 66, 69, 73-78, 81-84, 86-87, 91-96, 101, 103, 106--107, 112, 113, 116-118, 127-134, 137-139, 141-144, 147, 148, 150-165, 167, 169, 171-174, 176-178, 181, 183--187, 192, 194-196, 198-200, 205, 213, 215, 217, 219, 221-224, 226, 228, 231, 232, 234, 238, 240, 241, 244, 245, 247, 252-255, 259, 261, 264-266, 271-275, 279
Académicos europeus, 77, 158, 232, 236, 238
Afirmação/ascensão da Europa, XXII, XXV, XXIVI, XXVII, 26, 28, 86, 130, 137
Central, 76
Cidades europeias, 129-131, 135, 195
Ciência europeia, 217, 219, 224, 229, 234, 239, 244, 271, 272

clima na, 19-20
do Leste, 3, 68, 178, 273
do Sul, 68, 76, 120, 153, 170, 273
Estados europeus, 73, 155, 157-159, 161, 176, 196, 240
Expansão europeia, XXVII, 87
História da, XIII, XXII, 77, 131, 171, 274
Mercadores europeus, 12, 14, 54, 93, 95, 97, 100, 183
*Milagre europeu*, XXIV
Nações europeias, 4, 89, 93, 109-112, 153, 192
Navegadores europeus, 12, 14, 73, 87, 89
Noroeste da, 153
Norte da, 33, 34, 36, 119, 121, 124, 131, 133, 141, 143, 147, 245
Ocidental, 4, 8, 15, 33, 42, 55, 66, 69, 73, 75, 82, 110, 151, 158, 172, 245
Países europeus, 35, 40, 109-111, 131, 134, 137--139, 144, 150, 151, 153, 163, 215, 273
Poder europeu, 87, 110, 112

## ÍNDICE REMISSIVO | 303

Potências europeias, XXII, 93, 99, 100, 106, 107, 110, 170, 265
Revoluções europeias, XXI, 155
Sociedade europeia, 35, 36, 83, 122, 124, 128, 163, 172, 192
Sudeste da, 67, 80, 120
Superioridade europeia, 73, 88, 196, 264
Tecnologia europeia, 35, 73, 191, 273
ver Imperialismo europeu
ver População europeia
ver também países específicos

Família
Agregado familiar, 119, 120, 147
Estrutura familiar, 119, 121, 124
Sistema familiar, 115, 121, 122
Filosofia, 3, 58, 60, 61, 79, 80, 163, 185, 217, 231, 232, 237, 238, 242, 245, 267, 271
Filosofia experimental, 251
Filosofia natural, 211, 212, 230-233, 235
Fischer, David Hackett, 40
França, XV, 50, 70, 75, 82, 93, 94, 109-111, 119, 126-130, 136, 155, 157, 158, 162, 164, 168, 169, 174, 178, 179, 185, 186, 189, 197-199, 241, 247, 254, 268

Galeno, 218, 233, 235, 236, 238
Galileu, XXVIII, 76, 211, 218, 222, 236, 237, 240, 242, 266
Gama, Vasco da, 12, 87, 90, 91
Gates, Bill,258,
Goldstone, Jack, XIII-XXIII, XXVI-XXXI, 44
Grã-Bretanha
ver Inglaterra
Gregório VII (Papa), 173
Guerra do Ópio (1839-1842), 262
Guerra dos Cem Anos (1337-1453), 42
Guerra dos Trinta Anos (1618-1648), 39, 82, 240
Guerra Franco-Prussiana, 109
Guerra Mundial
Primeira, 168
Segunda, XVII, 264
Henrique VIII (Inglaterra), 82, 174
Herschel, Caroline, 253
Hinduismo
ver Religião
Holanda
ver Países Baixos

## 304 | HISTÓRIA GLOBAL DA ASCENSÃO DO OCIDENTE

*I Ching*, 59
Ibn Majid, Shihab al-Din Ahmad, 89
Igreja, 66, 68, 70, 76, 81, 82, 118, 167, 173, 178, 184, 189, 235, 241, 248, 249
    Anglicana, XXIX, 82, 174, 184, 248, 249, 268
    autoridade da, XXII, 185
    calvinista, 76
    Católica, 66, 67, 76, 81, 82, 167, 173, 174, 188, 241, 246, 248
    Contra-Reforma católica, 81, 188, 240
    cristã, 66
    Ortodoxa Oriental, 67, 68
    Presbiteriana, 184, 248
    Reforma, 69, 70, 74, 81, 168
    Reformada Neerlandesa, 189
    russa, 67
Imperialismo, 110, 112, 113
    Imperialismo europeu, 110, 112, 113, 163
    Ocidental, 71
Império Bizantino
    *ver* Impérios asiáticos
Império Mogol (Índia)
    *ver* Impérios asiáticos
Império Otomano
    *ver* Impérios asiáticos
Império Romano, 24, 30, 38, 64, 66, 67, 104, 127, 173

Impérios asiáticos, Império Bizantino, 67, 87
Impérios asiáticos
    Império Mogol (Índia), 80, 81, 85, 98, 158, 159, 160, 163, 164, 227, 228, 239
    Império Otomano, 15, 40, 41, 67, 68, 74, 80, 87, 95, 110, 117, 158, 159, 164, 169, 170, 194, 217, 227, 228, 239, 265
    *ver também* China; Índia
Índia, XXIV, XXVII, 3, 8, 11, 12, 15-19, 22-26, 33, 47, 54, 55, 59, 60, 68, 71, 73, 75, 77, 80, 81, 85, 87, 88, 90-92, 94-99, 102, 103, 109, 113, 115, 117, 132, 133, 136, 140-142, 147, 153, 154, 156, 158, 160, 162-164, 171, 178, 181, 182, 192, 195, 198, 217, 219, 221, 226-228, 231, 234, 265, 272, 276, 278, 279
    *ver* Comércio
    *ver* Impérios asiáticos
Indústria, 25, 27, 47, 52, 54, 55, 108, 109, 115, 134, 149-154, 169, 179, 180, 183, 185, 191, 199-202, 204, 209, 213, 218, 225, 247, 250-252, 255, 258, 259, 261, 264, 271, 273, 275-277
    crescimento industrial, 150, 199, 256

## ÍNDICE REMISSIVO | 305

Economia industrial, 169
Período pré-industrial, XVI,
    XXII, 117, 118, 129,
    135, 159, 199
Revolução Industrial, XXVI,
    XXV, 49, 54, 77, 78, 147,
    151, 158, 180, 191, 195,
    196, 202, 205, 207, 210-
    -212, 215, 218, 247, 250,
    252, 255, 270, 274
Sociedades industriais, XX,
    33, 75, 154, 257
Sociedades pré-industriais,
    117, 118, 119, 126, 127,
    152, 154
Industrialização, XXVII,
    XXVIII, 75, 108-110, 130,
    149, 153, 157, 169, 181,
    183, 204, 208, 212, 224,
    229, 254, 273, 277
Inglaterra, XXI, XXII, XXVIII,
    XXIX, 18, 30, 38-41, 43,
    45, 47, 49, 51-54, 69, 73-
    -76, 78, 81-83, 93, 94, 109,
    110, 116, 121, 124, 126-
    -130, 132, 133, 138-140,
    143, 147-149, 151-154,
    167, 174-177, 179, 184,
    185, 192, 194-196, 198-
    -201, 207, 213, 244, 248,
    251, 253, 260, 261, 265,
    267, 271
Banco de, 181, 182
Magna Carta, 176, 273

*ver* Indústria. Revolução
    Industrial
*ver* População
*ver* Tolerância, Acto de
*ver* Tolerância, Lei da
Reforma parlamentar
    (1832 e 1867), 168
*ver* Comércio
Irmãos Wright, 263
Isabel I (Rainha de Espanha),
    104, 105
Islão
    *ver* Religião
Itália, 15, 30, 44, 66, 70, 74,
    75, 78, 81, 92, 109-111,
    115, 129, 130, 132, 133,
    136, 138, 139, 144, 152,
    156, 158, 159, 163, 164,
    168, 173, 178, 185, 188,
    240, 247, 267

Jabir Ibn Hayyan, 221, 222,
    260, 267
Jaime I, 67
Jaime II, 82, 167, 271
Japão, XXVI, 8, 9, 18, 19, 22,
    38, 39, 47, 73, 85, 88, 92,
    94, 95, 100, 111, 112, 126,
    128, 132, 135, 136, 153,
    161, 162, 192, 195, 196,
    262, 274, 277, 278, 280
Judaísmo
    *ver* Religião

306 | HISTÓRIA GLOBAL DA ASCENSÃO DO OCIDENTE

Kepler, Johannes, XXVIII, 76, 218, 222, 237, 238, 266

Lao Tsé, 60
Lovelace Augusta Ada Byron (Lady), 253
Luís XIV (França), 82, 162, 168, 186, 189, 196, 197

Magna Carta
*ver* Inglaterra
Malinche, la (Doña Marina), 104-106
Malthus, Thomas, 163
Maomé, 60, 65, 79
Máquina a vapor, 191, 194, 195, 200-203, 208-212, 218, 249, 250, 252, 261, 269
Maria I (Inglaterra), 82
Maria Teresa (Áustria), 186
Marx, Karl, 33, 163, 257, 258
Marxismo, 113
Matemática, XXIX, 79, 188, 217-219, 221, 223-226, 230-233, 245, 246, 248, 254, 255, 271, 272
Análise matemática, XXVIII, 245, 266, 267
Princípios de, 4, 232, 242
Mêncio, 62,
Mitchell, Maria, 253
Monção
*ver* Clima

Nativos Americanos, 16, 17, 100, 101, 103-105, 107
Newcomen, Thomas, 208, 211, 212, 250
Newton, Isaac, XXVIII, 76, 211, 218, 243, 244, 245, 248, 249, 250, 252, 253, 266, 268, , 269, 271
Nível de vida, XXI, XXVI, 44, 55, 128, 131, 147, 152, 156, 191, 194, 195, 198, 200, 265, 274
Nova França, 107
Nova Inglaterra, 107, 110
Novo Mundo, XXII, 11, 16, 75, 86, 93, 94, 100, 101, 103-109, 148, 181, 217, 219, 234, 265
Novo Testamento, 59, 60
Orientalismo, XXIII, 71
Oscilação Sul-El Niño (OSEN)
*ver* Clima

Padrão de vida, 34-36, 53, 55, 115, 124, 146, 152, 195
Países Baixos, 33, 35, 43, 45, 47, 51, 69, 74-76, 78, 93, 94, 99, 109-111, 115, 116, 119, 126, 128, 129, 130, 133, 138-140, 143, 147, 149, 152-154, 162, 164, 168, 189, 192, 194-196, 241, 259
Papin, Denis, 212, 249

# ÍNDICE REMISSIVO | 307

Parménides, 60
Pascal, 76, 218, 266
Peste negra
*ver* Doença
Platão, 60
Polo, Marco, 12, 26
População, 8, 9, 17, 30-34, 36, 38-42, 44, 50-52, 55, 65, 103, 106-108, 111, 117, 118, 125, 126, 128, 135, 136, 139, 140, 143, 146--148, 151, 156, 158, 164, 165, 171, 201, 202, 210, 227, 261
  asiática, 34, 36, 38, 117, 124, 135, 156, 164
  Crescimento populacional, 34, 96, 115, 122, 124, 146, 147, 156, 193, 201, 265
  da América, 9, 39, 104
  da China, 53, 144, 166
  de Inglaterra, 30, 40, 50, 51, 118, 124, 261
  europeia, 34, 36, 38, 115, 117, 144, 166
  mundial, 31, 61, 117, 261
  urbana, 123, 125, 135, 137
Portugal, XXII, 74, 75, 91-93, 109, 110, 153, 164, 188
Produtividade agrícola, XXVII, 11, 18, 22, 23, 25, 26, 35, 48, 49, 51, 52, 115, 134, 137-144, 147-150, 153,

154, 156, 164, 171, 194, 195, 265
Produtividade laboral, 125, 139, 144, 154
Produto Interno Bruto, 178, 179, 279
Produtos comercializáveis
*ver* Comércio
Protestantismo, 69, 70, 71, 73, 74, 75, 77, 82, 241
Prússia
*ver* Alemanha
Ptolomeu, 218, 222, 233, 235, 236

Racionalismo, XXIV, 241, 242, 243, 244, 247
Real Academia Francesa, 247, 254, 269
Religião, 4, 27, 56-62, 64, 65, 68, 69, 71-73, 75, 78, 79, 82, 83, 162, 163, 167, 168, 184, 192, 225, 228-230, 233, 234, 239, 241, 246, 265, 266, 268, 273
  autoridade/ortodoxia religiosa, XXVI, XXVIII, 57, 79, 81, 83, 156, 157, 193, 225, 230, 234, 240, 247, 255, 259, 265, 277
  Budismo, 58, 61, 62, 63, 64, 72, 80, 162
  conflitos religiosos, XV, 93, 165, 187, 240, 248

308 | HISTÓRIA GLOBAL DA ASCENSÃO DO OCIDENTE

Confucionismo, 58, 61, 63, 80, 162
crenças religiosas, 57, 62, 162, 229, 230, 240
Cristianismo, 27, 58, 61, 64-67, 72, 73
Hinduísmo, 58, 61, 64, 80, 162, 163
Idade Axial das religiões, 58-61, 68, 192, 234
Islão, 3, 58, 61, 64, 65, 72, 73, 79-81, 162, 163, 187, 223, 226, 228, 233
Judaísmo, 58, 59, 64, 72
ocidental, 69, 72, 73, 77, 187
oriental, 69, 72, 73
politeísta, 57-59
prática religiosa, 64, 162
*ver* elite religiosa
*ver* tolerância religiosa
Renascimento, XXI, XXII, 3, 5, 27, 32, 33, 42, 46, 77, 127, 159, 161, 221, 224, 272
Revolução Americana, 252
Revolução científica, XXVIII, 71, 75, 76, 212, 255
Revolução Francesa (1789), 168, 179, 270, 273
Revolução Gloriosa (Inglaterra, 1688), 168
Revolução Russa (1917), 116
*Rigveda*, 59, 60
Roebuck, John, 250, 279

Rota
comercial euro-asiática, 12, 14, 16, 87, 88, 89, 93
da Seda, 14, 15, 24, 73
Royal Society (Grã-Bretanha), 184, 212, 243, 244, 246, 247, 249-251, 269
Rússia, 15, 18, 47, 67, 68, 74, 109, 110, 111, 116, 118, 121, 136, 158, 169, 186

Salários, 42-44, 51, 115, 117, 120, 121, 125, 129-134, 138, 147-152, 154, 156, 195, 259
rurais, 132, 133, 148, 149, 200
trabalhadores assalariados, 33, 45, 128, 179
urbanos, 131, 133, 138

Schumpeter, Joseph, 257, 259
Smith, Adam, 163, 177, 207, 257
Sociedade, XVI, XXI, XXIV, 5, 10, 31-33, 36-38, 40, 44, 48, 49, 55, 61, 66, 71, 77, 78, 80, 83, 86, 113, 119, 121, 122-126, 128, 135, 137, 139, 148, 161, 164, 167, 172, 177, 184, 204, 210, 221, 229, 255, 259, 269, 273-275, 277, 279
agrícola, 23, 165, 179, 185, 196, 198
chinesa, XXI, 139

## ÍNDICE REMISSIVO | 309

Conflito social, 155, 234, 265

Desenvolvimento social, XXI, XXV

esclavagista, 108

Estabilidade social, 186, 187, 228

Estratificação social, XXIV, XXVI

Estrutura social, XV, XXVI, 70

islâmica,71, 204

Movimentos sociais, XIII, XVIII, XIX

muçulmana, XXI, 224

ocidental, 5, 36, 71, 128

Ordem social, 68, 185-187

Organização social, XXV, 62

oriental, XXVI, 36, 71, 77, 78, 80

Processo social, XXVI

Relações sociais, 33, 35, 174, 186, 214, 269

Transformação social, 29, 30, 32, 33, 35-37, 57, 61, 164, 169

*ver* indústria. Sociedade industial e sociedade pré-industrial

Sócrates, 60

Sommerville, Mary, 253

Star Chamber (Inglaterra), 175

Tecidos

Produção de, 17, 25, 35, 47, 50, 54, 98, 143, 180, 182, 198, 210, 272

Têxteis

de algodão, 53-55

Indústria de, 25, 146, 148, 149, 151

Produção de, 177, 255

Tolerância

Acto de Tolerância (Inglaterra, 1688), 82

e pluralismo versus ortodoxia, XXIX, 78, 81, 82, 83, 156, 162, 184, 187, 228, 248, 268

Lei da Tolerância (Inglaterra, 1689), 268, 273

religiosa, XXX, 78, 79, 80, 81, 82, 83, 156, 162, 187, 226, 228, 241, 248, 268, 271, 273

Torricelli, 76, 266, 267

Upanixadas, 59

Usher, Abbott, 205, 213

Watt, James, 76, 208, 209, 211, 212, 250, 252, 269, 270

Weber, Max, XXV, 69, 163

Wrigley, E.A., 34, 203, 210

Zheng, He (almirante), 47, 72

Zhu Xi, 62, 63, 80

# Já publicados na colecção

*Morfologia Social,*
 Maurice Halbwachs

*O Estado Novo em Questão,*
 AAVV, sob a direcção de Victor Pereira e Nuno Domingos

*A Distinção. Uma Crítica Social da Faculdade do Juízo,*
 Pierre Bourdieu

*História Global da Ascensão do Ocidente. 1500-1850,*
 Jack Goldstone

*Origens Sociais da Ditadura e da Democracia. Senhores e Camponeses na Construção do Mundo Moderno,*
 Barrington Moore, Jr.